2019 年湖南省教育厅优秀青年项目：“一带一路”背景
饰品传统手工技艺文化转换及产业发展研究（立项编号：191

2021 年湖南省普通高等学校教学改革重点项目：讲好中国故事——数字
广告创意与设计课程思政研究与实践（项目编号：HNJG–2021–0189）；

2021 年怀化学院教学改革项目：乡村振兴战略下《公共导示设计》课程
创新创业实践教学改革研究。

怀化学院省级“双一流”应用特色学科“设计学”成果；湖南省社科重
点研究基地“民族民间传统手工技艺传承与创新”成果；湖南省民族民间文
化艺术协同创新中心成果。

新媒体广告创意设计

主　编：向颖晰
副主编：王玮莹　马　榕

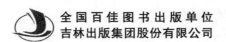

全国百佳图书出版单位
吉林出版集团股份有限公司

图书在版编目（CIP）数据

新媒体广告创意设计 / 向颖晰主编 . -- 长春 : 吉
林出版集团股份有限公司 , 2021.8
ISBN 978-7-5731-0421-2

Ⅰ . ①新… Ⅱ . ①向… Ⅲ . ①广告设计 Ⅳ .
① F713.81

中国版本图书馆 CIP 数据核字 (2021) 第 182465 号

新媒体广告创意设计

主　　编 / 向颖晰
出 版 人 / 吴文阁
责任编辑 / 朱子玉
责任校对 / 张洪亮
封面设计 / 向颖晰　韩　迪
开　　本 /710mm×1000mm 1/16
字　　数 /330 千字
印　　张 /18.5
版　　次 /2021 年 8 月第 1 版
印　　次 /2023 年 1 月第 1 次印刷

出　　版 / 吉林出版集团股份有限公司
发　　行 / 吉林音像出版社有限责任公司
地　　址 / 吉林省长春市净月区福祉大路 5788 号出版大厦 A 座 13 层
电　　话 / 0431-81629660
印　　刷 / 定州启航印刷有限公司

ISBN 978-7-5731-0421-2　　定价 /59.00 元

作者简介

向颖晰，女，瑶族，中共党员，生于 1988 年 9 月，湖南洪江人，讲师，硕士，本、硕毕业于昆明理工大学。研究方向：视觉传达设计、民族民间工艺设计创新、文创设计、设计基础。

湖南省农村专业技术协会联合会农业文化遗产专业委员会副主任委员；

湖南省侗学研究会副秘书长；

湖南省设计艺术家协会文化创意设计专业委员会委员；

湖南省民族民间传统手工技艺传承与创新重点研究基地青年骨干成员；

怀化学院青年骨干教师；

怀化学院民族研究院青年骨干成员；

怀化学院省"双一流"应用特色学科设计学青年骨干成员。

主持湖南省科研项目 2 项、湖南省教育厅优秀青年项目 1 项、市级科研项目 1 项、省级平台科研项目 3 项、校级教改项目 3 项；发表论文数十篇（其中 CSSCI1 篇）、作品 6 幅（其中 CSSCI3 幅）；荣获政府、文旅厅、教育厅、行业等举办的设计竞赛高质量奖项。指导学生获大学生创新创业项目国家级 2 项、省级 5 项、省级科技创新创业项目 1 项；获国家级学科竞赛一等奖 2 项、二等奖 1 项，省级学科竞赛金奖 1 项、一等奖 1 项、二等奖 1 项、三等奖 5 项。

王玮莹，女，专业为设计学，长期从事新媒体广告设计及视觉传达设计科学研究与实践。

马榕，女，专业为民族学、电影学，长期从事民族民间文化艺术领域的科学研究与实践。

前　言

进入 21 世纪以来，我国出现了以无线网络、数字广播电视、互联网等技术为基础的新媒体，如网络媒体、手机媒体、数字电视媒体以及移动电视媒体等。在此类新媒体快速发展的时代背景下，传统以单一媒介为核心的生态格局逐渐被打破，并呈现出一种新媒体和旧媒体共生的发展态势。随着我国文化创意产业的进一步发展壮大，文化与艺术经济开始成为国家经济发展的新趋势，文化力量无声地融入了经济、政治等各个领域。广告业与文化创意产业相互影响、相互制约，创意是广告活动的中心，广告创意则是广告业无形的资产。在新媒体如此盛行的时代，广告创意的内容和表现形式越来越呈现出多元化的趋势，尤其是富媒体广告、游戏嵌入广告、虚拟互动广告等的形成与发展，在一定程度上推动了广告创意由原来的单向设计向互动性、动态性的广告设计转型升级，在设计变现方法上得到了全面革新，新媒体也逐步成为广告创意设计和传播的主流工具，为我国产品品牌广告快速增长提供了新的动力。因此，要充分利用新媒体资源，以受众为中心，根据受众的需求与爱好开发新媒体广告；同时，充分发掘广告人的智慧，拓展新媒体广告的创意空间。

针对现阶段已有书籍的缺陷与不足，我们编写了《新媒体广告创意设计》，该教材具体内容包括新媒体广告概述、新媒体广告的理论基础、新媒体广告创意设计中常见思维形态的作用、新媒体创意与文案创作、新媒体广告设计、新媒体公益广告创意、新媒体商业广告创意、新媒体广告发展展望八大章节，同时教材引入了近些年来广告领域诸多优秀广告创意设计案例，在打破单一理论性内容过度堆砌的同时，提高了学生阅读教材的兴趣，强化了学生对新媒体广告创意设计应用能力的掌握。

本书由怀化学院向颖晰、王玮莹、马榕共同编写完成。具体分工如下：向颖晰编写第一章至第三章、第五章、第七章、第八章的内容；王玮莹老师参与了第六章编写；马榕老师参与了第二章编写；全书由向颖晰负责统稿工作。

通过本教材的学习，学生可掌握新媒体广告创意与设计的基本知识。同时，各章节对新媒体广告创意的详细讲解，会促使学生对新媒体广告创意设计具有初步的理性分析和表达能力，为今后的专业设计奠定坚实的理论基础。

当然，书中还有许多观点和内容有待进一步修正。笔者诚恳希望以书为缘，与新媒体广告专家和学者就新媒体广告创意诸问题进行切磋和商榷，以使本书内容不断完善。

目 录

第一章 新媒体广告概述 ·· 1

    第一节 新媒体概念及其发展解读 ··························· 1

    第二节 广告的发展与新媒体广告的界定 ··············· 9

    第三节 新媒体广告的演变 ···································· 16

    第四节 传统广告的特点及新媒体广告的优势 ······· 22

    第五节 新媒体广告的形态分类 ··························· 33

第二章 新媒体广告的理论基础 ·································· 38

    第一节 传播学视域下的新媒体广告 ···················· 38

    第二节 市场学视域下的新媒体广告 ···················· 45

    第三节 消费者行为视域下的新媒体广告 ············· 50

    第四节 社会文化视域下的新媒体广告 ················· 62

    第五节 设计学视域下的新媒体广告 ···················· 66

第三章 新媒体广告创意设计中常见思维形态的作用 ··· 72

    第一节 创新思维引领广告创意 ··························· 72

    第二节 联想思维拓展广告创意 ··························· 79

    第三节 幽默思维解放广告创意 ··························· 84

    第四节 逻辑思维深化广告创意 ··························· 92

第四章 新媒体创意与文案创作 ·································· 95

    第一节 创意思维的培养 ···································· 95

    第二节 创意过程与方法 ···································· 98

    第三节 平面广告的创意与设计 ························· 105

    第四节 影视广告的创意与分镜头脚本的设计 ······ 110

第五节　影视广告故事板的绘制 ································· 115

第六节　新媒体广告创意综述 ································· 120

第七节　新媒体文案创意创作研究 ····························· 129

第五章　新媒体广告设计 ··································· 134

第一节　新媒体广告设计与心理学 ····························· 134

第二节　新媒体广告的表现手法 ······························· 139

第三节　新媒体广告的设计要素及原则 ························· 145

第四节　影视广告的视听语言艺术 ····························· 151

第五节　影视广告的前期设置 ································· 165

第六节　影视广告的后期制作 ································· 174

第七节　新媒体广告的多媒体设计 ····························· 180

第六章　新媒体公益广告创意 ······························· 186

第一节　当前公益广告创意综述 ······························· 186

第二节　新媒体环境下公益广告的特点和优势 ··················· 194

第三节　新媒体公益广告创意和表现 ··························· 200

第四节　新媒体环境下不同传播方式的公益广告 ················· 206

第七章　新媒体商业广告创意 ······························· 216

第一节　商业广告发展综述 ··································· 216

第二节　新媒体对商业广告的影响 ····························· 225

第三节　商业广告的新媒体利用研究 ··························· 232

第四节　商业广告的新媒体创意设计策略研究 ··················· 237

第五节　新媒体商业广告创意设计及发展趋势 ··················· 242

第八章　新媒体广告发展展望 ······························· 249

第一节　新媒体广告新理念 ··································· 249

第二节　新媒体广告未来发展趋势 ····························· 270

参考文献 ··· 286

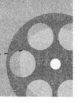

第一章 新媒体广告概述

第一节 新媒体概念及其发展解读

一、新媒体的界定

（一）新媒体的概念

随着网络技术、数字技术和移动通信技术等的飞速发展，以网络媒体、数字电视媒体和移动通信媒体为代表的新媒体，逐步渗透至社会生产和生活的各个领域，给社会带来了极为深刻的影响。而对于"新媒体"（New Media）一词的界定，目前各研究领域尚未统一，最为主流的观点有以下两种：一种观点认为，"新媒体"概念由时任美国哥伦比亚广播电视网技术研究所所长 P·戈尔德马克（Peter·Goldmark）提出，依据是其在 1967 年的一份关于商品开发计划中，第一次提到"新媒体"（New Media）一词；另一种观点认为，"新媒体"概念至少可追溯到 20 世纪 50 年代，依据是 1959 年马歇尔·麦克卢汉在美国芝加哥参加全美高等教育学会举办的一次会议上进行了题为"电子革命：新媒体的革命影响"的演讲。自新媒体诞生之日起，各界对其定义就各持己见、众说纷纭。新媒体也成为了和传统媒体相区分而笼统定义的一个称谓。从技术角度来看，新媒体可实现对信息的接受与传递，包括固定终端与移动终端，而这一功能的实现在一定程度上依赖于网络技术、数字技术、移动通信技术等。

通常情况下，可从狭义和广义两个角度对新媒体进行定义。狭义新媒体仅指区别于传统媒体的新型传媒，主要包括被称为第四媒体的互联网（以电脑为终端的计算机信息网络）和第五媒体的移动网络（以手机等移动通信工具为终端，基于移动通信技术的移动互联网服务以及电信网络增值服务等传播媒介形式），这两种新媒体又可统称为"网络媒体"。广义的新媒体则包括大量的新兴媒体，指依托于互联网、移动通信、数字技术等新的电子信息技术而兴起的媒介形式，如网络媒体是最早出现、最重要的新媒体形式，它包括搜索引擎、社交网站、网络社区、即时通信、网络广播、在线视频、网络游戏、博客、播客、微博等；移动媒体，指以手机、平板电脑、电子书、电子杂志等移动终端为传播载体的新型媒体形态；互动性电视媒体，指传统的电视媒体通过结合互联网的数字与互动特征之后的升级形态，包括数字电视和IPTV两大类；户外新媒体是结合新技术的功能与特点，在户外空间加以运用而达成的媒体形态，包括户外视频、户外投影等。

综上，新媒体是一个处在动态发展环境中的概念，它的"新"不仅体现在技术和所处的特定历史时期上，更在于新媒体对整个社会发展具有"新"的意义。它能够为人与人之间的沟通带来新的变化，相对于传统媒介来说，所有在媒体形式上的创新都能称为"新媒体"。

（二）新媒体的类型

1. 互联网新媒体

互联网新媒体包括网络电视、播客、博客、视频、电子杂志等。

网络电视（IPTV）是以宽带网络为载体，通过电视服务器将传统的卫星电视节目重新编码成流媒体的形式，经网络传输给用户收看的一种视讯服务。网络电视具有互动个性化、节目丰富多样、收视方便快捷等特点。

播客通常是指那些自我录制广播节目并通过网络发布的人。

博客指写作或是拥有 Blog（或 Weblog）的人；Blog（或 Weblog）指网络日志，是一种个人传播自己思想、带有知识集合链接的出版方式。博客（动词）指在博客的虚拟空间中发布文章等各种形式信息的过程。博客有三大主要作用：个人自由表达和出版；知识过滤与积累；深度交流沟通。

视频（Video，又翻译为视讯）泛指将一系列的静态影像以电信号方式加以捕捉、记录、处理、储存、传送与重现的各种技术。关于大小视频各种后缀格式，包括个人视频上传、电影视频。当连续的图像变化每秒超过24帧画面时，根据视觉暂留原理，人眼无法辨别单幅的静态画面，看上去是平滑连续的视觉效果，这样连续的画面称为视频。此外，视频也指新兴的交流、沟通工具，是基于互联网的一种设备及软件，用户可通过视频看到对方的仪容，听到对方的声音，所以其也是可视电话的雏形。视频技术最早是为了电视系统而发展的，但是现在已经发展为各种不同的格式，以便于消费者将视频记录下来。网络技术的发展也促使视频的纪录片段以串流媒体的形式存在于因特网之上并可被电脑接收与播放。

电子杂志一般是指用 Flash 的方式将音频、视频、图片、文字及动画等集成展示的一种新媒体，因其展示形式犹如传统杂志，具有翻页浏览功能，故名电子杂志。电子杂志是 Web 2.0 的代表性应用之一。它具有发行方便、发行量大、分众传播等特点。通常一本电子杂志的体积都较大，小则几兆，大则几十兆、上百兆，因此，一般电子杂志网站都提供客户端订阅器，供人们进行杂志的下载与订阅，而订阅器多采用流行的 P2P 技术，以提高下载速度。

2. 手机媒体

手机媒体是借助手机进行信息传播的工具。随着通信技术（如 4G、5G）、计算机技术的发展与普及，手机逐渐成为具有通信功能的迷你型电脑。手机媒体是网络媒体的延伸，它除了具有网络媒体的优势之外，还具有携带方便的特点。手机媒体真正突破了地域和电脑终端的限制，具有以下特点：有声音和振动的提示，能够做到与新闻同步；接受方式由静态向动态演变；受众的自主地位得到提高，可以自主选择和发布信息，信息的即时互动或暂时延宕得以自主实现；使人际传播与大众传播完美结合。

3. 数字电视

数字电视指从演播室到发射、传输、接收的所有环节都是使用数字电视信号，或对该系统所有的信号传播都是通过由 0 和 1 数字串所构成的数字流来传播的电视类型。数字信号的传播速率是每秒 19.39 兆字节，如此大的数据流的传递保证了数字电视的高清晰度，克服了模拟电视的先天不足。

二、新媒体传播手段

随着近些年传播技术的不断创新，媒体传播方式呈现出多样化的趋势。新的传播手段对大到国家政治、经济和文化，小到个人工作、学习和生活等各个层面都产生了深远的影响。新媒体传播手段迎合了人们休闲、娱乐、生活碎片化的需求，满足了人们在娱乐和信息共享中随心所欲地进行互动性表达的需要。新媒体环境下，信息的消费者也是信息的生产者，人们使用新媒体的目的性与选择的主动性更强；人们对媒体的使用与内容选择更具个性化，媒体市场也更加细化；新媒体重新赋予人们在表达方面的话语权，特别是自媒体产生后，用户制作的内容影响力更是与日俱增。

（一）网络媒体传播手段

网络媒体是网络传播的主要载体。网络传播中的信息以数字形式存储，通过互联网快速高效地传播，并通过计算机或类似的终端设备供信息接收者使用。目前，绝大多数国家和地区都有了互联网，网络传播打破了国界限制，信息通过网络传遍世界各地，真正实现了全球化传播。通过网络，人们不仅可以自由地传输数据、交换信息、沟通感情，还可以更加高效地实现个人与个人之间、个人与群体之间、群体与群体之间的交流，实现自我认知和互相认知，建立与他人的社会协作关系。网络群体传播的形式有 BBS、社区、论坛、社交网站等。网络大众传播的形式更加多样化，包括门户网站、博客、播客、微博、电子杂志、网络电视等。网络的开放性和自由性让更多的人选择用网络大众传播的方式自由发表自己的观点，让用户参与到制作内容中去。同时也有很多人选择互联网传播形式来表达自己，博客、播客、论坛、网络社区圈、个人空间等可以包容来自各层各界的人们发表观点、表达态度、提出建议，思想的交流和传播从未如此便捷和顺畅。人们既可以是网络媒体的信息接收者，也可以是信息传播者，传统意义上单一的信息接收者和传播者身份变得模糊。我们感受着网络媒体的巨大力量，也见证着网络媒体逐渐成熟的发展历史。

（二）纸媒网络化传播手段

由于新媒体的冲击，传统媒体纷纷开始转型谋求新的出路。于是，传统媒体开始向网络化延伸，纷纷开始制作电子版。包括新华社、人民日报等在内的官方传统新闻媒体，以及各级各地报社、国营和民营杂志社等都陆续开始在网络上抢占地盘，纷纷建立门户网站，开办电子版，制作各种 App，开通视频新闻专线，让动态新闻展示魅力，为信息接收者提供互动性更强的评论空间。其通过各种超级链接功能实现跨站多点的报道，达到了更丰富的报道内容和更良好的传播效果，掀起了网络出版的热潮。这种综合了多元视听效果的网络出版形式包括大量精美的图片、音视频、flash 动画等内容，在很大程度上扩大了传统纸媒的影响范围，提升了传统纸媒在信息时代的影响力。

电子阅读器是新兴的移动阅读工具，利用其也可以实现传统媒体的数字化转型。2009 年 5 月，美国亚马逊公司隆重推出一款大屏幕电子阅读器"KindleDX"，这款阅读器主要用于阅读数字版的教科书、报纸和文献。KindleDX 电子墨水显示屏长约 24.6 厘米，机身厚度约 0.8 厘米，比其他电子阅读器屏幕大很多，并且用户在阅读时不需要进行多次的卷页、放大或缩小等操作。以上优势使 KindleDX 迅速成为书籍、报纸、杂志和学术期刊阅读器市场的大众主流产品。与此同时，《华盛顿邮报》和《纽约时报》等向报纸无法及时送达的长期固定订户提供 KindleDX，用其来浏览报纸。据统计，2018 年国内数字出版产业整体收入为 8 330.78 亿元，比上年增长 17.8%。因此，国内很多企业都瞄准了这个庞大的市场，投入巨额资金研发数字化智能读写终端项目，试图抢占市场制高点。

（三）移动终端传播手段

目前，智能移动终端媒体主要是手机、智能平板电脑、车载多媒体等。手机在最初不过是一种便于人们在移动中保持通信的工具，随着移动网络、触摸屏、互联网、GPS、音频播放器、拍照、语音控制等技术的不断发展和日臻完善，手机实现了从单一通信工具向综合性移动媒体终端的跨越。如今，以手机为终端平台所进行的个性化即时信息传播载体被人们称为继报刊、广播、电视、互联网之外的"第五媒体"。手机媒体较之于其他媒体最显著的特点就是其高度的便携性、隐私性、互动性和信息服务的综合性。我国统计局调查数据显示，群众在户外活动的时间平均为 5 小时[①]，这个数字是非常出乎我们意料的。科学分析的话，除去人们一天 8 小时的睡眠时间，那么剩余时间的三分之一都是在户外进行的。也就是说这些户外时间，基本上可以通过移动传媒的形式来填充。21 世纪最重要的传媒方式并不是报纸或者广告牌，而是人们每天都在使用的手机。这种发展模式成为主流，只是时间的问题。一方面，新媒体嫁接在交通工具上，使新媒体在车载广告和移动电视方面具有非常好的营销路径；另一方面，作为新媒体的核心传播媒介，手机可以随时随地接收信息，因此被命名为"影子媒体"。

（四）电子媒体数字化传播手段

电子媒体（Electronic Media）是依赖一定的电子技术手段，通过电子信息处理技术进行信息传播的媒体。本书所指的传统电子媒体包括电视、广播、电动广告牌、电话等。相对于传统媒体，今天的新兴电子媒体包括数字电视、网络电视、移动电视等。本研究着重分析电视的数字化发展，主要包括数字电视、网络电视、移动电视等新媒体的发展。数字电视，又称数位电视或数码

[①] 陈国利 . 阅新闻 品社会 获奖好新闻赏析、思考与写作训练 [M]. 杭州：浙江工商大学出版社 .2016:212.

电视，是一种节目制作、存储、输出、显示全程数字化的电视系统。数字电视以"数字信号"传输方式替代了传统有线电视的"模拟信号"传输方式，从而呈现出清晰度更高的电视画面、更加丰富的节目内容、更好的音质效果、更强的抗干扰能力、更多的扩展功能，这些优势使数字电视实现了传统有线电视无法企及的质的飞跃。网络电视整合了报纸、广播、电视、网络等媒体的优势功能，兼备数据、文本、图像、音频、视频等表现形式，传递信息速度快、覆盖面广、频道内容丰富，既保持了传统模拟电视的视觉优势，又容纳了互联网技术的跨时空优势，让观众获得了更加优质的视听体验。移动电视也称数字电视地面广播，是一种数字电视移动化媒体，受众可以在各种移动的交通工具中接收数字化的电视和广播节目同步转播信号。网络广播也是传统媒介与网络媒介"联姻"的产物，主要是指以互联网为传播媒介，向受众提供音频服务的广播。对于传统电台广播而言，人们的信息接收模式是"只闻其声，不见其人"，而今天凭借互联网技术，网络电台广播能够实现全球覆盖，实现了声音传播的即时同步效应，使广播的参与方式更加灵活多样。网络广播节目由"无形"变为"有形"，满足了受众对多层次、多样性、个性化节目服务的全方位需求。

三、新媒体广告发展现状

随着社会科技的不断发展和进步，人们获取信息的渠道和手段日益多样化。"新媒体"引起了越来越多人的关注。新媒体技术的出现和发展，对新闻传媒行业带来了巨大的冲击，传播内容日益多样化、多元化，无论是技术还是理念，抑或传播形式都发生了深刻变化，也催生出各种各样的新媒体商业模式。新媒体广告与传统媒体是一个相对的概念，新媒体是更新的发展事物。其主要特点是覆盖范围广、信息传播高效、互动性强。新媒体广告投放渠道十分多样化，如智能手机、户外广告屏、个人 PC 以及电子显示仪等。目前，手机 App、移动终端 H5 页面、网红、自媒体等正在成为"新媒体"。可以说，所有具备创新元素的媒体都属于新媒体范畴。新媒体的发展与互联网有着千丝万缕的联系，因此互联网是引领新媒体发展的重要推动力。随着数字化、虚拟化和网络化技术的普及和应用，新媒体将带给我们越来越丰富的信息、传播速度更快、传播方式更加多样化的体验。

（一）"三微一端"迅速崛起，移动新媒体广告成为焦点

截至 2019 年底，国内网络视频用户规模已超 8.2 亿人，较 2018 年同比增长了 0.88%；网络视频用户使用率为 88.8%，使用率比 2018 年底提升了 1.3%

（图 1-1）。近年来，5G 网络的完善、移动网速的提升以及上网资费的下调，使大众选择在移动终端中观看视频的行为变得越来越普及，各类视频网站也都相继开通视频 App 端。微博、微信及 App 客户端发展十分迅速，形成了"两微一端"的组合形式，成为广告推广的必选。目前，微视频又成为了新热点，与"两微一端"合并形成"三微一端"格局。随着带宽网速的不断提高，资费的逐渐下调，以及 VR、AR、MR 技术和无人机拍摄技术的广泛应用，视频业务将会有极大的发展。随着移动终端技术的提升，移动视频、视频直播产业的市场前景将更为广阔，具有巨大的商业价值。移动终端市场规模扩大，移动广告业也随之发展。

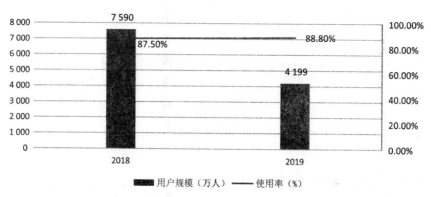

图 1-1　2018—2019 年网络视频 / 手机网络视频用户规模及使用率

（数据来源：中国互联网络信息中心、中商产业研究院整理）

（二）新媒体互联网平台社交化趋势显著

2016 年是我国互联网发展具有突破性的一年，各式社交类网站进入高速发展阶段，互联网平台实现泛社交化。社交类引入了直播等新服务，使用户数量快速增长，同时平台开始进行人群细分，将人群喜好不同、环境不同划分为若干个小群体。从用户特征来看，微信平台的用户使用率最高，除去年龄幼小和超低学历的人群以外，各类人群对微信朋友圈的使用没有明显的差异；而各地级市县级市，年龄较小的网民对 QQ 空间则黏性更高，产品用户下沉效果明显，更受年轻用户青睐；微博用户特征更为明显，主要集中在省级城市、高知识层面人群，城镇网民对微博的使用率明显高于其他群体。社交产品不断创新，社交元素推动流量变现，社交平台助力社会公益，社交网络生态持续向好。中国互联网络信息中心（CNNIC）发布的第 45 次《中国互联网络发展状况统计报告》显示，截至 2020 年 3 月，微信朋友圈使用率为 85.1%，QQ 空间使用率为 47.6%，微博使用率为 42.5%。图 1-2 为 2018—2020 年社交应用使用率。

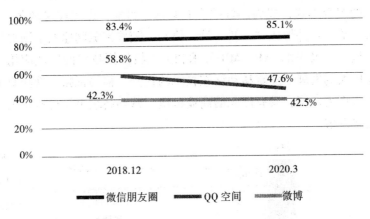

图 1-2　2018—2020 年社交应用使用率

（数据来源：CNNIC、智妍咨询整理）

（三）网络直播新媒体平台成为热点

近年来，国内各大网站纷纷开设网络直播平台，游戏（斗鱼、熊猫）、视频（乐视、优酷网、爱奇艺）、秀场（9158、YY、我秀）、移动（虎牙、映客、斗鱼）、社交（微博、微信）等各类网络直播迅速涌现。直接参与网络直播或是观看网络直播的群体范围越来越广，涉及网络直播的事件也在逐渐增多，网络直播就像春天的柳芽般散发出盎然生机。它与传统电视媒体不同，从以前的"你看我说"，到现在的"我说你也说"，将自己的生活、感受、经历与千千万万人连接在一起，这种直播方式受到人们的热烈追捧。而且，网络直播简便易行，可以打造网民对新闻现场身临其境般的用户体验，已经成为新媒体传播的重要载体。网民可以通过转发、分享、回复视频、滚屏"弹幕"等方式发表自己的看法，与直播发布者进行互动，将个体收看变成了群体行为。目前，大量新闻网站及门户网站，也纷纷开设视频直播栏目。2016 年，网络直播进入高速发展阶段。Mob 研究院发布的《2020 中国直播行业风云洞察》显示，截至 2020 年 3 月，我国泛娱乐直播行业移动用户规模超过 1.5 亿人（图 1-3）。从整体用户规模来看，近一年内，泛娱乐直播行业移动用户规模波动较小，基本维持在 1.6 亿量级。

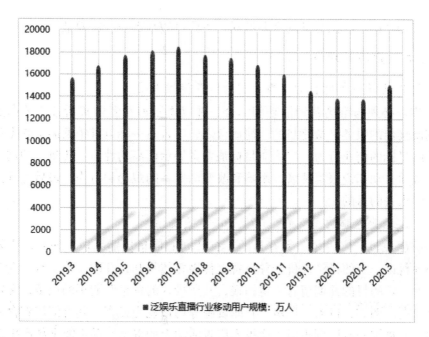

图 1-3　2019.3—2020.3 中国泛娱乐直播行业移动用户规模

（数据来源：Mob 研究院、中商产业研究院整理）

第二节　广告的发展与新媒体广告的界定

一、广告的发展

（一）广告的定义

广告是为了某种特定的需求，通过一定形式的媒体，公开而广泛地向公众传递信息的宣传手段。

广告有广义和狭义之分。

广义的广告包括非经济广告和经济广告。非经济广告指不以营利为目的的广告，又称效应广告，如政府行政部门、社会事业单位乃至个人的各种公告、启事、声明等，主要目的是推广。

狭义广告仅指经济广告，又称商业广告，是指以营利为目的的广告。通常是商品生产者、经营者和消费者之间沟通信息的重要手段，也是企业占领市场、推销产品、提供劳务的重要形式，主要目的是提高经济效益。

（二）广告的特点

1.广告是一种有目的、有计划的信息传播手段

广告必须与市场营销活动相结合，并以说服消费者购买所宣传的商品或享用所宣传的服务为最终目的。简而言之，广告是一种以推销商品、获得利润为最终目标的商业行为。广告向目标消费者展示商品的性质、质量、功用、优点，进而打动和说服消费者，影响和改变消费者的观念和行为，最后达到商品被推销出去的目的。

2.从企业经营的角度看，广告是一种投资活动

前面说过，广告是一种有目的、有计划的信息传播手段。同时，广告宣传必须付出一定的经济代价，并有特定传播媒体物和公开的宣传工具。企业为了达到一定的目的并期望有一定回报，其所投入的资金及购买的设备，常常被视为投资。例如，机器、厂房、仓库设施等均被视为投资，其价值随着存在时间的延长将按一定比例折旧。而投入广告活动上的资金，并不能全部产生即时销售效果，因此，大多数广告主只好将广告费用当成费用支出开列。随着现代广告观念的形成和发展，已经有越来越多的人认为广告活动应该被视为企业投资行为。广告的投资效应一般通过两个方面来体现，一是广告的消费价值，它取决于广告的消费效应，即消费者接受广告信息，对广告产生认同感并积极地购买；另一方面是广告的生产价值，它取决于消费者价值的实现，尤其对商品广告而言，只有商品销售的实现，才能实现再生产的目的。从投资的角度看，广告应该将追求长远利益与眼前利益结合起来，因为广告是一种着眼于未来的行为，既有一定的风险性，又有一定的可预测性。

3.广告是一种沟通过程

沟通，就是信息发出者与接收者之间进行信息传递与思想交流，以求达成某种共识。因此，沟通是一种双向活动，而不仅仅是一方对另一方的单向影响过程。之所以说广告是一种双向沟通，是因为广告主将广告信息通过大众媒体传递给目标消费者，以求说服、诱导消费者购买广告商品。只有当目标消费者接受了广告信息，即认为广告信息是真实和可信的，并同意广告所传递的观点时，广告信息才能发挥作用，从而实现广告沟通过程。

4.广告需要创意和策略

广告的制作和宣传应该满足消费者需要，能引起消费者注意，并调动其兴趣，激发其欲望，从而实现消费行为。创意的本质就是使广告所包含的信息能得到更好的传达，对诉求对象产生更大的影响作用。好的创意，必须在明确的信息策略指导下产生。没有任何策略指导的信息，即使表现得再独特，也很难成为好的创意。因此，创意和策略是广告中的重要组成部分，起着举足轻重的作用。

（三）国内外广告发展

1. 国外广告发展

广告的正式诞生，可以说与19世纪面向大众的报纸媒体的诞生息息相关。当时，欧美随着工业革命的进行，一方面，民众广泛获得报纸信息成为可能；另一方面，新兴的工业产品又需要通过扩散信息来打开市场。由此对产品广而告之的现代"广告"应运而生。1729年，富兰克林在美国创办《宾夕法尼亚日报》，把广告栏安放在报头下面、社论之前。这时，富兰克林既是出版商、编辑，又是广告作家、广告经纪人。

在1890年以前，西方社会对广告有着一个统一的认定，即西方国家认为广告是有关产品或者服务的新闻。1894年，美国现代广告之父 Albert Lasher 重新对广告进行了定义，他认为广告是印刷形态的推销手段。也就是说，Albert Lasher 认为广告是为了推销产品或者其他的一些事物而产生的，广告的目的就是为了在推销中劝服更多的人。所以说，在此阶段中，广告这一概念含有在推销中劝服的意思。1948年，美国营销协会又给予了广告新的定义，他们认为，广告是由可确认的广告主，对其观念、商品或服务所做的非人员式的陈述与推广。由此看来，此定义对于广告的意义是强调了广告是付费的大众传播，广告的最终目的是传递信息，并有效地改变人们对广告的态度，最终能够诱发其行动并使广告主获得一定的经济利益。《韦伯斯特词典》认为，广告是指在通过直接或间接的方式强化销售商品、传播某种主义或信息、召集参加各种聚会和集会等意图下开展的所有告之性活动的形式。

2. 国内广告发展

我国最早的商业广告可以追溯到1979年，街头古老的吆喝声便是口头传播、叫卖的起源，到如今演变成各种形式的销售现场广告。1815年8月，英国传教士米怜在马来西亚创办了《察世俗每月统纪传》，这便是最早的刊登广告的定期中文刊物。1904年，国人开办闳泰广告社；1926年，开办华商广告公司；1930年，成立联合广告公司。上述三家公司成为我国最早的商业广告公司，而我国最早的广告研究团体是1918年成立的北京大学新闻学研究会。1979年后，广告业进入迅猛发展的时代，这一年也可以说是中国的广告元年。

1979 年 1 月 14 日,《文汇报》发表文章《为广告正名》;1979 年 1 月,上海电视台拟定《上海电视台广告业务实行办法》《国内外广告收费标准》;1979 年 1 月 25 日,上海电视台成立广告业务科,标志着电视广告时代正式开启。1979 年 3 月,中央电视台播放了建台以来的第一条商业广告。1979 年 11 月,中央宣传部颁发《刊报、广告、电视刊登和播放中国广告的通知》;同年 12 月,中央电视台开辟"商品信息"节目,集中播放国内外广告,与此同时,北京街头出现了琳琅满目的商业广告路牌。20 世纪 80 年代,人们处于改革开放后的中国,生活和观念都发生了巨大的变化,广告也成为那个时期经济发展的重要标志。20 世纪 80 年代的一系列广告语、广告歌成为社会的流行元素,其中令人印象最深的或许是燕舞牌收录机的广告。20 世纪 90 年时可以说是广告的"黄金年代",在 1990 年以前,我国商业广告可谓是"摸着石头过河"的探索期;但是步入 20 世纪 90 年代以后,广告业进入了高速迅猛的发展期。1993 年,中华人民共和国国家工商行政管理总局(今国家市场监督管理总局)、国家计划委员会印发了《关于加快广告业发展的规划纲要》,进一步明确了中国广告业在经济社会发展中的重要地位。到 21 世纪,互联网技术成了广告业新的关键词,经济全球化步伐加快,越来越多的跨国广告企业进入中国市场,而中国广告业的开发,不仅使中国广告日益多元化,也让中国广告与世界接轨,由此诞生了一系列优秀的民族品牌,如华为、海尔、李宁等。21 世纪后,互联网和移动互联网成为了新时代广告的主流平台,新媒体的诞生让广告传播变得更加迅速起来,其销售额早已超过了电视广告,成为最大的广告载体。

二、新媒体广告的界定

(一)新媒体广告的定义

对于"新媒体广告"的定义,除了要以"新媒体"概念界定为基础外,还需对"广告"的内涵展开系统分析与讨论。就目前来看,国内外相关领域在新媒体广告方面已取得了一定程度的进展。美国德克萨斯大学广告学系早在 1995 年就提出了"新广告"的概念,有力地揭示出新广告的本质特点是互联网广告的个性化和互动化,但没有整体性地提出新媒体广告的概念。国内较早地把新媒体与广告联系起来的是北京大学的陈刚教授,他提出的"后广告"概念,实际上强调的是对新媒体广告的关注,借用新媒体环境下的广告方式,对互联网广告等形式做了深入剖析。并说明道:"我们之所以提出后广告的概念,只是为了表明作为一个怀疑者、思考者,同时希望是一个建设者,那就是在受到网络时代各种新的因素不断渗透与影响而不断变化的广告空间里，寻找并探索一个新的世界秩序与生存逻辑。网络引发并实现了一次媒体革命，而作为这次革命动因的核心就正是'互动'。"

高丽华等编著的《新媒体广告》中对新媒体广告概念的理解："所谓的新媒体广告就是将新媒体作为传播载体的广告。"强调了新媒体广告的载体，却忽视了新媒体广告的内涵与特点，以及受众在新媒体广告中的作用，所以这个概念过于泛化，无法对新媒体广告形成有代表性的概括。

崔磊等则在《新媒体广告及其融合服务初探》一文中，对新媒体广告进行了比较全面客观的概括："新媒体广告，即指体现在以数字传输为基础、可实现信息即时互动、终端显现为网络链接的多媒体视频上，有利于广告主与目标受众信息沟通的品牌传播行为与形态。"

为此，本研究对新媒体广告的内涵的揭示，首先需建立在前面我们对新媒体界定的基础之上，这就需要明确认识新媒体能够实现个性化、互动性、细分化、移动化的传播沟通特性；其次则是对"广告"再认识中要素的认识，即非人员面对面进行有利于广告主的产品与服务营销的信息传播。这样，我们就可以明确地揭示出新媒体广告的内涵：新媒体广告，即以数字传输、网络在线为基础，可实现信息即时互动、终端显现为网络连接的多媒体视频，广告主有意识地向目标受众传播品牌及产品信息的传播行为与形态。

除此之外，新媒体广告概念中，还隐藏着对"新"的全面考量和把握。除了传播媒介的变化外，这个"新"还体现在其他哪些方面呢？从本质上看，广告就是一种信息传播活动，所以我们尝试从信息的生产、呈现、传播角度来进一步分析新媒体广告的"新"。

1. 新的生产态度

传统的信息生产采用的是专业化的模式，所以无论是利用纸与笔的生产时代，还是利用电脑进行数字化处理的生产时代，信息生产都需要在专门的培训下，严肃认真地进行。但在新媒体时代，信息不再完全依靠传统的主观创作和制作，而更多地可能是以一种低门槛的，不需要进行专业培训的或是偶然的、随意的方式出现。这样的生产态度，改变了人们之前建立起来的对信息的同质、刻板、疏远等的固有认识，赋予信息以更多的活力。

2. 新的生产方式

传统的信息生产，是无法通过一两个人，依靠单打独斗的方式完成的。一条有影响力的信息的产生，必须通过专业化团队，严格按照传统的采集、加工、整理、包装这样一个复杂又固定的程序进行。而在新媒体时代，信息生产的专业化不再是信息影响力的必要条件，信息素材的出现可能变得更加偶然，人人都能发现信息；素材的加工等变得更加便利和多元，人人都可以制作与发布信息；信息不再需要统一的、细致完整的包装，人们喜欢看到更加鲜活和与众不同的东西。这些变化都在告诉我们，信息的时效性、互动性、个性化等都在左右着它的传播，而这些恰恰就是新媒体传播的主要特征。

3. 新的呈现和传播方式

传统信息的呈现方式相对比较单一。比如，报纸只能呈现图文，广播只能呈现声音，而电视已经是最复合的媒体了，但也主要通过视频、音频来进行呈现。新媒体环境下信息的呈现方式更加多元化，各种形式优势互补。比如，电子杂志除了展现传统杂志的必要图文外，为了扩展感官体验，也会融入一部分视频、音频、动画等，以满足用户的各种需求。在传播方式上，信息不再是一味地捆绑式、强制性地进行曝光，新媒体给予受众更多的是自由选择信息的机会。这时的信息变得更加零碎化、多元化，以便于满足受众的个性化需求。把曝光与传播的主动权交给受众，允许受众订阅、定制，鼓励他们进行转发、评论等互动行为。由此可见，正是在新媒体媒介与传播特征、广告本质属性等的共同作用下，新媒体广告的概念才丰满起来。所以，在研究新媒体广告概念的时候，不能孤立地、单个地进行解读，而应该把概念放置在特定的媒介环境、传播环境中，有逻辑地、动态地进行解读。

（二）新媒体广告的特点

1. 海量性

新媒体广告以信息化的模式进行存储和传输，摆脱了传统广告信息内容在数量上的局限性。一般民众能够通过网络发布各种信息内容，丰富多元的传播平台也保障了海量广告的推广空间。以互联网媒体为代表的新媒体能将全世界160多个国家和地区的数以亿计的网络用户连接在一起，要想在这样的渠道上成功进行广告营销，其挑战难度可想而知。我们在关注全球性、海量性的同时，也一定要考虑区域的差异性，只有通过多方面观察和研究后创作的广告才能够在海量信息里脱颖而出，规避内在的文化与观念等的冲突。

2. 互动性

新媒体广告具备了一定的互动性，这相较于之前那些单方面输出的传统广告具有革命性的进步。新媒体广告的互动性来自新媒体特有的双向传播功能，消费者不再被动地接收传统媒体传播的广告内容。例如，人们在触控广告屏前可以自由选择自己想要观看的广告内容，包括参与一些软性广告的交流互动。在以往的媒体中，受众基本上不存在自主选择权，全部的信息内容都是由服务提供商来选择的。在新媒体问世后，这一情况就变成了历史。在运用新媒体时，用户能决定接收还是不接收新媒体广告，甚至还可以亲身加入广告之中，与广告商进行互动交流。新媒体广告互动性的运用发挥还要借助科技的开拓创新与更新换代，另外也要注意市场环境中消费者的接收习惯，杜绝扰乱新媒体平台正常互动的问题发生。

3. 娱乐性

新媒体广告会在文、图、音、影等方面带给广告受众多角度的体验，通过这种方式给用户留下深刻的印象。早在1959年，就有社会学家在传播的社会功能中加上了一项娱乐功能。作为传播媒介的一种，新媒体广告与大众娱乐间存在着密不可分的关系。新媒体广告通过技术创新将大众娱乐与信息传播联系在一起，深化和改进了广告营销和用户接收两者之间的关系。

4. 融合性

由于科技创新的蓬勃发展，"媒体融合"成为当下非常流行的词组，各种广告媒介之间不再像过去那样各行其是、泾渭分明。如此一来，人们不免发问：如果媒介现在都能够融合，那么新媒体广告的形式是不是也能融合呢？答案是肯定的。时至今日，数字媒体技术的进步使新媒体这一创新网络平台本质上就已具备了融合性，因此在这一媒体上推广的广告也就必然具有融合性的特点。

5. 本体性

新媒体广告的本体性其实就是指某家公司在自家媒介平台上传播自己的品牌。比如，阿里巴巴公司能够在淘宝网站中投放公司旗下服务或商品广告。本体性不仅能够增强新媒体广告的推广与传播效果，也能增强受众的体验感。通过这些附加的延伸广告，有时候还可以为消费者带来一定的便捷，如京东商城内的本网广告促销活动等。

6. 统计性

新媒体广告的统计性涉及广告推送的精准性和监测等因素。用户在新媒体媒介上接收广告信息的同时，品牌商也会获得一些关于用户行为偏好、信息和意见的反馈。这是因为用户在浏览、点击新媒体广告的过程中会"留下印记"。而这些"印记"逐渐构成受众群体的共同特征，并且成为广告发展与壮大的基础依据。这样的统计性能帮助品牌商对广告效果进行测评，然后即时调整广告营销的策略。

（三）新旧媒体广告的关联

新媒体广告使广告接触观众的途径增加了，并使广告具有更加精准的针对性，还降低了广告成本。但是，随着新媒体的普及，观众只选择对自己有用和自己感兴趣的信息，观众群的规模缩小了，导致市场更加细化。从广告商的角度看，更难直接接触到真正的消费者和潜在的顾客群。广告商在多种媒体上占据着广告位置，消费者接受着来自同一广告商的重复信息，重复的广告换取相同的消费者认知与投入的成本是不成正比的。现在面对新媒体迅猛的发展态势，更出现了新媒体必将取代其他媒体成为广告新宠的说法，这是错误的。新传播途径的出现只是增加了传播的方式，但新媒体的定向分流受众，使新旧广告媒体之间的可替代性更强。广告与受众的交互性是影响传统媒体发展的瓶颈。新媒体的互动性具有向广告商提供受众的品位、喜好和习惯的信息潜力，自然会使受众向更专业的领域分流，以方便广告商了解目标顾客的需求，使他们掌握并迎合受众群体的个人品位。所以，新媒体广告与传统媒体广告具有一定的互补性。借助传统媒体的平台，发展互联网广告是一种探求网络广告与媒体相结合的方法。

新媒体令用户有更多的选择权和控制权来决定他们愿意接收的信息。另外，一对一的营销方式也是传统传媒成本所不允许的。因此新媒体对传统平面媒体的威胁比其他媒体要大。尽管受众分流到多种分类更细的传媒，但是广告商依然主要依靠主流传统媒体来打造企业的品牌。这是因为传统媒体的覆盖面大和可信度高仍是一个强大的卖点。所以，新的传播渠道和营销机会刺激了广告需求的增长，而不是减弱了传统媒体的广告吸引力。因此，现在人把新媒体作为传统大众媒体的补充而不是替代。通过新媒体进行直观营销，增加广告活动的数量而不是替代大众营销。

第三节　新媒体广告的演变

综合新媒体广告的特点变化和关键节点，可将其发展历程分为起步期、调整期、跨越期、猛进期四个阶段。

一、起步期

（一）网络媒体初创与广告运营尝试

1994 年，我国与国际互联网实现联通，国内四大骨干网相继建成，这标志着我国进入第一代互联网时代。其后的四年间，我国互联网在带宽环境、网站数量和用户规模等方面都取得了一定的发展，多个有重要影响力的网站相继诞生，如三大门户网站（新浪、搜狐、网易）、第一电商平台（阿里巴巴）、第一网上书店（当当网）、第一网上聊天软件（腾讯 QQ）等。这些网络媒体在技术与资本的结合下迅速发展，开展了 ISP 用户接入、虚拟主机、电子商务、信息检索、网络门户、免费邮箱、免费个人主页、新媒体广告等多种业务，在短时期内形成独特的定位，初步培育了一定规模的忠实网民。

其中，一些网络媒体的运营者萌生了将新媒体广告作为盈利点的经营意识，主动模仿国外先行者（如美国在线、网景、Yahoo 等）的经验。在产品方面，照搬国外网站的模式设置自身广告的形式、尺寸和规格，如将 Button（按钮或图标广告）广告设定为 120×60 像素，Banner（旗帜或横幅广告）广告设定为 486×60 像素等；在运营层面，或聘用 AdForce、DoubleClick 等国际权威第三方机构进行数据监测，或购买专业广告管理软件进行广告管理等。同时，该阶段我国网络媒体还积极通过公关、广告、研讨会等多种方式进行宣传，发起了新媒体广告的"启蒙"运动。

（二）广告主和广告公司的广告运作

1997 年 3 月，由灵智大洋互动媒介部作为广告代理的 IBM 为其产品 AS400 在 ChinaByte 上花 3 000 美元投放了一个大小为 468×60 像素的 Banner 广告。几乎在同时，英特尔（Intel）也为其新出品的奔腾处理器举办了"网上夺标，莫失良'机'"活动，并在 ChinaByte 上投放了 Banner 广告，代理公司同样是灵智大洋。之后，其他一些网络媒体也相继获得了广告主的新媒体广告投放，新媒体广告这一当时的新生事物开始进入大众视野。

这一时期许多新媒体广告的代理业务由主营网站架设、网页制作的公司兼差为之。这些公司在广告方面的专业素养和能力不足，而传统广告公司虽然熟悉广告，但对网络科技的认识明显不足。直至 1998 年，专业的网络广告代理公司才开始出现——除了国际上知名的广告公司介入互联网广告代理，国内的技术公司也由于种种原因开始承接并发展此类业务，我国新媒体广告的代理由此走上专业化的道路。

（三）低基数下的高增长

作为新生事物，新媒体广告在起步期不可避免地遇到了互联网发展水平不足、广告经营水平低、广告主认知缺乏、网络用户使用条件欠佳、效果监测落后、广告监管缺失等多方面问题，这限制了我国新媒体广告的发展。虽然在起步期的 4 年间里新媒体广告实现了大幅、高速的增长，但和全国总体广告市场相比，其市场规模还非常有限。

二、调整期

（一）广告主规模有所增长

由于各网站对新媒体广告资源开发力度的加大收到了良好的市场反馈，广告主纷纷开展与网站的深入合作。比如，2001 年，乐百氏与新浪网合作，根据新浪网各类广告的不同特点，从全屏广告、横幅广告、文字链接、画中画、固定按钮和流动按钮中选择不同的组合形式进行其瓶装水产品的推广。这些合作意味着本阶段广告主的规模有所增长，促使行业构成愈加多元化。

（二）新媒体广告"量""质"齐升

在我国互联网行业环境改善、多元商业模式的探索及新媒体广告的帮助下，以新浪、搜狐、网易三大门户网站为代表的网络媒体于 2002 年先后扭亏为盈，并从此引领我国网络媒体驶上了一条狂飙突进的快车道，这也推动着新媒体广告在"量"与"质"方面的双重发展。第一，广告收入平稳增加。第二，伴随着网络媒体对广告资源的不断开发，新媒体广告在"质"的方面（尺寸、类型、定价方式）也有了一定的发展。下面举例来说明。背投广告——打开网站页面时在当前页面的背后弹出的窗口广告，该广告不会影响用户的正常浏览页，具有独立页面、大幅显示的特点。通栏广告——多数是以横贯页面的形式出现，该广告尺寸较大，视觉冲击力较强，多为 GIF 或 FLASH 等格式，能给用户留下深刻的印象。全屏广告——在用户打开浏览页面时，广告以全屏方式出现 3～5 秒，然后逐渐缩成 Banner 尺寸，进入正常阅读页面。流媒体广告——采用流媒体技术制作并传输的广告。流媒体技术是指使用视频传送服务器把广告内容当成数据包发出，传送到网络上，用户通过解压设备对这些数据进行解压后，广告内容就会像发送前那样显示出来。流媒体广告的优势在于用户可以边下载边播放，从而使广告启动延时大幅度缩短，对系统缓存容量的需求也大大降低。视窗广告——以数字视频为主要表现形式的新媒体广告，从屏幕右下角浮出，固定在右下角位置。播放器带有明显的功能按钮，且带有关闭、音量调节及静音按钮。

（三）广告规制初成体系

在调整期，新媒体广告另一个令人瞩目的发展在于经过了起步期的摸索阶段，新媒体广告的法律规制、行业自律等工作开始启动。比如，2001 年 5 月 25 日，在信息产业部的指导下，经民政部批准，由国内从事互联网行业的网络运营商、服务提供商、设备制造商、系统集成商以及科研、教育机构等 70 多家互联网从业机构共同发起的中国互联网协会成立，该协会于 2002 年 3 月 26 日发布《中国互联网行业自律公约》。

三、跨越期

（一）网络媒体在营销层面的突破

第一，在产品方面，主要运用多种媒体形式、表现力丰富的富媒体广告，依托新兴媒体平台的网络视频广告、博客广告、网络杂志广告、移动广告等新的广告形式于此时出现，迎合广告主精准营销新思路的搜索引擎广告异军突起。

第二，在推广方面，此阶段的网络媒体为了获取新兴客户并扩大收入，除一线市场以及传统 IT、通信行业客户之外，加大了对属于"蓝海"的二线区域性客户市场以及房地产、汽车等新兴行业市场的开拓，同时越来越多的媒体亦积极探索网络营销的理论体系和实施方案（如网易于 2004 年上线"网易网络营销中心"），以更好地引导广告主从网络营销的角度认识网络媒体和新媒体广告的重要性。

第三，在定价方面，为了迎合广告主新的营销思路，网络媒体加大了以"定向""窄众""点击"为诉求点的广告产品推广力度，按效果付费（包括 CPC、CPS）模式得到进一步推广。

（二）广告主营销思路转变，广告主数量递增

在这一时期，新媒体广告已经被更多的广告主所熟悉，在网络媒体和广告公司的推广下，广告主在投放广告时不再仅仅依赖以"围攻轰炸"为特点的

传统媒体，而是开始更多地选择具有"互动""精准""定向"等特征的数字新媒体。这使得广告主的数量快速增长。2010—2019年，MCN（多频道网络）新增数量快速增长，尤其是在2014—2016年的增长量更是达到千位，反映出新媒体营销市场对MCN的高需求度。

（三）广告代理市场生机勃发，本土广告公司快速发展

这一时期，以电通、实力、传立、灵智大洋、麦肯光明、精信等为首的4A广告公司继续在新媒体广告行业精耕细作，创造了不错的业绩。本土网络广告公司如创世奇迹、网迈、科思世通等也如雨后春笋般涌现，很多公司在市场中以独特的定位占据了一席之地。例如创世奇迹专攻网络游戏植入式广告，互动通专注于富媒体广告，飞拓无限抢占移动营销市场，等等。而以好耶、华扬联众、阳光加信等为首的本土综合网络广告公司积极参与市场竞争，并因对本土市场的熟悉及独特的业务模式形成了较强的竞争力，如好耶旗下的诠释就通过采取广告发布、监测等技术研发与广告代理互相促进的模式，主动与4A广告公司合作，为广告客户提供跨媒体的营销方案，以形成自身的优势。

（四）市场格局由门户独大的局面转向多元竞争

此前2001—2002年的调整期，我国新媒体广告市场还呈现出高度集中的市场格局，由门户网站（特别是新浪、搜狐、网易三大门户）垄断广告资源；而发展到2003—2006年的跨越期，以搜索引擎、IT专业媒体（如天极网、太平洋电脑网）、游戏网站（如天使在线）、汽车类专业网站（如中国汽车网、汽车新网）等为代表的各类网络媒体快速发展，用户规模不断扩大，广告价值不断凸显，其所占据的市场份额不断提升，使此时门户网站垄断的情形逐步消失，新媒体广告市场格局呈现多元竞争的态势。

四、猛进期

（一）网络媒体的创新

一方面，网络媒体在多年的实践及学习过程中，不仅对多种营销理论和方法有了更加深入的理解，通过借鉴和摸索创造出了许多新的营销产品和营销手段，更有一些行业的领先者已经形成了自己独特的营销理念和营销体系。

另一方面，伴随新媒体技术的更迭，以及视频网站、游戏网站、社交网站、移动应用等新媒体平台的快速崛起，网络媒体对新媒体广告的形态不断

创新。除了已经广为人知的搜索关键词广告、图形广告和富媒体广告，此时新媒体广告阵营中还多了不少新成员，如视频贴片广告、网络植入式广告和移动App广告，这些新成员为新媒体广告的多元发展注入了新的活力。此外，一些网络媒体也不断优化已有的广告产品。

（二）广告公司的革新

延续上一阶段广告公司对新媒体广告的热度，在多元因素的影响下，广告公司谋求数字化时代的转型和变革成为一种趋势；同时，新进入者凭借自身与数字化的天然依附关系及快速调整、反应的优势，进一步改变着广告公司的市场格局。在《互联网周刊》于此阶段后几年发布的中国网络广告公司排行榜中，位居前15位的公司中，本土综合网络广告代理公司和专业网络广告代理公司占据了三分之二的席位。这标志着本土综合网络广告公司、本土专业网络广告公司和4A广告公司（网络公司或互动部）三足鼎立的态势逐渐形成。

此外，各类广告公司选择紧随数字营销的潮流，对其业务进行多样化的调整和拓展：第一，积极主动运用新媒介平台或新媒介广告产品；第二，基于媒体融合展开双向跨界。更多的传统广告公司开始涉足网络互动营销领域，致力于将数字媒体与技术整合到自己的综合服务体系之中；第三，进一步拓展公司的数字化业务。一些广告公司或通过推进"全员数字化"，成立专业的数字媒体团队，或通过收购专门的数字营销公司，或专注于不断创新自身的数字营销平台、产品、服务、营销理念和营销策略，来进一步拓展其在"数字媒体策划和技术支持"方面的业务。

（三）市场结构的优化

伴随电商网站、视频网站等各类新兴平台的崛起以及一些互联网企业的积极布局，新媒体广告市场出现了许多新生力量，市场结构得到进一步优化——不仅门户网站的垄断格局被进一步打破，新媒体广告市场核心媒体队列也出现了新的变化。在整体市场格局方面，2007年以后，搜索引擎广告一直保持高速且平稳的增长；电商网站、视频网站在新媒体广告市场中的表现也非常突出，门户网站几年前独霸市场的局面已经消失。具体到企业方面，2007年以前，新媒体广告市场营收中百度、谷歌两大搜索引擎，新浪、搜狐、腾讯、网易四大门户网站以及一些垂直网站占据绝对的领先地位；但发展至此阶段，新兴力量不断崛起。

（四）行政监管力度持续加强，行业自律蔚然成风

在国家工商行政管理总局（今国家市场监督管理总局）的组织和推动下，相关部门对新媒体广告的行政监管力度越来越大。针对新媒体广告隐蔽性强、涉及面广、监管难的特点，工商行政管理部门会同部际联席会议成员单位（如中宣部、国务院新闻办公室、公安部等）联合的发起监管日益增多，新媒体广告发布前的审查成为规范重点，处罚力度不断加大，形成了我国新媒体广告规制中行政规制多部门联动的特色。在行业自律层面，2007 年 6 月 13 日中国广告协会互动网络委员会成立，通过并签署了我国新媒体广告的第一部自律守则——《中国互动网络广告行业自律守则》，这标志着我国新媒体广告的自律迈进组织化和规范化阶段；此后，在相关行业组织（中国互联网协会、中国电子商务协会、中国电子学会等）的努力下，《中国互联网广告推荐使用标准（试行）》《中国互联网 IP 地理信息标准库》等与新媒体广告发展息息相关的自律守则、标准等相继发布，有力地促进了行业的健康发展。

第四节　传统广告的特点及新媒体广告的优势

一、传统广告的特点

广告即广而告之。对于任何企业或者品牌来说，广告都是一种非常有效的信息传播及促销手段。传统广告是基于图文、音频、视频的广告，平台包括广播、印刷等，从广告形式上来说分为纸广告报、广播广告、杂志广告和电视广告等。

（一）报纸广告的特点

报纸广告曾经是国内主要的信息传播方式之一。在传统媒体中，报纸是普及性最广和影响力最大的媒体，在广告业中占据着重要的地位。随着时代的不断变迁，报纸的种类越来越多，内容日渐丰富，版式灵活，印刷精美，内容与形式日趋多元化，缩短了读者与报纸媒介之间的距离。但是，报纸广告也有着自身的优点和缺陷，现进行如下分析：

1.优点

（1）渗透范围较广。相较于其他传统媒体而言，报纸具有极强的市场覆

盖率和市场渗透力。一般情况下，报纸分为早报和晚报两种，广告主可将广告植入其中任何一份报纸，通过读者订阅以实现报纸的全覆盖。与此同时，报纸凭借自身广泛的渗透力，成为受众普遍认同的大众媒体，不但有利于广告主与细分市场直接接触，而且在某种程度上有助于提升广告主整体市场接触频率。

（2）具有极强的权威性。报纸广告需确保新闻内容和广告内容的真实性，在信息发布前必须通过相关部门的审核，且在报纸漫长的发展历史过程中，已形成了自身公信度，读者对其所刊登的信息内容有着极高的认可度和信服度。

（3）可区域性传播。除了直接邮寄，报纸比其他媒体更有地理选择或区域选择力。广告主可以通过选择报纸或报纸组合来实现各种覆盖。部分全国性的广告主利用报纸的定向优势，在某些有很大销售潜力的地区争取主动权。例如，宝马、奔驰和沃尔沃在美国加利福尼亚和纽约、新泽西大量使用报纸广告来推动豪华进口汽车的销售。许多公司，包括通用汽车、AT&T 和金宝汤罐头，都将报纸作为一种区域性营销策略。报纸广告令它们得以在各个市场突出产品特征，根据当地状况开展活动，紧密联系零售商促销，在交易中获得更多利益。地区性广告零售商看重热线在特定市场或交易领域中的地理选择力与灵活性，他们的媒体目标是将广告集中在部分客户所在的区域。因此，许多报纸现在为广告主提供各种可选择的地理区域。

（4）具备较强的针对性。报纸广告的传播对象大多为当地民众，所传递信息具有极强的针对性，尤其是本土化的广告，选择报纸广告的形式效果更佳。例如，北京晚报是一份面向广大市民的高度密集覆盖北京市场的强势主流纸质媒体，以反映生活、服务生活、指导生活为宗旨，内容覆盖政治、经济、体育、文化、商情等各个领域，汇集了北京本土新闻事件和全国资讯，深得北京老百姓的喜爱。

（5）读者广泛而稳定。报纸能满足各阶层媒体受众的需求。因此，它拥有极广泛的读者群。不同的读者群，其兴趣、喜好各不相同，而且在一定时期内，兴趣、喜好是不易改变的。这就使报纸的"目标市场"有相对的稳定性。报纸媒体不同于电视和广播媒体，读者不受时间限制，可随时阅读或重复阅读。一段时间以后，读者还可以查找所需要的信息资料。

2. 缺点

（1）生命周期短。绝大多数媒体受众只读当天的报纸，很少有人读隔日的报纸，因此报纸的有效期较短。它的有效期一般只是报纸出版后到读者阅读的那一段时间。因此，广告要精心思考"说什么"与"怎么说"，尽可能在有限的时间内，给媒体受众明确清楚、印象深刻的重点信息。

（2）受干扰程度高。报纸广告多数以文字符号为主，如果要了解广告内容，就要求读者在阅读时集中精力，排除其他干扰。一般而言，除非广告信息与读者有密切的关系，否则读者在主观上是不会为阅读广告而花费很多精力的。读者的这种惰性心理往往会减少他们详细阅读广告内容的可能性。换句话说，报纸读者的广告阅读程度一般是比较低的。

（3）印刷质量不高。印刷质量不高是所有报纸都存在的问题，特别是当广告讯息以图片形式呈现时尤甚。报纸印刷往往不够精美，大多为黑白两色，很难形成强烈的视觉美感。近些年来，由于报纸彩印化趋势越来越显著，报纸的美感也逐渐显现出来。

（4）发行量无法准确估量。报纸通常是通过超市、便利店、报刊亭等途径发行的，免费报纸一般由人工派发，如闹市、火车站、地铁站等。专业类报纸的受众多为小众，发行量较低；大众类报纸受众较广泛，发行量较高。免费取阅报纸的发行量十分可观，主动阅读人群主要为上班族，发行量高，但是阅读率大都集中在前几页和最后一页。

（5）废弃报纸影响品牌的形象。大多消费者阅读完报纸后会将其当成废物丢掉或者改为他用。有的堆积在角落里，有的直接丢进垃圾桶，还有的用来擦拭玻璃，或者做装修道具、剪纸模型，甚至做厕纸等。这些都在不同程度上影响了品牌的形象。

（二）广播广告的特点

广播电台广告是现在很常见的广告形式，而且从广播广告的形式所做的宣传可以起到很好的效果，很受人们喜欢。下面是对广播电台广告优点和缺点的总结。

1.优点

（1）制作传播成本低。广播广告媒体以声音为载体，依托于网络覆盖传播。而实现其传播途径也很简单，只需要一次性建设发射塔，以及完善网络即可。目前，广播广告的传播现状是这些基础设施基本完备，无需再进行投资。所以，从制作费用来说，广播广告成本低廉。而电视是集视觉、听觉于一身的艺术，在广告制作的过程中，因其由画面、声音构成，加之观众欣赏习惯的需要，制作成本通常需要数十万、百万元，加之其拍摄、剪辑过程较为复杂，所需费用也很高。广播广告与之相比，其制作成本相差几十倍甚至上百倍。

（2）传播速度快。有别于报纸广告和电视广告，广播广告不需要复杂的编排过程以及录像过程，能够快速传播相关新闻和广告，使接受者及时接收到广告信息。

（3）自由度较高。听众可以自由选择收听的地点。由于广播频道设计密度的增加，服务人群范围划分的精细，为客户商家在选择广播广告时段时提供了其他媒介所不具备的优势。同时，由于广播的载体携带方便，在接触不到其他媒体的环境中也能有效收听。因此，广播广告具备了听众接收地点的相对随意性，且听众在收听时眼睛及其他感官注意力解放，听众在听广播的时候并不影响其工作、锻炼、开车、外出旅游等，很大程度上适合现代快节奏的生活。

（4）听众多且忠诚度高。广播的覆盖面比较广，听众可以不受时间、空间的限制随时随地收听广播。同时，听众也较容易对自己喜爱的节目主持人形成亲切感和信任感。在广告泛滥的今天，对企业来说，忠诚度和信任感是广播广告传播最有价值的资源。

（5）以声带像，亲切动听。广播媒体是声音的艺术。广播广告最突出的特点，就是用语言解释来弥补无视觉形象的不足。运用人的语言，通过绘声绘色的描述，可以形成由听觉到视觉的联想，从而达到创造视觉形象的目的。

2.缺点

（1）缺乏视觉体验。不同于电视媒体广告，广播广告缺乏图像的支持。部分需要通过展示和观看来体现自身特色的产品则不适合做广播广告。另外，随着电视普及率的提高，特别是有线电视的发展，电视节目的可视性得到了很大程度的提高，致使广播广告的收听率下降。

（2）广告信息稍纵即逝。从现阶段来说，虽然广播已与一些多媒体相结合，但大部分的广播还是仅仅通过受众的听觉来传播广告信息的，与电视、电影、网络等多感官感受的媒体相比，广播声音的稍纵即逝，使信息传达的途径相对狭窄，因此广告传播效果受到了一定的影响。

（3）传达的广告信息非常有限。由于广播只是在很短的时间仅仅通过声音来传达广告信息，所以传达的广告信息是非常有限的。广告如果想给受众传达更为全面的产品、企业信息，则还要结合其他的媒体载体。

（4）声音语言要求高。因为广播只是通过声音来传播广告信息的，一般只有几十秒到几分钟的时间，听众听不清楚或误解了声音的含义也无法通过视觉、文字等去纠正，所以对语言的使用不容许有一丁点儿的差错。

（三）杂志广告的特点

在现代社会，杂志广告不只是杂志创收的支柱，也是杂志所负载信息的重要组成部分。印刷精美的杂志广告不仅有着美化版面的作用，也是杂志文明的主要表现。

1.优点

（1）保存周期长。杂志是除了书以外，保存周期最长的媒体，具有比报纸和其他印刷品更持久优越的可保存性。杂志的长篇文章多，读者不仅要仔细阅读，往往还会分多次阅读。这样，杂志广告与读者的接触频率也就增大了。杂志的保存周期长，有利于广告长时间地发挥作用，同时杂志的传阅率比报纸高，这是杂志的优势所在。

（2）覆盖范围广。许多杂志具有全国性影响，有的甚至有世界性影响，经常在大范围内发行和销售。在这一点上，对全国性的商品或服务的广告宣传，杂志广告无疑占据优势地位。

（3）广告设计精巧。杂志的封页、内页及插页都可做广告之用，而且对广告的位置可机动安排，以突出广告内容，激发读者的阅读兴趣。同时，对广告内容的安排，可做多种技巧性变化，如折页、插页、连页、变形等，以吸引读者的注意。

（4）回报率较高。多项研究表明，对于多数产品类别，在媒介组合中增加杂志的预算分配，可以提高营销和广告的投资回报率。

2.缺点

（1）出版周期较长。杂志广告的出版周期大都在一个月以上，预备时间长，因此时效性强的广告信息不宜在杂志媒体上刊登。

（2）有限的灵活性。如果在遇到市场情况变化时，需要变更广告内容就很困难，一些时效性广告也无法使用杂志媒体。

（3）宣传效果不佳。宣传声势较弱，杂志媒体无法像报纸和电视那样造成铺天盖地般的宣传效果。

（4）广告作用不均衡。杂志广告不如广播与电视那么形象、生动、直观和口语化，特别是在文化水平低的读者群中，传播的效果受到制约。杂志广告作用不均衡，与它们的传播效应太有针对性以及杂志自身的特点有关。

（5）广告费用较高。杂志的广告费用多因群体大小和选择力的差别而不同。在销量很大的杂志，如《收视指南》《时代》上做广告可能是非常昂贵的。与其他媒体一样，杂志也不能仅从绝对费用角度来考虑，还要考虑到相对成本。多数杂志以千人成本来表明他们接触特定目标受众的有效性。同时，越来越多的杂志出版社通过扩大特殊人口或地域版本以降低成本。媒体计划者通常都很关注杂志接触特定目标受众的相对费用。他们可能选择一份千人成本较高的杂志，因为它能最有效地到达小型，特别是细分市场。当然，预算有限的广告主会对绝对费用低的杂志感兴趣。

（四）电视广告的特点

电视几乎是家家必备的电器，在休闲时候看电视更是家庭的主要活动，所以电视广告也是最常接触受众的一种广告形式。与其他广告相比，电视广告的直面性更强，可接受程度极高。

1. 优点

（1）视听相结合，生动形象。电视是视听结合的先进传播工具，电视节目既能看，又能听，可以让媒体受众看到表情和动作变化的动态画面，形式生动活泼，因而对观众有广泛的吸引力。电视广告不但可以向媒体受众介绍广告产品的性能和特征，而且可以形象、直观地将广告产品的款式、色泽、包装等特点展现在媒体受众面前，从而在最大程度上使受众产生购买欲望。

（2）穿透力强，抵达率高。电视广告能够有效穿越空间，抵达电波覆盖的任何区域，直接进入亿万家庭。电视广告带有一定的"强制性"，因而穿透力强，抵达率高。

（3）贴近于日常生活。电视与我们的生活密切联系，电视传播的内容是现实的延伸，人们离不开电视，自然也离不开为生活提供各种讯息的电视广告。

（4）冲击力和感染力强。电视所产生的声音与画面具有十分强烈的冲击力，电视可将声音、色彩、画面动态等融为一体，在表现形式上具有较高的创新性和感染力。电视可赋予普通产品趣味性，还能够实现对各类时尚潮流信息的广泛传播，激发消费者对广告的兴趣，在某种程度上有助于电视广告公信力的全面提升。

2. 缺点

（1）信息量小，转瞬即逝。由于电视广告一般只有15秒或30秒，信息量是极其有限的。电视广告不能保留、传阅和反复观看，所以不便记忆。

（2）制作成本高昂。若要制作一条高品质的广告，需消耗大量广告制作成本，依据构思的不同，一条全国性电视广告的成本大约在20万～100多万元之间。

（3）媒体受众的被动性。对于大多数电视观众而言，其观看电视的主要目的是欣赏各类影视作品而非电视广告，对于电视广告传播的信息大多处于被动接受状态，无法像报纸广告或杂志广告那样可以进行自主选择。

（4）换台频率高。一般情况下，观众在观看电视节目时，遇到广告便立即转换频道。这种高频率的换台现象对广告信息的传播形成了一定程度的限制。

二、新媒体广告的优势

（一）新媒体时代下广告的转变

1.广告载体的转变

传统的广告在信息传播上一般都是以报纸、广播、电视以及户外的一些广告牌为主的，这些广告载体在信息传播上往往具有较大的局限性，同时广告的内容一般较为单一，在受众的吸引力上也存在不足。但在新媒体环境下，广告的载体发生了巨大的变化，更多的是以数字化媒体形式来作为广告信息传播的载体，同时在传播的渠道上多以互联网为主。无论是电脑等固定客户端，还是手机等移动客户端，传播渠道都在不断扩大。因此，在这种传播媒介与渠道不断发展以及扩大的情况下，广告的传播载体也发生了巨大的变化。例如，百度、搜狐等门户网站，优酷、爱奇艺等视频网站，淘宝、京东等网购平台，微信、微博等社交平台，都是新媒体环境下的广告载体，并且这些广告载体一般都与受众有着密切的联系，所以和传统的广告媒体相比，新媒体环境的广告载体和受众具有更近的距离。

2.广告内容的转变

新媒体环境下的广告十分重视受传者的情感诉求，其内容的出发点更倾向于洞察受众的感性需求。广告不再是传统媒体时期冷冰冰的文字和简明扼要的叙述，新媒体环境下的广告更具有人情味。现在的广告注重的不仅仅是产品的推广，更注重与受传者产生情感共鸣。网易云音乐就是个很好的例子，很多人下载网易云音乐并不是单纯地为了听歌，而是看歌曲的评论，因其评论有不少戳中用户的情感痛点。网易云音乐也抓住了这个很好的卖点，一举将此 App 从音乐 App 打造成了更符合现代潮流的音乐社交 App，此后更是将一些歌曲的评论印在了地铁上，引起了大量用户的讨论。新媒体环境下的广告内容从传统的产品导向转向情感导向，为其传播增色不少。

除了可以营造人情味，新媒体下的公益性广告还可传播新的价值观与思想，弘扬优秀民族文化，向世界展示新中国面貌等，这一点在"苗乡美祖国情"公益广告中体现得淋漓尽致。该公益广告将新媒体技术与当地文化相融合，以短视频形式展示层层相叠、鳞次栉比、气势恢宏的千户苗寨以及少数民族对祖国的凝聚之情。详如图 1-4 所示。

图1-4　层层相叠的苗寨

3.广告形式的转变

众所周知，在传播学领域中，传统媒体环境下的广告传播是一种单向传播，换言之，就是灌输给受众。对于这些广告，消费者无可奈何，只能被动地接受。而在新媒体风起云涌的今天，传播的环境和规则不可避免地被重新定义和书写。在新媒体环境中，传播的通道不再是线性的，而是非线性的；传播的载体也不再是独立的，而是多元的。这时候，广告作为一种传播的通道和载体，在新媒体环境中也必然会呈现出新的、有别于以往的内容和形式。这些"新广告"的出现，对广告主而言，意味着更多元、更立体的广告载体选择；对受众而言，意味着更多样、更复杂的接受习惯；而对于广告研究而言，则意味着更多的思考和启发。例如手机互动广告。手机，无疑已是中国人生活和工作中的一种重要的通信工具。以中国平均每三个人就拥有一部手机的覆盖面来看，这一载体绝对是广告的抢夺目标。手机广告被认为是最为精准的广告之一。

4.经营模式的转变

我国的广告主要有自主经营、代理经营及自营代理混营三种经营模式。广播媒体由于自身的限制，成本较高，缺乏足够的专业营销人才，事业性质的企业管理力度不足，极大地制约着广播媒体自主经营的发展。由于传媒行业越来越激烈的市场竞争，广播媒体把广告业务的经营交给专业的广告公司代理，从广告的利润中收取提成，促使广播媒体更加关注内在业务，同时注重收益广告的费用，以达到双赢的目的。现如今，传媒行业的竞争愈来愈激烈，广播媒体的节目质量也在不断提高，广告经营的收益也随之增加，关键原因是广告无法达到相应受众的特定需求，缺少需求的广告不仅不能调动受众的兴趣，还会引起受众的不满与反感，影响广告的接触率和收听率。广告媒体需要改变现存的经营模式，从开放式经营模式转变为集中型经营模式，将分散的资源进行规整分析，从原有的自营和代理模式逐渐转变为整合资源创新模式。也就是将广播媒体的节目、频道、信息、技术、人才等各种资源进行整合，协同媒体和广告公司的资源，深入分析广告载体的节目，保持广告和节目的契合，打造自己的广告品牌，提升经营效果和收益。

5. 广告投放的转变

随着互联网的发展，广告投放的方式发生了很大的变化。在早期，投放广告的渠道一般都在传统的媒体上，如电视、报纸、杂志、高速公路路牌、车站大型海报和路边灯箱等。在过去主要以线下广告投放渠道为主的时代，这些传统的渠道投放效果是最好的，相信很多人都忘不了"今年过节不收礼，收礼还收脑白金"这一句经典的广告语，这么说毫不夸张。那时候电视里一个老头和一个老太太围着脑白金不停地跳着，然后这句广告文案便强行地灌入人的脑海里，这就不得不佩服史玉柱这位营销大神的能力。可以说，脑白金广告非常成功，具有极强的时代特征和代表性。而如今越来越多的广告投放渠道从线下转移到了线上，当时 PC 端的门户网站很火，如新浪、搜狐、腾讯、网易等，很多广告主或中介都到网络上投放广告。随后，移动互联网端崛起，传统的门户网站逐渐衰落，各种各样的 App 层出不穷，而且这些 App 上又黏附着巨大的流量，于是广告投放的战场又转移到了 App 上，典型的如微信、QQ、今日头条等。利用朋友圈或信息流来打广告，更是催生了自媒体和内容创作大军，这些都大大促进了广告投放渠道的发展。而后来出现的抖音、小红书等又使广告增加了更多的投放方式，这些平台往往能用一个不错的创意让品牌可以在这些平台上蹿红。

6. 受众接收信息的转变

当传统媒体在传媒市场上占据着垄断地位时，电视、报纸及广播三大传统媒体掌控着社会舆论的导向以及社会的话语权，而社会大众只是被动的信息接收者。随着信息的快速更新与新媒体的不断出现，受众开始将目光转移至微博、微信、facebook 等各种社交平台，受众在这些平台上既能随时随地关注时事，也能够对时事进行转发、评论及自由发表自己的所见、所闻、所感，并同其他受众进行信息的交流和沟通。社会大众不单单是信息的接收者，同时也是信息的发送者和评论者，所以受众的主体意识也逐渐凸显出来，能够根据自己的学历和经验自主地、有目的地获取各种各样的信息。在信息大爆炸的 21 世纪，受众接收信息主要体现在两个方面：一个方面是对信息的接收与解读。由于社会的不断进步，受众对媒体信息的接受以及解读能力越来越强，自身性别、学历、兴趣、专业知识和技能等的差别使他们对媒体信息愈发倾向于个性化的解读；另一个方面是对信息的反馈与传播。受众不再满足于信息的接收，也会主动对信息进行分析、评价和传播。因为网络社交的日益兴盛，受众更愿意将专业知识的相关信息收集起来，借助社交平台主动参与大众传播，向社会公开发表自己的见解。

（二）新媒体时代下广告的优势

1.广告内容新颖

广告营销的目的是吸引更多的消费者，广告信息是通过媒体这一中介送达消费者的。广告信息能否有效地送达消费者不仅取决于广告本身，还取决于媒体和媒体内容的吸引力。随着大众消费者审美水平和物质生活水平的提升，其对广告内容、形式的要求也越来越高，直白、毫无创意的广告已经被市场淘汰，取而代之的是具有新颖内容、创意形式的广告。新媒体平台通常采用植入广告的形式、有趣的文案内容、娱乐性较强的互动式传播方式，这些都是广告营销商青睐新媒体广告营销的原因。显然，媒体以及媒体内容想要吸引源源不断的消费者，就必须提高自身广告内容的质量和趣味性。比如在"新浪微博"这样的新媒体平台上，拥有百万以上粉丝的"网红"，发布趣味性高、内容"接地气"的广告，其影响力是不容忽视的。经过这些"网红"的推销，广告商品和广告内容能够在短时间内达到广告营销商想要的传播效果。又如，在"抖音"这样的短视频新媒体平台上，这样的趣味广告更是数不胜数，往往能将广告内容的影响效果最大化。尽管如此，仍需要对新媒体平台进行改进与完善，新媒体平台需要明确自己的定位，只有与传统媒体有所区别，才能彰显个性，创造更大的价值。

2.广告成本降低

传统广告的传播媒介主要是声音，最常见的呈现方式就是音频。在这些传统、新兴媒体的广告中，广播广告的成本是最低的，也是最为有效的。从广告的自身运行角度来说，广告的写作、录制和传输等各个环节都能够一站式完成。同样，对于广告的受众而言，广告是受众获取信息最为实惠的媒介。

新媒体不仅使企业宣传品牌的方式多元化，还可以更好地降低广告的成本。过去很多品牌的信息，在传统媒体时代，要花费巨资去推广；而在新媒体时代，只要你的内容有创意，网民觉得有趣或有价值，就能帮你免费传播。

3.客户定位精准

现在的消费越来越强调个性，消费者会主动选择自己喜欢的方式来获得商品或服务，而新媒体时代的各种工具能让企业清楚地了解顾客的需求。不管是门户网站的广告，还是搜索引擎的关键词广告，相对于传统媒体来说，新媒体广告都更具有针对性。如今，各种传统广告投放平台如电视、报纸等越来越没落，广告公司的发展空间越来越有限，利润越来越低，于是纷纷寻找新的途径。例如，对于很多的城市消费者来说，逛街购物是必不可少的，于是苏州智传天下就抓住了这一商机，将眼光投向了城市中尚未被利用起来的玻璃橱窗，在商铺的玻璃上进行投影，以实现广告的高效、精准投放。

4. 接收效果独特

第一，由于新媒体广告的发布突破了空间的限制，不再把广告作为某种衍生物，而是直接将相关信息送达目标消费者处，因而直观性更强。上海以"让中国新生代奋斗者更有腔调地工作"为主题的地铁通道两侧灯箱广告就是一个很好的例子，这种打破了二次元和三次元壁垒的全新展示方式，运用更轻快的方式将动态和静态结合起来，完成了一次"有腔调"的地铁灯箱广告投放。第二，许多广告的创意和制作打破了时间的限制，既能展现广告本身的魅力，也可以长期存留或反复播出。第三，从受众角度看，他们可以自由地、有选择地接收广告信息，不再是被动地去接收，因此，受干扰性较小。与此相对应，新媒体作为新生事物也有其竞争劣势，主要是指其在市场运作中出现的问题，这也是不容忽视的。

5. 潜在客户较多

新媒体时代背景下，多媒体之间的竞争愈演愈烈，各媒介如果想要在媒介市场上占据一席之地，就必须具有一定的核心竞争能力。经济的快速发展、智能通信设备的大面积使用和有车族的不断增加，使移动通信设备不只局限于某一固定功能或者某一固定领域，娱乐以及获取有益的信息是消费者消磨时光的最主要动因。在这一前提下，移动互联网广告凭借较高的受众覆盖率与低成本的竞争优势在广告主追逐利润的过程中脱颖而出，更多的广告主将广告业务投放在多媒体领域，并且呈现出不断攀升的趋势。

6. 媒介区域融合

随着科学技术的不断发展，"媒介融合"成了时下十分流行的词汇，不同的媒介之间已不像从前那样各自为政、泾渭分明。在这样的背景下，我们不禁要问：既然媒介形式都已经可以融合，那么广告形式是不是也可以融合呢？答案是肯定的。事实上，在广告学上影响深远的整合营销传播（IMC）理论已经反映了人们对广告融合的强烈需求。只是在 IMC 理论诞生的时候，媒介融合看起来还是天方夜谭，所以人们当时所能想到的就是把广告投放到不同的媒体上，把不同媒体的优势集中起来达到最大化的广告效果，IMC 理论实质上就是用人为的力量使广告具备了融合性。而如今，数字技术的出现使新媒体这一新型平台本身就已经具有了融合性，那么投放在这一媒体上的广告也就必然具备融合性的特点。新媒体广告不可能如同传统广告那样把文字、声音、图片、影像等分类开来，而是需要多形式的多媒体广告来匹配新媒体这一媒介。

第五节　新媒体广告的形态分类

在新媒体广告发展过程中，类型复杂多样，但大体可依据广告信息、广告形态、作用方法三方面加以划分。

一、基于广告信息的分类

（一）硬广告

什么是硬广告呢？简单地说，硬广告是指直接介绍商品、服务内容的传统形式的广告，通过刊登报刊、设置广告牌、电台和电视台播出等进行宣传，有点强迫人接受的感觉。硬广告传播速度快，但渗透力弱，费用昂贵。目前，按照不同的分类标准，它又可分为以下几类。

按照新媒体硬广告的目的与效果来划分，新媒体广告可分为品牌广告（利用新媒体以提升品牌形象和品牌知名度为目的）、产品广告（利用新媒体以提升品牌和产品认知度、驱动购买为目的）、促销广告（利用新媒体以刺激消费者购买、提高市场渗透率为目的）、活动信息广告（利用新媒体以告知消费者促销信息为目的）。

按照广告表现形式划分。由于在形态、像素、尺寸、位置、声音、视频等方面的不同，新媒体广告呈现出复杂多样的形态。以网络视频媒体平台上的广告形态为例，新媒体硬广告的形式有以下几种：①网页图文广告/视频图文弹出；②图片对联广告＋视频超链接；③复合式视频超链接广告；④视频贴片广告；⑤半透明的活动重叠式（Overlay）广告；⑥VideoEgg公司指示器（Ticker）；⑦爬虫式（Bugs）广告形式；⑧播放器桌面式（Player skins）广告形式；⑨角标等广告形式；⑩插件广告。

（二）软广告

软广告是指企业将产品/品牌信息融入诸如新闻宣传、公关活动、娱乐栏目、网络游戏等形式的传播活动中，使受众在接触这些信息的同时，也不自觉地接收到商业信息。软广告具有目的的多样性、内容的植入性、传播的巧妙性、接受的不自觉性等特点。新媒体中的软广告主要以植入式广告为主。按照广告植入平台类型的不同，新媒体广告可分为视频植入广告、游戏植入广告等。

1. 视频植入广告

视频植入广告的手段运用最为纯熟。在视频中最常见的广告植入物有产品植入（包括产品名称、标志、包装）、品牌植入（包括品牌名称、LOGO、品牌包装、专卖店或者品牌广告语、品牌理念等）、企业符号植入（包括企业场所、企业家、企业文化、企业理念、企业精神、企业员工、企业行为识别等）。

视频植入广告的形式一般有以下几种：

（1）道具植入这种方式是产品作为影视作品中的道具出现。

（2）台词植入，即产品或品牌名称出现在影片台词中。

（3）场景植入，即在画面所显示的、容纳人物活动的场景中，布置可以展示产品或品牌信息的实物。比如，在影视剧中出现的户外广告牌、招贴画等带有广告信息的固定场景。

（4）音效植入，即通过旋律和歌词以及画外音、电视广告等的暗示，引导受众联想到特定的品牌。

（5）剧情植入，剧情植入包括设计剧情片段和专场戏等方面。

（6）题材植入，即为某一品牌专门拍摄影视剧，着重介绍品牌的发展历史、文化理念等，用来提升品牌知名度。

（7）文化植入，这是植入营销的最高境界，它植入的不是产品和品牌，而是一种文化，通过文化的渗透，宣扬其文化背景和文化理念下的产品。

2. 游戏植入广告

游戏植入广告（In-Game Advertising，简称 IGA），是在游戏中出现的商业广告。它以游戏的用户群为目标对象，依照固定的条件，在游戏中某个适当的时间和适当的位置中出现的广告形态。

（1）常规植入。常规植入又称"品牌植入"，即将品牌作为植入信息的核心，以品牌标志的展示、品牌价值的传递、品牌文化的推广为目的，将企业品牌植入网络游戏的虚幻世界中，实现品牌在虚幻世界里与玩家接触，使玩家对品牌产生深刻的印象，并培养与玩家关系更加密切的营销传播方式。品牌在网络游戏中一般以文字、静态或动态图片、视频、程序、音乐等为植入形式，在不同的场合产生相应的广告形态。

（2）品牌广告游戏。与品牌游戏广告不同，它是以游戏的方式承载品牌广告信息，与受众沟通，使游戏完全成为品牌宣传的载体，受众在玩游戏时能够获取品牌价值观、品牌文化等多方面的体验。最为典型的案例是麦当劳推出的广告游戏《模拟麦当劳》。玩家在玩游戏时，可从原料生产、产品加工、提供服务、财务预算等各个环节感受麦当劳文化。

（3）虚拟实境双向交互植入。即品牌整合现实资源和虚拟资源，将现实与虚拟相互融合；品牌围绕某一主题，开展虚拟（即线上）和现实（即线下）双维空间的营销传播，从而达到虚拟与现实并存的营销效果。最为经典的案例是可口可乐携手魔兽世界以"可口可乐魔兽世界夏日嘉年华"为主题，在杭州黄龙体育馆为魔兽迷们打造了一座真实的"魔兽世界"。

二、基于广告形态的分类

（一）数字电视广告

1.普通电视广告片

普通电视广告片是目前企业最钟爱的一种广告分类。普通广告指电视台在每天的播出时间里划定几个时间段，供客户播放广告的一种广告宣传方式。其效果比较明显，但是投放费用和制作费用较高。

2.电视直销广告片

电视直销广告片在所有广告片中占据的份额很大。直销广告指电视台为客户专门设置的广告时间段。利用这个时间段专门向广大观众介绍某一个厂家或企业生产或销售的产品和商品。

3.公益广告片

公益广告是一种免费的广告，主要是由电视台根据各个时期的中心任务，制作播出一些具有宣扬社会公德、树立良好的社会风尚的广告片。这类广告片不穿插商业信息，以唤起人们的良好心理意识为主要目的。

4.电视特约播映广告片

电视特约播映广告片是日常生活中较常见的一类广告，特约播映广告指电视台为广告客户提供的特定广告播出时间，客户通过订购这类广告时间，把自己的产品广告在指定的电视节目的前、后或节目中间播出的一种广告宣传方式。这种方式相较于普通电视广告片投入更大，但是效果也更明显。

（二）手机广告

1.手机短信广告

手机短信息广告是为了企业发展、节约开支、提高效益而产生的。逢年过节，打个电话给客户问好，不仅电话费用高，有时还会给繁忙的客户带来反感；而一个短信，在不影响客户工作的前提下，给客户所带来的是企业温馨的祝福。

2.手机游戏广告

手机游戏广告指在手机游戏中插入广告。手机游戏广告通常以横幅形式出现在手机屏幕的上方。开发者在应用中加入一个或多个"互动广告位"代码，即可自动播放平台提供的各种广告。

3.手机电视广告

手机电视就是利用具有操作系统和流媒体视频功能的智能手机观看电视的业务。例如，门户广告指在通信运营商的手机电视门户上投放的广告。门户是用户使用手机电视业务的必经之路，访问量很高，运营商也十分注意控制门户的内容，提高门户的形象。在手机电视门户上投放广告，是一种集中覆盖、打造品牌的方式。但是，手机电视门户版面有限，有吸引力的资源并不是很多。

（三）户外广告

多媒体移动广告面向移动终端（手机、笔记本、pad等），以广播方式传送广播电视信号，以技术实现方式为卫星覆盖、地面补点。结合地面数字技术，户外的广告形式摆脱了静止的人群，依附在各种交通设施上追随着忙碌的移动"大军"，从而使移动媒体如移动电视、车载电视、地铁电视等也成为户外广告投放的主要形式。

三、基于作用方法的分类

（一）整合类新媒体广告

整合类新媒体广告主要是将自身所构建的，面向受众提供全面化、品牌化信息的媒体平台，概括为信息量丰富的新型媒体广告。其表现形式多依赖企业品牌网站。而作为企业自有媒体，企业网站可选择有利信息作为对外宣传的内容，进而从根本上实现传播效应的全方位性。

（二）体验类新媒体广告

在经历过产品经济到体验经济、生理需求到心理需求的转变之后，广告商在宣传自身产品的过程中，对消费者实际体验和感受的关注度越来越高。这一转变为体验营销的形成奠定了坚实的基础，广告商尝试以消费者心理感受为出发点，为消费者营造特定的体验场景，增强消费者在产品消费过程中的真实感和体验感，实现对产品的销售。除此之外，体验类新媒体广告还可通过对虚拟环境的营造，打造真实的消费场景，使消费者置身广告产品销售环境中，刺激消费者完成消费。

（三）暗示类新媒体广告

所谓暗示类新媒体广告主要是指在受众媒体应用过程未被影响的前提下，将相关产品或者品牌信息巧妙地植入人们所关注的信息行列，潜移默化地影响受众，进而完成对相应产品的销售。一般情况下，此类广告多以新闻类软文、博客以及广告等形式呈现。

（四）推荐类新媒体广告

通过对新媒体相互连接特性的有效应用，新媒体广告对品牌信息的推荐极具针对性、目的性和计划性，可快速完成对消费者或受众信息的传递。从推荐类新媒体广告构成来看，主要包括信源优化、中介渠道和目标受众三大部分。

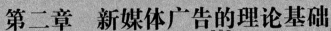

第二章　新媒体广告的理论基础

第一节　传播学视域下的新媒体广告

一、新媒体广告传播的形式

在"互联网+"背景下，基于数字传输等先进技术的新媒体，以互动化媒体形式实现了信息的及时传输与共享，而计算机、电视、手机等成为链接终端的主要设备。

从内容组成上看，新媒体广告传播大致可分为电子菜谱新媒体传播、户外新媒体传播、移动新媒体传播、手机新媒体传播。

（一）电子菜谱新媒体传播

电子菜谱是基于物联网和云计算技术为餐饮店量身打造的智能管理系统，电子菜谱不仅能实现客人的自助点餐，通过优化进销存管理和绩效考核，还能降低材料和人力的浪费，这使电子菜谱越来越受店家和餐馆的欢迎。电子菜谱配备了 Android 系统，搭载赤炫信息设计的餐饮菜谱软件，确保电子菜谱软硬件完美结合，以更高的稳定性、更快的速度、更长的待机时间满足餐厅一整天工作的需求。餐厅管理者可随时凭用户密码登录后台系统，按需调整菜系信息、价格，增加菜品，灵活促销，大大提高了餐厅效益。美食加电子菜谱凭借其强大的硬件平台，稳定的 Wi-Fi 网络，再也不用担心因信号时好时坏，订单无法及时传输出去；卓越的电容屏触摸屏，融合电子菜谱软件，手指轻轻一点，便可轻松完成点餐。同时，电子菜谱加入了顾客的点评互动环节，餐厅可即时了解顾客心声，改进餐厅管理。此外，美食加电子菜谱还引入了现代化服务：加菜、加快上菜速度、呼叫服务员等，手指轻触间便满足了顾客的种种服务要求，提高了餐厅的服务质量。

以中高档餐厅里 9.7 寸平板电脑电子菜谱为载体，充分结合当今餐饮酒店行业的发展趋势，将广告以图片、文字、视频互动的形式植入平板电脑内置电子菜谱中，通过高清大图、3D 效果、视频效果、音频效果、超链接效果、电视节目效果等来增加品牌的公众认知度。其受众都是高收入人群，是目前为止最年轻、最时尚的新媒体用户。

（二）户外新媒体传播

新媒体的发展给广告业尤其是户外广告业带来巨大的发展空间，自 21 世纪初期以来，我国户外新媒体广告发展非常迅速，尤其是 2005 年左右，形成了一批领军企业。与传统的户外媒体相比，新媒体的潜力无限。即使在 2009 年户外广告处于低谷的情况下，户外新媒体市场的表现也依然突出。所谓户外广告主要指的是安置在户外，消费者在家庭之外（包括室外和公共场所等）所能接触到的广告媒体载体上发布的广告内容。户外广告媒体众多，表现形式多样，在现代社会，人们在户外所看见的如霓虹灯、路牌、灯箱、条幅、电子显示牌等都是户外广告发布的载体。户外广告媒体与电视、报纸、杂志、广播及网络并称为六大广告媒体，以其独特的方式越来越受到广告主的青睐。

新媒体中的"新"具有一定的相对性，特别是随着新科技、新生活形态的发生和发展以及不断变化，利用数字技术、网络技术，通过互联网、无线通信网、卫星等渠道，以及电脑、手机、数字电视等终端向用户提供信息和娱乐服务传播形式，不仅能够满足人们对信息传播的需要，也使广告的覆盖面更广泛。因此，在户外广告媒体的范畴中，区别于广告牌、街道设施、交通工具这三种传统户外形式，融合现代多媒体技术、各种制作工艺和表现形式而出现的户外广告媒体类型被称为"户外新媒体"。这种基于网络技术的多种环境交互媒体、移动电视、户外 LED 大屏、楼宇液晶视频等迅速崛起，并成为户外广告市场的中坚力量。

1. 基于数字网络技术的多种环境交互媒体

随着网络连接的全面开启，尤其是移动网络的接入，有了更多交互的可能。比如，现场拍摄照片，发表特殊的和商品相关的关键词进行现场上传和分享，就可以将照片打印出来的交互设备；还有一些户外装置可以通过优惠券下载、二维码扫描等方式吸引消费者，使消费者对产品的兴趣最终转换成购买行为。随着移动技术的进一步发展，相信跨屏互动、人屏互动将会成为户外新媒体的主流趋势。

2. 移动电视

移动电视是指通过无线数字信号发射，地面数字设备接收的方式，进行电视节目的播放和接收。这一媒体摆脱了固定收视的缺点，其载体包括火车、公交车、轮船、飞机等移动交通工具。以我国最早成立的上海东方明珠移动电视有限公司（以下简称"东方明珠移动"）为例，东方明珠移动占据了上海市场 90% 的份额，其也是国内最早拥有公交数字移动电视系统的平台公司。广告销售营收额非常稳定，并且在媒体内容创新上，处于同行业中的较高水平。很多知名品牌如百事、康师傅、建设银行、夏新手机、淘宝网等都是东方明珠移动电视有限公司的稳定客户。移动电视突破了传统电视媒体形式，使电视伴随着人们的移动行程，其覆盖了户外公众的信息接收盲点，成为广告主青睐的户外新媒体投放渠道。

3. 户外 LED 大屏

户外大型 LED 显示屏主要指应用于商业中心、悬挂于楼宇上的大型商业终端广告系统，其面积可以和户外大牌相比，是一种通过控制 LED 的方式，用来显示文字、图形、图像、动画、行情、视频、录像信号等各种信息的显示屏幕。上海郁金香广告传媒有限公司和凤凰都市传媒（深圳）有限公司是目前国内规模较大的户外巨型 LED 媒体运营商，地产业、IT 类、金融、保险行业的大广告主，以及体育产品、汽车产品的广告主都是其主要客户。LED 具有超强的视觉感染力，是现代都市景观的重要组成部分，随着设备制作成本的降低，其在户外新媒体的市场中具有巨大的空间发展。

4. 楼宇液晶视频

楼宇液晶视频是指采用液晶显示器播放广告等信息，安装在城市写字楼、公寓楼、卖场超市、航空终端、医院药店等楼宇内的一种新兴媒体。根据艾瑞咨询数据，2018 年在户外广告市场整体下降的情况下，楼宇电梯户外广告市场同比增长率为 34.8%，规模达到了 162.7 亿元；未来楼宇电梯户外广告的发展势头依然强劲，预计 2021 年市场规模将达 339.6 亿元。国内传媒行业的领军人物，分众传媒旗下拥有商业楼宇视频媒体、卖场终端视频媒体、公寓电梯平面媒体（框架媒介）、户外大型 LED 彩屏媒体等多个针对特征受众并可以相互有机整合的媒体网络。因其丰富多彩、形式多样的广告内容而受到现代社会的广泛认同，在这个广告泛滥的时代，楼宇液晶视频成为一道独特的风景线，成功抓住了顾客的眼球，在某种程度上达到了一种积极有效的宣传效果。由于显著的广告宣传效果和巨大的影响力，这种广告形式迅速蔓延至全国的各个城市，从写字楼、公寓楼等场地，发展到大卖场、商场、机场、火车站、电影院等，几乎所有有商业价值的公共场所都被这种广告所占领。

例如，中国民生银行为提升其银行营业形象及市场竞争力，在全国所有营业网点投放 52 寸高清立式机，替代传统老旧的易拉宝、横幅等宣传手段。分众传媒根据民生银行的实际要求，为其专门开发了一套 52 寸高清立式机信息发布系统，该系统可全天候、实时、滚动显示各种视频、文字和图片信息，以满足企业激烈的市场竞争要求。目前，中国银行、中信银行、交通银行、招商银行等银行都已陆续投入运用。

（三）移动新媒体传播

移动新媒体传播以移动电视、车载电视、地铁电视等为主要表现形式。通过移动电视节目的包装设计，来增加受众黏性，便于广告投放。移动新媒体作为最具开发价值的第五大媒体，以其独有的优势得到广告客户的青睐。移动新媒体是通过无线数字信号发射，地面数字设备接收的方式进行电视节目的播放和接收的，是一种新型的、时尚的高科技电视产品。其在传输电视信号上的独特优势体现在即便是处于移动状态、时速不超过 200 千米的交通工具上仍能稳定、清晰地接收电视节目信号，显示出高画质、高音质的画面。移动新媒体广告针对乘客在车内停留的时间较长且处于休闲状态的情况，以其亮丽的广告版面、翔实的文字图案给车厢内广告增添了无穷的活力。同时，车厢作为产品宣传的重要阵地，移动新媒体广告在这里表现出其他媒体不可替代的广告受众率。

（四）手机新媒体传播

随着时代的发展，我国已逐渐进入新媒体时代，手机迅速融入人们的生活与工作中。目前，业界相关人士将手机广告定义为通过手机媒体发布广告产品和服务信息、非商业广告信息等，并以此来影响受众的态度和购买行为。手机不单是一种简单的通信工具，现已作为大众传媒平台崛起于新媒体行列，围绕手机所生成的一系列广告，凭借精准的营销模式、庞大的受众市场、及时的信息传递等得天独厚的优势，影响力日益扩大，呈后来居上之势。

因此，相较于传统媒体以及其他网络媒体，手机新媒体广告具有其突出的优势。一方面，手机传播效果良好。手机用户接收广告内容后，可以进行评论、点赞，还可以很方便地将感兴趣的广告信息在 QQ 群、朋友圈等社交媒体转发，有利于广告内容的多次传播，甚至形成话题专题讨论，互动效果好、传播效率高；另一方面，手机广告针对性强。目前，通信运营商的产品定位一般都比较明确，可借助技术手段把广告直接发送到特定目标用户的手机上。比如，发送别墅广告、高档轿车、海外旅游等高消费产品广告给大学生手机用户，自然效果不好，但如果向其发送人才招聘、考试培训等信息，他们则会有"及时雨"的感觉，接受度高，传播效果也好。

二、新媒体广告传播的基本流程

在新媒体时代，互联网上的流量大部分都聚集在新媒体阵点，因此对于活跃于互联网的人来说，不仅要懂得新媒体时代的免费流量，更要了解新媒体时代广告传播的要点。传统广告受大众媒体时间与空间的限制，广告信息往往需要提炼又提炼、精炼又精炼之后才予以发布，其信息量必然非常有限。同时，这种广告信息的有限性与强迫性与泛众化的消费者接触有关，毕竟大多数的广告受众并非特定广告商品的消费者，不期而遇的广告在某种意义上是对其时间和空间的一种侵占。因此，传统广告与一般受众的接触，不仅具有强迫性，还具有偷袭性，即以精美的、简短的广告出其不意地"偷袭"着一般受众的神经。如此，就决定了传统广告信息提供的简短与有限性。而就新媒体广告而言，由于广告信息更多地是由目标受众有目的、有意识地进行检索获得的，从而导致了新媒体广告中产品／品牌信息的提供与服务的发生。人们有意识地搜索获取信息，一般来说，是在某个具体契机通过某个端口进行，而后沿着该信息端口依次进行信息的深度搜索与获取。新媒体广告因此也通过数字传输链接的便捷性，呈现出信息服务的链接性。由于在未来付费流量将成为主流趋势，下面我们来分析下新媒体时代广告传播流程（图 2-1）：

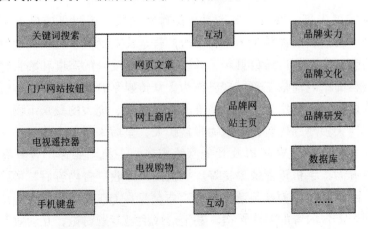

图 2-1　新媒体广告信息传播基本流程

由图 2-1 可见，具体消费者出于对广告信息的需要，通过新媒体广告终端来进行信息搜索，可依次或非线性地获得某品牌广告主的网页文章、网上商店或电视购物栏目的产品信息，还可进一步链接到该品牌网站的主页，进而浏览该品牌的各项深度信息，如需咨询则还有各种互动渠道进行对话交流。显然，新媒体广告所具有的信息服务链接性能够对应性地满足消费者的信息需求。

三、新媒体广告的传播特点

传统媒体广告一般受到时空限制，具有传播范围小、不易更改等特点。随着新媒体技术的发展，新媒体广告的呈现方式多种多样，但它们都具有互动性、跨时空性、多样性、碎片化等新媒体广告的基本特点。

（一）互动性

互动性特征指的是在传播过程中产生的双向甚至多向的互动传播，是人类的传播行为中传播主体与客体所追求的方向。新媒体就有这样的优势，其互动性表现在目标受众具有对信息控制性的操作权和选择权，这就改变了传统媒介传播信息过程中受众只能被动地收看和收听的情况，也正因为如此，新媒体被人们快速接受。新媒体广告用户可以根据自己的喜好进行选择。对于受众不喜欢的信息，可以进行操作跳过或者关闭；而对于受众喜好的信息，则可以有针对性地进行深入了解，甚至直观地表达个人看法。对于使用者而言，新媒体广告传播的这一特性，为其提供了便捷性与可靠性。新媒体广告传播自由灵活的操作方法现已成为大众首选。

（二）跨时空性

传统媒体广告易受到时间和地域的制约，传播范围小，传播效果较差。新媒体广告则不受时间和空间的限制，在全球范围内，只要具备齐全的上网条件，人们在任何地方都可以在互联网上阅读各种广告信息。如果想阅读某则广告，还可在互联网上查询浏览。

（三）原创性

新媒体之所以称之为"新"，就"新"在具备基本的原创性。这里的原创性，区别于一般意义上个人或个别团体单独的原创性，应该是一段特定的时间内时代所赋予的新的内容的创造，一种区别于前面时代所具备的内容上、形式上、理念上的一种创新，更是一种具有广泛意义的创新。比如，分众传媒就是一种新媒体，具备原创性，它之所以可以称为"原创"，是因为它把原有的媒体形式嫁接到特定的空间上，形式上是嫁接，理念上却是原创。但是，那时的聚众或者当时更多家类似媒体，都是新媒体的典范。他们或者是不谋而合，或者是复制，这个原创是这个特定的时间内时代的原创，仍可称其具备原创性的一面。

（四）碎片化

新媒体时代信息本身就呈现出"碎片化"的特征。这种"碎片化"既有表达方式的碎片化，又有时间被割裂后导致的碎片化，还有因为新信息和旧信息交替换代形成的碎片化。新媒体传播形态的极度细分化和碎片化，加大了媒体传播的难度。网络就像个浩瀚的信息海洋，而门户网站、博客、贴吧、微博、微信、手机 App 等形形色色的各类新媒体就像一个个信息岛。面对这样庞大的信息处理场，如何精准地对媒体进行把控，如何整合营销自己的产品和服务乃至企业品牌，都是企业必须面对的挑战。

（五）快速性

互联网技术的普及，使现代人人均一部手机，家家户户都有电脑终端。电脑、手机的使用，可以将人们与网络连接起来。通过网络，人们可以不受时间、地域的限制和影响，随时随地搜索自己想要获取的信息、新闻和资料。尤其是在当前互联网不断升级和发展的背景下，人们想要获取新闻，可以直接利用自己的手机进行搜索。即使不出家门，也可以知道近期发生的所有事情。与此同时，由于网络的开放性特征，人们在日常生活中，可以将自己的所见所闻直接传播到网络上，传播速度非常快。

（六）交融性

与传统媒体相比，新媒体在传播内容方面更为丰富，文字、图像、声音等多媒体化成为一种趋势。与此同时，交融性还表现在终端方面。一部手机不仅可以用来通话、发短信，还可以用来听广播、看电视、上网，多种媒体的功能集合为一身，而这些功能的实现是以互联网、通信网、广播电视网等多种网络的融合为基础的。另外，新媒体传播方式也打破了地域化、国界化，消解了国家之间、社群之间、产业之间的边界，消解了信息发送者与接收者之间的边界。网络电视、电子杂志等新媒体就是这种进化和渗透的结果，这种媒体交融的局面可能还要存在相当长一段时间。从《星光大道》《爸爸去哪儿》等电视节目到近年来的春晚，传统媒体也在催生出新的生命力。

第二节 市场学视域下的新媒体广告

一、新媒体广告的市场营销

在互联网时代，传统产品流通方式逐渐被信息流通所替代，越来越多的生产逐渐演变成服务，在某种程度上推动了新媒体的发展。新媒体的出现彻底瓦解了旧媒体，改变了受众的思维与生活方式。新媒体背景下的市场营销主要借助参与式媒介，与消费者建立良性互动，在市场竞争中所发挥的作用越来越显著。如今，新媒体受到极大的关注，利用各种新媒体市场营销手段，不但可以满足顾客需求，获得收益，而且能在某种程度上实现营销形式和内容的不断丰富。新媒体广告市场营销借助互联网等新兴信息传播手段，积累了大量潜在客户。根据中国互联网络信息中心（CNNIC）发布的第 45 次《中国互联网络发展状况统计报告》，截至 2020 年 3 月，我国网民规模达 9.04 亿，较 2018年底新增网民 7508 万，互联网普及率达 64.5%，较 2018 年底提升了 4.9 个百分点。越来越多的人开始使用移动互联网，为移动网络营销、移动网络增值服务等商业行为提供了强大的用户基础。

新媒体广告下的市场营销主要是基于特定产品的概念诉求与问题分析，是一种对消费者进行针对性心理引导的营销模式。从本质上说，它是软性渗透的商业策略在新媒体广告形式上的实现，通常借助媒体表达与舆论传播使消费者认同某种概念、观点和分析思路，从而达到宣传企业品牌、销售产品的目的。新媒体市场营销的平台有很多，主要包括门户网站、搜索引擎、微博、微信、博客、播客、BBS、RSS、WIKI，以及手机端和移动设备端的各种 App。

新媒体广告市场营销是整体营销战略中一个重要的组成部分。作为一种经营管理手段，它是开展各类活动过程中一个最为基本的、最为重要的网上商业活动。新媒体广告市场营销是一种新的营销方式与营销手段，其内容相当丰富。资深广告人刘国基说过："广告，作为传统上以企业主为主体的大众化传播，在互联网高度发达的今天，已进化为'双向的、互动的、参与式的、数据库驱动'的沟通行为，甚至消费者已经成为'需求广告'的发布者，彻底颠覆了传统'受讯者'的被动角色，主动形成各种粉丝圈群，对各种品牌体验自动出击表态，形成舆论社群，全面摆脱企业主通过广告发布话语控制权。"也就是说，在新媒体环境下，原来只是理论上的受众导向变得更为现实，受众成为广告信息需求者、品牌信息搜索者、需求信息发出者。由此，作为强调双向沟通的"品牌传播"内涵的新媒体广告，则不再以广告主或代理广告主利益的广告公司、广告媒体作为主导方，而是让位于兼为潜在消费者的受众。其产品开发的目标市场调查，产品/品牌信息发布，满足受众信息需求的咨询答疑，均成为互动沟通性的新媒体广告，并表现出鲜明的受众导向的互动性。

二、新媒体广告的市场细分与定位

在市场细分的基础上，通过新媒体相互链接的特点，新媒体广告展开有目的、有重点、有目标的产品/品牌信息推荐服务，从而将相关信息送至有需求的消费者或受众。按照新媒体广告与消费者的互动过程，新媒体广告的市场定位一般由以下三个环节构成。

（一）中介渠道的定位

从某种角度来看，中介渠道即"搜索引擎"。若受众或消费者需要获得产品/品牌信息，在中介渠道的辅助之下即可完成对相关信息的搜索，而新媒体广告主主要扮演向受众或消费者推荐和提供产品/品牌信息的角色。

搜索引擎作为新媒体广告的中介，具有一个其他广告媒体都无法比拟的特点，即促使广告增值。如果广告主所设的关键词为产品/品牌名称，或与之密切相关的词语，那么受众在搜索这些关键词时，搜索结果可能会出现广告主已经付费了的关键词网页链接，其一般排在搜索结果的前几位。然而，受众一次搜索的结果往往有上千条，除了前几位，其他信息都是广告主所设关键词的相关信息，一般出现在新闻行业动态、别人的评价文章中。这些信息往往成为影响受众对产品/品牌态度的主要因素。这就是搜索广告的信息附加值。比如，输入关键词"联想"，搜索结果除了联想品牌网站，更多的是有关联想的新闻信息和各种渠道的网络信息，受众往往在这些信息的参照比较中，来接受相关信息。

目前，世界上的搜索引擎数量甚多，但在信息服务效率上做大做好的几家搜索引擎已经基本形成，即谷歌（Google）、雅虎（Yahoo）、MSN、百度、搜狐、新浪、网易、360等。越强势的搜索引擎媒体越容易赢得用户，并形成集群效应。目前，搜索引擎的排序一般是竞价购买，即在同一个关键词的搜索下，谁出的钱多，谁的网站排名位置就靠前。此外，还有由点击率来计算付费并进行排序的方法。

（二）目标受众的定位

如果通过搜索引擎上的排名推荐以及相应的关联性网页信息推荐主要是对广大的受众或消费者进行信息推荐，那么建立客户数据库、点对点地进行相对应的产品／品牌信息推荐，则是对目标受众或消费者锁定的精准推荐。相关研究专家及学者认为，如果说20世纪70年代前的营销属于以广告为主的大众营销，那么从当时兴起的直效营销直至20世纪90年代的数据库营销，则成为分众化的营销时代。这种变革不但来源于市场和消费者的变化以及企业的变化，而且受到计算机领域、数据库领域和数据计算领域的技术进步的影响，是信息时代大潮向各个领域渗透引起的变革之一。相较于大众营销，数据库营销显示出如下区别（表2-1）。

表2-1 数据库营销与大众营销的区别

比较项目	大众营销	数据库营销
营销对象	典型客户	个体客户
对客户的认知	匿名客户	客户特征描述
生产	批量生产	按需定做
配送	大宗分配	单独配送
信息	大众广告	个性沟通
价格／优惠	统一价格	差别定价
信息传递	单向沟通	互动沟通
盈利手段	规模经济效益	范围经济效益
目标	市场份额	客户份额
营销策略出发点	所有客户	盈利客户
战略方向	发展客户	挽留客户

由表2-1可以看出，数据库营销已经不仅仅是一种营销工具，而是一个活生生的"消费者导向"的营销理念，更是新媒体广告的定向品牌传播方式。美国宾夕法尼亚大学沃顿商学院的克斯等人曾经提出一个分析框架：发展新客户的边际收益应该等同于保持现有客户的边际收益。这种边际效益的产生，主

要体现在产品 / 品牌信息传播的精准与有效性上。因为成功的营销一大半要归因于传播与沟通，当推荐类的新媒体广告锁定了目标消费者，有针对性地进行了产品 / 品牌信息的推荐且跟进沟通互动，营销成交就是水到渠成的事情。

（三）信源的优化定位

信源的优化与定位主要是在消费者进行消费信息检索中，最终推荐给消费者深度知晓的品牌网站优化建设。例如网站 SEO（Search Engine Optimization）技术，就主要是指针对搜索引擎工具而使得网站内容能够容易被搜索引擎获取，同时能够在搜索结果中占据优势位置，也就是所谓的搜索引擎最佳化结果。SEO 是依据长期摸索、观察得出来的网络技术与经验，它是利用搜索引擎的工作原理和关键词检索规则，对网站的整体构架、布局、导航、分类、内容等进行优化，进而实现网站在搜索引擎过程中的优化。经过 SEO 优化的网站建设，能够实现信息的科学条理化，使庞杂的信息变得井然有序，便于人们检索获取。

三、新媒体广告产品的生命周期

产品的生命周期是指一种新产品从开始进入市场到被市场淘汰的整个过程，即产品的市场寿命。1966 年，哈佛大学教授雷蒙德·弗农在《产品周期中的国际投资与国际贸易》中首次提出产品生命周期理论。将产品的生命周期分为导入期、成长期、成熟期、衰退期四个阶段。产品周期理论为新媒体产品的设计开发和营销推广，提供了完整清晰的发展链。

（一）导入期

在导入期，时间和效率非常重要。传统产品的导入期可能从几个月到几年。而对新媒体广告而言，一年时间就算很长了。以微信为例，从 1.0 测试版到 1.3 版本，只用了三个月时间，而用户数量大大增加了。这一时期需要专门的人对广告进行推广。传统广告一般就实物进行宣传，而新媒体广告主要就广告自身的功能性和用户体验进行宣传推广。在刚进入市场的时期，让用户对新媒体广告形成良好的体验，对新媒体广告产生信任，为新媒体广告后续的稳健发展壮大奠定坚实的基础。

（二）成长期

成长期所面临的最大难题就是对投诉问题的处理。一般情况下，如果有受众通过新媒体广告的沟通渠道进行投诉，广告主需要进行基本的联系与思考：一方面，该投诉的受众不是对本品牌的商品进行了消费，就是对本品牌的信息进行了深度关注，且结合自身需求与利益，产生了负面的影响，故此就具体问题或信息提出投诉；另一方面，该投诉的受众对品牌依然是存在信心与希望的，他期待着该品牌针对投诉进行相应的改进与完善。有了如上两点基本思考，就需要品牌的信息管理员即时地与投诉者沟通以获取详情，采取对策，并将对策落实过程与结果反馈给投诉者，从而获得良好的口碑。

（三）成熟期

新媒体广告在进入成熟期后，无论是批量生产还是市场营销均已趋于稳定化，该阶段的新媒体广告可为用户提供良好的体验；市场需求长期处于一种饱和状态，用户数量变化幅度不高；为有效维持新媒体广告在广告领域的较高地位，需不断加大对运营成本的投入，避免新媒体广告利润的持续下降。相较于其他阶段，该环节需充分考虑以下两方面问题：一是如何通过运营手段来留存老用户，同时保持新用户的稳定增长；二是如何稳定地将用户变现从而获利。

（四）衰退期

新媒体广告生命周期中的最后一个阶段为淘汰阶段。该阶段的新媒体广告已不再适应于各类市场需求，且随着新兴事物的出现，新媒体广告的竞争力逐渐消失；新媒体广告的用户量和经济效益均呈现出明显的衰退趋势；由于经济利益的缺失，竞争者逐步退出市场，同类竞品数量和规模锐减。

在衰退期，新媒体广告应与流失用户进行直接接触，通过运营手段做好用户回流工作。通过市场调研掌握需求动向，密切关注竞品动态，做好竞品分析，提升自身竞争力，留住用户，或者从竞争者手中抢夺用户。积极改革创新，寻求产品转型的新机会才是救活产品、延续产品寿命的关键之举。以贴吧和微博为例。2012年，贴吧急于变现，导致页面充斥着大量广告，很多贴吧内的帖子数量下降，导致贴吧的用户数量也急剧下降，现在的贴吧很难再现当年用户数量的高峰；新浪微博在2013年的时候也一度衰退，但是其通过做市场调研不断进行改进，如撤销140字的限制，可以插入长文、录制小视频等，这些贴近用户需求的变革使新浪微博在今天仍然具有活力。我们需要认清，没有什么是长盛不衰的，新媒体产品只有不断地了解用户需求，在这一基础上不断进行变革和资源置换才是长久的生存之道。

四、新媒体广告的整合营销

在科技的推动下，信息传播方式和网络交互平台推陈出新，公众的信息获取量和获取速度呈几何级数递增。网络成为公众，尤其是年轻群体获取广告信息的主要渠道，充分展现了其信息资源丰富、渗透力强、影响力大的优势，而采取整合营销策略是网络广告的一大出路。

在现代社会及市场环境中，兼为消费者的受众高度"碎片化"，即因职业、收入、文化、年龄、性别、区域、个性、喜好、心境等方面的差异，市场被划分成了无数的碎片。因此，各品牌商针对不同的"碎片群落"，细分市场、产品，乃至进行媒体细分性的选择，以满足相对应的需求。根据碎片化需求，细分性的服务固然是大势所趋，但现代生产又是规模性、集约性的，即需要在生产、营销、传播上富有规模性。伴随着时代的发展和进步，人们的思想观念在很大程度上也发生着变革。在这样的条件下，新媒体广告需要对自身的传播手段和传播特性有清楚的认知和明确的定位。在此基础上，加上合理的宣传，利用互联网等多种新媒体进行配合，就能够达到事半功倍的效果。比如，商家在推出系列商品宣传的过程中，可以打折、送赠品，甚至用组合套装等多种形式来更多地吸引消费者的注意，也可以利用良好的公共关系，通过一些公司刊物或者慈善捐赠来进一步提升自身的品牌形象，帮助新媒体广告树立更加良好的口碑，促使大众对新媒体的产品形成更清楚的认知，这样便可达到营销的目的。

第三节　消费者行为视域下的新媒体广告

一、消费者的行为构成

消费者行为是指消费者为获取、使用、处置消费物品或服务所采取的各种行动，包括先于且决定这些行动的决策过程。消费者行为是与产品或服务的交换密切联系在一起的。在现代市场经济条件下，深入研究消费者行为需着眼于与消费者建立和发展长期的交换关系。

消费者的在线行为类型多样，如同传统消费者行为的划分，其分类并无统一的标准。传统的消费者购买行为模式，一般按购买行为发生的先后次序划分为若干阶段，最具代表性的当属美国著名营销学者科特勒的五阶段购买行为模式，即认知问题、搜寻信息、评价备选方案、选择与决策、购后评价。本书依据传统的购买次序划分方法，结合互联网平台上消费者在线行为的特点，将消费者的在线行为划分为以下五种：在线搜索行为、在线点击行为、在线订制行为、在线评价行为、在线互动行为。当然，如同传统购买行为一样，消费者在线行为的这五种形态并不一定严格遵循购买行为发生的先后次序。换言之，以上五种在线行为主要是消费者网络消费行为的形态展现。

（一）在线搜索行为

自 1990 年搜索引擎的鼻祖 Archie 诞生，三十余年来，搜索引擎可以说引领了互联网的急速发展。如今的人们，在互联网上搜索各类信息已成为常见的网络应用之一。据第 45 次 CNNIC 报告显示，截至 2020 年 3 月，我国搜索引擎用户规模达 7.50 亿，较 2018 年底增长 6 883 万，占网民整体的 83.0%。搜索引擎是基础互联网应用，其使用仅次于即时通信；手机搜索在手机互联网应用中位列第三，使用率低于手机即时通信和手机网络新闻。而对于消费者的在线搜索行为，Pew Internet 等的调研表明：在美国，高达 81% 的在线消费者搜寻过相关产品或服务的信息；与此同时，高达 71% 的用户会依托网络上的信息以确保他们能够买到满意的产品。依托于搜索引擎技术的发展，目前的消费者在线搜索行为呈现出以下三个显著特征：

第一，搜索引擎的平台化应用，在线搜索功能的技术提升。消费者在线搜索行为得益于搜索引擎技术的不断进步，从早期的搜索引擎局限于文字、图片等基本信息的搜索，到今天搜索引擎可搜索的内容无所不包，文字、图片、视频、声音……甚至在未来触觉都可以利用搜索引擎来查询。其中对在线搜索行为影响最大的就是搜索引擎的平台化应用，它使在线搜索功能不断提升。如前文所述，在线搜索行为的结果已形成一个平台，所有的资源都将汇集到在线搜索平台之上，从而完善在线搜索的功能，提升搜索结果的满意度。

第二，搜索引擎的个性化追踪，在线搜索行为的快速响应。目前的搜索引擎技术不断发展，在互联网平台上可以任意追踪消费者，并且针对不同的消费者提供不同的产品。例如，基于搜索定向的搜客。对于在百度搜索过指定关键词的人，在其浏览企业主/广告主指定的投放网站时，投放该推广组下的产品。消费者在线搜索行为随时都会被购物网站所记录，如消费者在该网站搜索了"键盘"，购物网站就会在消费者的页面中推荐相关的产品，或发送消费者搜索的相关产品的邮件。因此，搜索引擎越来越个性化地追踪特定消费者，而消费者的在线搜索行为也能够得到快速、及时的响应。

第三，搜索引擎的链条化体验，在线搜索行为的信息聚合。消费者在线搜索行为的结果不但将所有信息都聚集在一个大平台之上，而且能在信息聚合中实现链条化的体验，所有相关的信息或围绕一个中心呈网状，或组合成一种链式结构，而搜索引擎对在线搜索行为起着关键的桥梁作用。可以说，消费者在线搜索行为体验到的是链条化的搜索引擎技术，而真正实现的是在线搜索行为的信息聚合。

（二）在线点击行为

从某种程度上看，搜索是人们为达到某种目的所采用的一种手段，而点击更加侧重于用户需求和结果，两者相互依存，相互关联。因此，搜索和点击常被人们连在一起使用，或者混为一谈。但本书认为搜索行为和点击行为存在本质上的区别。一方面，搜索经验丰富的网民即使搜索到结果也不一定就会点击，同时由于搜索到的结果数量庞大，消费者也根本不可能点击全部的搜索结果；另一方面，多数网民在浏览互联网页面时，也会主动点击自己感兴趣的网页，显然此种点击行为属于消费者漫无目的地浏览，与前文所述的在线搜索行为有着本质的区别。区别于在线搜索行为中，消费者的在线点击行为发生主要源于以下几种因素。

1.自主性的在线点击

消费者并非总是在技术、金钱、商品和巨型公司面前毫无抵挡、防御和反抗力量的被动的受害者，有时是主动反抗和改变环境的能动者。凡勃伦和齐美尔倾向于把消费者视为具有自我意识和识别应变能力的行动者（agents），他们能够利用消费的符号体系建构自己的阶级属性和个人身份认同。而进入Web 2.0时代后，网民的自主性得到空前提升，在如今的互联网中，论坛、博客、微博、各类社交网站及购物网站等均成为网民自主性的活跃空间。不可否认，网民已不再是被动接受信息的受众，而是积极主动地参与互联网平台的内容创造，成为信息的制作者、发布者和传播者。简言之，网民步入了一个"高度自主"的时代。

从已发生的网络购买行为中不难发现，消费者的在线点击行为用户自主行为占较大比例，用户可通过与自身需求相结合，点击兴趣度较高的信息。因而，通过对在线点击方式的统计，发现消费者多属于主动点击，而在这一过程中，商家会以弹窗广告的形式丰富消费者的选择类型。这一情况下消费者仍掌握着点击的主动权。

2.推荐性的在线点击

一般情况下，消费者在线点击行为的发生，受推荐性因素影响较大，常见的推荐方主要有网站、商家、消费者群体等。

一方面，在互联网平台上，网站方及商家的角色不容忽视。除了由于消费者真实点击而形成的关注度较高的产品之外，网站方和商家也会采取各种手段极力推荐利益产品，通过制造虚假点击率或雇佣网络水军对相关产品进行推荐。虽然消费者可以自主选择是否点击推荐的产品，但不可否认，被网站方推荐的产品无疑会具备更高的点击率。同时，技术上不难实现。例如，商家基于点击的定向广告投放，则针对在百度点击过已关联搜索推广计划的消费者，在其浏览指定的网站时投放该商家的广告。

另一方面，消费者自身也会通过其社交关系或借助互联网平台进行产品的推荐。这种自身推荐一般存在两种情况：强连接推荐和弱连接推荐。1974年，美国社会学家马克·格兰诺维特论述了著名的强弱连接理论。他指出"强连接"（strong ties）现象存在于传统社会中，人与人通过亲情、爱情、友情等方式连接在一起，这种关系具有较强的稳定性，但它的传播范围十分有限；同时，也指出"弱连接"（weak ties）则更广泛地存在于社会生活之中，弱连接是基于对社会的粗浅认知。例如，人们在街头的偶然相遇、通过媒体的无意接触等均属于弱连接的范畴。对于在线点击行为的推荐性而言，其一，强连接推荐多指通过社交关系推荐给自己熟知的人，这种推荐比较真实可信。消费者在线点击行为产生的一个重要原因是来自其社交关系的推荐，即口碑传播。如同传统的消费者行为一样，消费者还会通过一定途径介绍给自己的亲朋好友。同时，消费者会通过咨询等手段从强连接处得到推荐信息。其二，消费者自身也会在互联网平台上进行弱连接推荐。消费者在购买行为发生之后往往会进行评价，由于互联网的开放性，任何用户都可以浏览到其他用户的评论，因此消费者可从弱连接推荐中得到相关信息。当然，这种推荐需消费者甄别真伪，从而做出理性的判断。

3.假象化的在线点击

正如前文所述，网站方或商家为进一步提升消费者对产品的关注度，会对产品进行选择性的推荐，通过雇佣网络水军或者制造虚假点击率，进而营造出一种虚假繁荣的购物场景。因此，这种在线点击行为存在假象化特征。一般情况下，消费者无法对其真伪进行精确判断，会直接点击浏览相关信息。在线点击行为假象化的现实根源是互联网平台的虚拟性和仿真性。

我们通过对假象化在线点击行为形成根源的深入研究后得出，互联网的虚拟性和仿真性是该现象的主要滋生平台。

第一,虚拟性平台。人类对于虚拟(virtual)的认识由来已久,从最早的旧石器时代的岩画,到敦煌莫高窟的彩绘,至盛行于19世纪的西方全景画,无疑都是人类早期获取的身临其境的虚拟体验。而数字化时代的到来,将人类带入了一个全新的虚拟体验空间之中。计算机处理的数字化过程,将所有的文本都缩减成二进制编码,并且可以采用同样生产、分配与储存的过程。因此,互联网通过虚拟合成,以"超越现实时空"的感受来展示现实的购物空间。互联网平台的虚拟性,来源于现实世界,但高于现实世界,这种平台既包含物理平台的特性,又兼具心灵平台的特点。一方面,在线购物平台拓宽了消费者的现实认识,让消费者的购买行为保持多个维度与层面;另一方面,在线购物平台又能形成奇妙的拟像化世界,让消费者游离于虚拟与现实之间。因此,虚拟性是在线点击行为的根源之一。

第二,仿真性平台。互联网时空的仿真依托外界事物的参数变化,对现实时空系统进行场景变幻的动态模拟,具有内容全面、外观形象、表达生动的特点。首先,从消费者点击产品浏览的内容来看,其在线点击行为的内容较为全面准确,有网络购物经历的人一般都了解,购物网站上关于产品的信息资料非常翔实,可以让消费者全面了解产品的特征。其次,从在线点击的表现来看,在线点击行为视觉化体验感强,可以让消费者仿佛置身购物场所之中,可以说,购物网站为消费者提供了立体展现的购物场景。最后,从消费者点击行为的发生过程来看,各种表达穿插其中,生动活泼的表达技巧吸引了消费者的眼球。不难看出,仿真性是在线点击行为的另一根源。

(三)在线订制行为

随着经济的发展,消费者的行为正在发生改变,同质化的消费已经不能够满足消费者的需求,个性化、多样化的消费模式日渐凸显。不同于20世纪老一辈人的消费理念,年轻人眼中的消费升级跟物质和价格没太大关系,而更多的是基于心理、情感和审美诉求方面,这一消费行为的变化为在线订制的发展奠定了战略基础。

所谓订制,就是企业对其产品或服务按不同模块或属性进行拆分,然后对每个模块或属性提供不同水平的选项供消费者自行选择。而互联网技术和信息技术的飞速发展,为企业通过互联网向消费者提供商品或服务的在线个性化订制服务提供了技术层面的保障。对于消费者来说,个性化订制的商品或服务具有标准化商品或服务不可比拟的优点。譬如,更好地满足消费者对商品的特殊偏好和独特性表达，让消费者体验到创作者的乐趣，学到更多的商品知识。

通常情况下，消费者的在线订制行为存在以下三个特征：

1. 个性化的在线订制行为

在线订制行为成为消费者获得产品的重要渠道。目前，消费者需求的个性化体现在越来越多的消费者已不再满足于传统的产品购买模式，有相当比例的消费者的购物观念已从传统满足消费需求的传统购物服务，转化为"灵活、自由"等较高需求的个性化在线订制服务。因此，按照消费者的需求为其"量身定做"高度细化、个性化的产品，能够提高客户服务水平和满意度。在中国最大的电子商务平台——淘宝网中搜索关键字"个性订制"，结果有 31.25 万件可订制商品，涉及 89 个商品品类，共有 17 096 家相关店铺提供订制服务。此外，由维也纳的一家设计工具提供商 cyLEDGE Media GmbH 维护的一个在线个性化（厂商）数据库，截至目前已经收录了近 1 000 家提供在线个性化订制的厂商，覆盖衣帽、化妆品、食品、汽车、运动器材、鞋类、家庭用品、工业品等数十个不同行业。

2. 团体化的在线订制行为

以团购网站为代表，目前的消费者在线订制行为也有团体化的特征。在线订制行为往往发生在互联网上有相同需求的消费者之间，虽然彼此并不熟悉，但通过互联网平台可以组成团体化的临时组织，从而实现在线订制行为。由此可见，这种团体化特点与传统的订制行为有着显著的区别，其并不能维系恒久的关系。消费者这种订制行为的团体化特征的产生主要基于以下两方面的原因：一方面，同传统团体订制服务类似，在线订制行为往往价格低廉，以各大团购网站上的产品价格来看，团购价格一般都低于购物网站的同类产品价格，更低于现实市场中的产品价格。物美价廉往往是消费者选择订制行为的主要原因。当然，团购商家也往往以低价在激烈的竞争中取胜，如果价格过于昂贵，消费者则会大量流失。另一方面，在线订制的消费者往往兴趣相同，其形成相同兴趣的临时组织，从外部表现来看，具有显著的团体化特征。

3. 公益化的在线订制行为

目前来看，与其他消费者的在线行为存在本质区别的是，消费者的在线订制行为有着显著的公益化特征。当然，这里所指的公益化，并非指所有的在线订制行为都存在，相反，多数在线订制行为均是消费者的商业需求。除了商业订制，网络购物也有公益营销的趋势，如聚焦行动、聚菜行动等都激起了消费者的大力参与。网络购物的公益营销应该说是由购物网站发起，众多消费者积极热心参与而得以实现的。例如，阿里巴巴平台调动经济体所有资源，在全国率先推出"爱心助农"计划，助力滞销的农产品实现"触网突围"。消费者只要登录淘宝，就可以通过天猫正宗原产地、聚划算百亿补贴等多个人口，进入爱心助农计划的销售专区，就能优先看到像黄果柑一样的各地特色农产品。一方面，聚划算将果农的黄果柑资源整合到互联网平台上，同时联系当地的大型超市，然后在网上发布团购信息；另一方面，依托消费者的在线订制行为，消费者通过爱心接力，在聚划算平台上下单，共同帮助果农渡过难关。可以看出，这种在线订制行为有着明显的公益化特征。

（四）在线评价行为

为了满足消费者网上购物的信用需求，各大购物网站纷纷建立了自身的信用评价体系，而消费者的在线评价就是这一信用体系中的重要环节。同时，各种在线点评类网站发展迅猛，以大众点评网、口碑网、驴友网等为代表的点评网站聚集了大量消费者的在线评价。可以说，购物网站自身评价系统和在线点评类网站成为了消费者在线评价行为的聚集高地。同时，消费者对网络评价信息有着较大的兴趣。

1.在线评价行为传播时间较长

传统的口碑评价多发生在实时的人际交流之中。而在互联网平台上，Cheung 等指出，消费者的在线评价行为受到的时间限制较少，在线评价行为本身扩散时间较长。网民的在线评价行为的阅读时间和评价时间并不是同步进行的，在线评价行为时间的延伸主要归结于互联网平台的非线性传播和个性化传播。一方面，传统媒体中的广播、电视时间均是按照线性传播依次发生的，而在互联网中，时间则呈现出非线性传播的特征。互联网采用超文本及超链接方式进行非线性传播，这种非线性传播的方式将消费者的在线行为从客观时间的限制中解脱出来；另一方面，互联网也是一种个性化传播的工具。传统媒体是面向大众进行传播的，因此很难实现个性化传播。虽然网络传播也是一种大众传播，但它同样包含着人际传播、群体传播、组织传播等多样的传播模式。因此，消费者在线评论行为在互联网上是一种个性化传播，消费者可以主动选择接收信息的内容，以一种更为自由、灵活的方式进行评价行为。

2.在线评价行为传播关系较弱

传统的评价多发生在范围较小的社会团体之中，因此这些评价通常在亲朋好友之间传播。按照格兰诺维特提出的强弱连接理论，亲朋好友之间属于强连接关系，联系相对比较紧密。而消费者的在线评价行为发生在虚拟的互联网平台之中，因此评价行为的贡献者对其他人而言极有可能就是陌生的人。依据强弱连接理论，在线评价行为的观众与评价贡献者之间属于弱连接关系。因此，在线评价的可信度问题值得思考。一方面，在线评价行为本身可能会是虚假的评价内容，或者是商家的广告宣传，这在一定程度上降低了在线评价信息的可信度；另一方面，在线评价本身是匿名的，在网络虚拟社会之中，商家甚至会雇佣所谓的"网络水军"等来制造虚假的在线评价。

3.在线评价行为传播空间广阔

传统的口碑评价主要通过人际交流，以面对面或口头的形式传播。而在线评价行为覆盖面更大，传播空间广阔。无论是麦克卢汉眼中的"地球村"概念，还是尼葛洛庞帝所说的"比特没有颜色，尺寸或重量，能以光速传播"，依托互联网平台，在线评价行为的触角能够延伸到世界的各个角落，并以"比特"的形式徜徉于网络世界之中。"信息传递时间的不断缩短，使原来限制人们交流与交往的空间问题从某种意义上可以被忽略，即空间距离相对缩小……网络'超越了传统的国家界限，令距离感归于消失'。"不难理解，在线评价行为会在整个互联网平台上进行传播。

（五）在线互动行为

关于互动性的定义，学者们从不同角度给出了不同的阐述。从功能性角度看，一个互动性的网站应该满足好的匹配性、对使用者的输入能够快速地给予反应；从感知角度看，感知互动被定义为个人使用者在互动过程中，对双方交流方式的感知以及控制程度的心理感受；从过程观的角度看，互动是一个信息交换的过程，一个互动双方相互沟通的过程。绝大部分研究在线互动的学者认为在线互动显著影响消费者的购买行为，其中 Koufaris 认为网站与在线消费者的互动程度积极地影响着消费者的购物乐趣以及注意力的集中程度；李智娜认为在线品牌社区中，互动性对品牌忠诚度具有重要影响。

同时，互动是一个多维度的概念，但不同学者对其维度的划分并未达成一致意见。通过整理发现，仅从感知的角度，就有不同的维度：两维度，即可接近性和反应性，或者信息交换和用户控制；三维度，速度、范围和匹配性，或者感知控制、感知响应、感知个性等；五维度，乐趣性、选择性、连接性、信息收集和交互传播。

一般而言，在线互动行为需借助相应的互动工具。在线互动行为的工具众多，最为主要的包括以下四大类型：即时通信；博客、微博；BBS论坛、贴吧互动；社交网站、网络调查。

1. 即时通信

即时通信（Instant Messaging，简称 IM）是一个实时通信系统，允许两人或多人使用网络实时地传递文字消息、文件、语音与视频交流。目前，QQ、微信、钉钉是中国较为尖端的即时通信软件。以 QQ 为例，主页面板上聚集了腾讯大多数主流产品，如腾讯课堂、QQ 游戏、QQ 动漫、QQ 音乐、腾讯视频、QQ 浏览器等。而从消费者在线互动行为来看，其主要通过购物网站提供的即时通信进行，辅以传统的通信工具。购物网站即时通信工具以淘宝网的阿里旺旺为代表，给在线购物用户提供了方便快捷的服务。消费者可通过阿里旺旺聊天平台即时与卖家沟通。在线互动行为的众多载体中，即时通信以其人际传播和私密传播见长。因此，利用即时通信进行的在线互动行为公信力高，往往成为消费者了解产品的重要工具。

2. 博客、微博

博客作为 Web 2.0 的代表一面世便受到了互联网用户的一致追捧，其原因就在于 Web 2.0 的互动性强。一方面，博客营销者通过关注消费者的留言情况，了解消费者的不同层次和不同需求，有针对性地对不同消费者进行相应的回复和沟通，更好地向消费者传达企业产品信息，以服务于消费者；另一方面，要求博客营销者主动关注潜在消费者博客的信息，进行留言和回复，强化消费者对企业的印象，最终将其转化为忠实消费者。

微博作为博客的变形体，主要是消费者通过手机、移动通信、电子邮件等各种互联网平台在个人微博上发布的短信息。微博是用户社会关系网络与博客表达手段的完美结合，因此传播范围更广，传播手段更丰富。

3.BBS 论坛、贴吧

消费者在线互动行为通常发生在如下两类 BBS 论坛之中：一类是官方、半官方主办的 BBS，另一类是商业网站主办的 BBS。前者以"强国论坛""水木年华"等为代表，主要由媒体或高校主管；贴吧则以"天涯""猫扑"等为代表，均由商业网站经营管理。由于"强国论坛"等偏重时政，因此消费者的在线行为更多地发生在高校 BBS 及商业网站 BBS 之中。

4. 网络调查

网络调查同样是消费者和购物网站互动的一种方式，即消费者接受调查，通过填写购物网站的电子问卷来实现互动。同时，可通过让消费者参与抽奖等购物网站的营销活动，为企业开辟新的互动营销空间。例如，社交网站微博上允许企业在微博上进行宣传和推广，以转发、评论、点赞形式抽奖，让消费者@自己三名好友，以提高自身中奖概率，通过随机抽奖形式与消费者建立良好的互动关系。

二、消费者的类型

（一）知识型消费者

以网络为代表的新媒体，其接触的首要前提即具有一定的知识能力，而随着我国教育的发展，具备上网浏览能力的中高学历层次的消费者越来越多。在中国互联网发展过程中，新网民的不断增长，让互联网与经济社会深度融合的基础更加坚实。调查结果显示，网民最主要的上网设备是手机，截至2020年3月，网民使用手机上网的比例达到99.3%，较2018年底提升0.7个百分点。可以说，随着移动互联网的不断普及，当今时代，社会的中坚人群也因网络的普及几乎无一例外地需要运用网络。再加上新媒体广告的设置与发布又需要精准地服务于该部分人群，因此具有知识化、中坚化特征的受众成为新媒体广告的首要群体。

（二）品牌型消费者

品牌型消费者通常具有一定的消费能力和知识层次，这种类型的消费者对精致化的生活有一定的需求，愿意在消费时满足自己的精神需求，从而彰显自己的生活品位。此外，也可能是出于对非品牌产品质量的不信任而更愿意选择品牌产品。但不同社会阶层，因收入不同、需求不同、观念不同，所进行的消费是不一样的。例如，农村老年人的消费就会大大逊于城市年轻人，而城市一般工薪阶层的男性消费又会逊于中高收入家庭的女性。在消费意识与行为中，消费者又会对不同档次、不同个性、不同品质的品牌有所选择，这样就产生了品牌化消费的差异。

（三）个性化消费者

随着社会的发展和人们生活水平的提高，人们的消费观念发生了很大的变化，消费心理日趋成熟。人们不再盲目地追潮流、赶时髦，而是开始讲求时尚、品位，根据自己参加社会活动的具体场合、时间以及自己的身份、气质、个人爱好和经济承受能力等方面选择适合自己的商品，追求消费的个性化。

随着社会人群的无限细分，学者们则指出"碎片化"已经成为了社会学、消费行为学、传播学界的一个热门概念，一种最真实的写照，其指的是社会阶层的多元裂化，并导致消费者细分、媒介小众化。而这种社会群体、消费者、消费者的碎片化的前提就是人们个性化力量的显示。为了尊重消费者或消费者的个性，社会消费需求个性化特点日趋显著，市场的离散化程度越来越高。为了更好地满足市场的需求，品牌必须进行市场细分。市场细分客观上是按一定的依据将整体市场分解为许多同质性的细分市场，但是市场细分不仅是一个分解的过程，也是一个聚合的过程。所谓聚合，就是把对某种产品特点最易做出反应的消费者集合成群，直到显示出一个有一定规模、能使企业细分化的生产富有利润的消费者市场。而随着互联网的广泛运用，消费者的网上互动集群性增强，离散的、碎片化的消费者及受者又按一定的特点与标准聚合起来，新媒体广告要诉求的也就是这样的既具有鲜明个性，又在新媒体的黏合下重新聚合起来的人群。

（四）参与式消费者

伴随着消费者意识的崛起、多元媒体渠道的涌现，人们的消费观念正在发生变化，从最早期的"功能式"消费，演变为后来的"品牌式"消费，再到"体验式"消费，而现在，已经进入了"参与式"消费时代。参与式消费最明显的是 A 站、B 站等视频网站的崛起。例如，A 站（AcFun）等视频网站以弹幕为亮点，提供用户吐槽、点赞、评论等形式，让用户获得更多参与感，从而获得大量流量，而后期包括爱奇艺、腾讯视频、优酷等也推出了弹幕这一功能。有人说，参与式营销是 21 世纪营销战中最有力的秘密武器，它与消费者的沟通和互动最为有力。

随着中国互联网使用率的进一步提高，年轻人，尤其是 80 后消费人群作为互联网的一个主要用户群体，其营销价值和用户地位得到了前所未有的重视。在一些发达地区，青年族群和高收入市场已经步入体验消费时代，而互联网环境可以推动消费者的体验价值更充分地展现。在网络营销中，对用户参与程度和营销活动娱乐性的要求日益凸显，单纯的广告或活动冠名已远远不能满足品牌互动营销的深层需要。这就需要企业进行参与式营销。这样，企业既可持续了解消费者的想法和需求，又可在价值交换时与消费者进行更紧密、更及时的互动，消费者则有更大的热情和兴趣参与互动。

三、新媒体广告策划中消费者行为的研究意义

新媒体技术的发展对社会受众的影响是极为深刻的，不啻为传播史上的一次重大变革。新时代的广告策划者针对这些新型广告受众群体，该如何进行广告策划呢？本书认为应该从以下方面入手。

（一）消费者的自主性

由于网络环境下消费者的自主性和个性自由的大大提升，传统的强迫性吸引受众注意力的方法只会适得其反。中国互联网信息中心、日本电通公司的调查都显示，绝大多数网民讨厌弹出式广告，甚至在下载相关的软件时会自动关闭掉弹出式广告。对于新型广告受众，我们应充分尊重其自主性，对其购买欲望进行有计划的引导。

（二）注重广告的娱乐性

传统的那些单调、呆板的广告表现形式已经无法吸引消费者的眼球。快节奏的生活方式和海量的信息接触，使新消费者们越来越追求时尚与个性，热衷于对解构严肃与权威的"恶搞"文化。因此，新媒体时代下的广告更应该主要表现广告的娱乐性。例如，现在越来越多的网络游戏开始植入广告，甚至某些游戏道具采用的就是现实中产品的外形。

（三）消费者参与

Web 3.0 时代的参与式营销，可以充分调动消费者的参与热情，做到只耗费相对较少的资金投入，便可将营销信息有效传递给成千上万的目标人群。可以说，新媒体广告是品牌营销、产品推广的"轻型、新式武器"。比如，百事可乐"我要上灌"的活动，用户可以通过网站上传个人照片，若投票获胜，便可以在百事可乐的罐子上展示自己的风采。又如，惠普"我的电脑，我的舞台"的活动，可以让参与者特别是大学生用户展示自己的创意，在网上创作出绘画等作品，满足年轻人展示自我、张扬个性和创意的需求。不仅需求本身是多层次的，人群不同的需求也是不同的，所以要根据自身的特点和目标用户群的核心需求设计出独特的互动体验。

（四）社区化营销

广告主与用户之间信息的互动和反馈固然重要，但更重要的是要形成用户之间的互动。在受众的眼中，自身与企业永远不会处在对等位置，用户之间更容易进行广告信息的交流。社区代表着小众，它把一群基于共同的兴趣、爱好、自我认知的受众联系在一起，在互联网等媒体上集结。在社区中，人际联系更加紧密，信源也相对真实，信息更容易被社区其他人接受。此外，每一个社区群体都有一个"代言人"，其是被社区人公认的权威。虽然广告受众行为日趋个性化，但在无意识中仍然会存在"权威崇拜"的现象。广告主如果能及时发现社区，找到这些社区代表并对其进行有计划的引导，通过口碑宣传从而创造出社区内的"病毒式"营销，这无疑是一种全新的传播策略。

第四节 社会文化视域下的新媒体广告

互联网是人类历史上一次伟大的技术革命。互联网不仅为人类建立了实现信息快捷传播的新通道，也深刻地改变了人类的生产方式和生活方式，进而影响到人类整个精神世界。互联网的兴起，与随之相继出现的诸多新媒体形态，正在改变着文化生产与传播方式，并由此将人类带入一个全新的文化时代。

一、新媒体广告对社会文化的影响

媒体的发展史在某种程度上也是社会的发展史。新媒体发展的迅速及其复杂性给社会生活带来的冲击是多方面的。就新媒体广告对社会文化的影响而言，主要体现在以下几个方面：

（一）改变了社会文化生产和传播方式

在新媒体构建的传播环境中，用户同时具备了信息的生产者、传播者、消费者三种角色，使生产、传播和消费信息的方式发生了巨大变化。新媒体构建了多种传播形态，形成了人际传播、组织传播和大众传播等多种传播模式，并且将这些传播模式融合为一个整体，形成多种形式的多级传播。同时，数字化的信息网络传播方式，为信息的自由调用、再加工使用以及转发传播提供了极大便利，使内容传播更接近于自然的人际传播，改变了传统媒体时代文化生产和传播的方式。

（二）颠覆了受众对特定媒体外形的固有印象

例如，长期以来，广播的传播方式几乎没有太大变化。绝大多数人对广播的理解仍然保持着"线性传播、过耳即逝、你说我听"的印象。相对于传统广播而言，播客则是一种彻底的颠覆。传统广播的特点是即时性，播客的特点则是自主性；传统的广播模式是"你说我听"，播客则是"在我想听的时候听我想听的"，还可以"你听我说"。在这种模式下，受众不再是媒体内容的被动接收者和消费者，而是媒体内容的选择者，同时是内容的主动参与者和创造者。

（三）展现了社会文化的开放性和多元化

互联网从出现之始，就是朝着给人以更大的自由的方向发展的。各种形态的新媒体都在通过构筑开放性的交互平台将人们吸引到新媒体空间中，以最大限度地增强信息传播的影响力。门户网站可以使人们获得更多的资讯，搜索引擎使人们可以自由地获取信息，打破了传统的报纸、广播、电视的局限性，社交媒体则可以使地域上相隔万里的朋友进行交流。在新媒体所构筑的开放性的交互平台上，参与主体人数众多，主体之间的互动交流频繁，各种文化形态和价值观都有机会通过新媒体表现出来。

（四）增强了社会文化的互动性

新媒体的特征是全球化、交互性、实时性、数字化等。新媒体是一种以人际关系为传播路径的即时性裂变式多级信息传播网络，任何人通过一定的新媒体设备都可以相互对话。新媒体的媒介融合特征与多种传播方式有机结合，包括一对一的人际传播、一对多的公民新闻的大众传播、多对多的话题圈子传播，是人际传播和大众传播的综合。这种复合式的互动性传播则增强了文化生产和传播过程中的互动性。

二、新媒体广告与社会文化的伦理冲突

网络信息技术如同一把双刃剑。在新媒体环境下，信息技术在给媒体与用户带来诸多利益的同时，也引发了性别歧视、信息污染、歪曲和误导价值观、违背社会公德和商业道德等伦理失范问题，对媒体生态与社会秩序形成新的冲击。

（一）性别歧视

美女、动物、婴儿是广告情感化策略的"三大法宝"，尤以美女运用得最为广泛。然而，新媒体广告中的女性形象有被过分强化的趋势，性别意识过分凸显，形成新的层面上的性别歧视。适度的女性形象有利于新媒体广告的发展，以提升人们的审美情趣。但问题是目前的一些新媒体广告中，女性的形象被完全商品化，成为一种包装、一个卖点、一种装饰，成为商家同受众之间的交换价值。有些新媒体广告主甚至无视社会责任，滥用女性形象进行宣传，加

深了女性被固定在角色中的错误模式，误导女性相信外在美是女性价值的全部和唯一的体现，仅通过使用一些外部的化妆手法来增加形体的吸引力，便可达到改变个性甚至命运的目的。这种认识的存在将会对社会道德造成负面的影响。

（二）信息污染

1. 垃圾信息

新媒体的垃圾信息一般包括以下三种：一是具有违法犯罪内容的信息；二是未经用户同意而发布的具有广告性质的信息；三是具有骚扰、报复等性质的恶意信息。由于这些信息并非用户所需要，会对用户造成干扰，轻者浪费用户时间，重者还涉嫌违法。

2. 色情信息

在新媒体的虚拟空间中，色情信息的充斥和泛滥是信息污染问题最突出的表现之一。这些不良信息严重污染了新媒体的虚拟环境，对网民的身心健康构成威胁。

（三）歪曲和误导价值观

新媒体广告在宣传产品的同时，还承载着传播文化观念的功能，对人们的价值观产生了潜移默化的影响。一些违背民族传统美德和过分强调、攀比物质享受的新媒体广告将在一定程度上误导人们的价值观。例如，2017年10月，素来以高水准的广告制作著称的宜家家居本意是想借助一个有共情的反转事件，展示如何将普通客厅一秒切换成一个充满庆祝氛围的客厅，遗憾的是，它选择了一个令人反感的故事——父母催婚。广告短篇中"再不带男朋友回来，就别叫我妈"的广告语被不少网友认为是传播了不恰当的价值观。

（四）违背社会公德和商业道德

为追求私利，新媒体广告违背商业道德的现象屡见不鲜。有的经营者为追求短期利益或不正当利益，故意发布不正当的新媒体广告，捏造与散布虚假事实，以诋毁竞争对手的产品或企业信誉，或者恶意利用客观事实，渲染竞争者偶然或意外的缺陷来贬低其产品，或者将自己产品的优势与竞争对手的劣势进行比较，来误导消费者。这些行为从法律上来说都属于不正当竞争行为，从伦理的角度审视则是违背商业道德的行为。甚至有的新媒体广告一心追求经济效益，竟然粗暴地践踏社会公德，引起社会的强烈质疑和反感。这些严重违背社会公德的新媒体广告，对观众来说有百害而无一利。

新媒体广告不仅仅是单纯的商业信息传播，也传承着文化，构建着文化。在培育健康的社会文化方面，广告的功能不可小觑。我们需要的是健康、积极、向上的广告，所以一定要加强广告从业者文化素质的建设，强化广告人的社会责任感，培育健康的广告文化，构建健康的社会文化。

三、新媒体广告的社会责任

社会责任是指一个人对他人，对自然，对社会所承担的职责、任务。社会责任具有广义与狭义之分。广义的社会责任是指包括个人责任感在内的社会责任意识；狭义的社会责任是指各责任主体对社会其他成员的社会责任意识。综上所述，笔者认为社会责任是指享有独立人格的社会成员或群体组织对他人、集体或国家的社会责任意识，社会责任感是知、情、行各元素有机结合的责任统一体，是个人主观精神意识与客观行为活动的相互统一体。

广告的社会责任是指在广告活动的过程中，在提高经济效益与鼓励社会进步的同时，指引人们培育正确的价值观念，构建诚实信用的社会环境，促进社会主义精神文明建设。广告既具有推销商品、指引消费、推动社会发展的积极作用，又具备文化传播、教化指引等社会功能，对受众的思维模式、行为规范起着熏陶感染的作用，其内容主要在于广告各主体对受众合法权益的推崇与保护以及与社会伦理、文化和法制之间的相互协调。这些社会职责的履行通常与广告社会效益之间并没有直接的利益关联，却能够赢得受众的信赖与推崇。

综合以上有关研究，可对新媒体广告的社会责任进行定义：在广告行为过程中，由广告主、广告经营者与广告发布者共同承担的，对受众的消费活动、价值观念以及社会整体环境所形成的具有积极作用的社会责任体系。新媒体广告的社会责任就是在经济社会发展的特殊时期，依据目前社会的伦理原则和普遍价值观念，不能只强调广告各相关主体的责任而忽视其利益，也不能只强调社会的利益而忽视广告各相关主体的社会责任。因此，我们务必要统筹经济发展与社会发展的双方效应，在满足自己利益的情况下更多地去满足社会公众的利益，使他们的合法权益受到保护，从而维护社会的和谐与稳定。

新媒体广告在实现其经济目的的同时，也承担着重要的社会伦理责任。强调新媒体广告的社会伦理责任是社会文化建设的需要。新媒体广告的运作过程有别于一般的宣传教育活动，作为一种经济活动，新媒体广告所获得的经济效益大大超过一般的宣传教育活动。市场经济越发达，新媒体广告的经济资源就越丰富。人数众多、业务精良的新媒体广告专业队伍和多种多样的大众传媒，使新媒体广告在社会生活中形成了巨大的影响力。经过精心包装的广告所蕴含的人生观、道德观、价值观，更容易为大众特别是青少年所认同和接受。加强思想道德建设需要强调广告的社会伦理责任，不同的新媒体广告会对社会文化建设产生不同的效果。一个"好"的新媒体广告对社会文化建设的支持和推动有着难以估量的作用；一个"坏"的新媒体广告则败坏了社会道德风尚，腐蚀了受众的人生观和价值观。强调新媒体广告的社会伦理责任，是树立良好的企业形象的需要。在市场营销中，由于经济的发展，产品之间的差异变得越来越小，而某些差异对消费者来说并没有太大的意义。一个企业的生存和发展，只靠自己产品的特点已远远不够了，企业的声誉和形象就显得越来越重要。新媒体广告能够较好地履行社会的伦理责任，就能更好地塑造企业的形象。

第五节　设计学视域下的新媒体广告

一、设计语言表达与新媒体广告的融合

与传统的文化体系融合不同，设计与新媒体广告互相融合在一起，并不会导致两个原有体系的消失，反而会在此基础上产生更多的新的文化元素。从目前的融合效果来看，新的设计语言、新的表达方式和新的传播路径最为典型。

（一）文字语言

文字作为语言符号具有悠久的历史。在漫长的历史时期里，它不断发展、成熟，从旧的形态里消亡，在新的形态里演变，逐渐发展成人类为了记录和交流而发明的最重要的视觉文化符号。在21世纪的今天，各式各样的字体不断产生并应用于印刷，各种设计应用软件帮助设计师可以更快捷地进行字体设计和效果处理，文字表现的张力和创造空间也得到了很大的拓展。文字在当今的设计表现中，除了满足阅读和认知的功能外，还承担着视觉审美表达的象征意义。文字在各种设计应用表现中，"诉求"和"表达"的思想与创意是什么很重要，而不仅只是看重单纯地"说明"和"描绘"其外在的内容是什么。台湾明志科技大学的"氤氲之间设计展"即采用了一种非常巧妙的文字表达方式，通过网络界面的交互操作来点击不同字体标志背后所对应的不同的设计主题。

文字作为一种设计语言，已经超越了原有的符号特征，其传达的创意与思想也表达了设计师对生活、环境、未来的理解与关注。因此，熟悉的文字具有了更多的意义。

（二）色彩语言

在设计过程中，色彩是第一个可以被感受到的敏感信息源，它能够迅速地传递出感觉，刺激人的情绪反应，实现与人之间的快捷沟通。色彩是客观存在的，但色彩在设计中往往可以先入为主，刺激人们并表现出某种主观的情绪倾向。在客观存在与主观感受的交流过程中，形成了整体统一的色彩关系，从而能够使色彩充分地体现设计者的意图，达到信息传达的效果。比如，2016年的乌镇戏剧节以"眺"为主题，主视觉设计通过在 App 界面及电子产品上进行延展，从乌镇的人文性出发，采用黑白肃穆的色调给人以"故事性"，同时利用辅助图形营造出透视感和视窗效果，打破了文字的单调性，引申出"远眺"的寓意，与戏剧节的定位相吻合。随着新媒体时代的来临，个性化、多样化的需求驱使着醒目的色彩逐步回归，带来高度饱和与形成对比的明快色调。例如，设计者利用拼接手段，设计出表达形式简洁的响应式色彩，以向用户发出信号来实现情感互动。

（三）图形语言

与其他设计语言相比，图形自身就具备或自带信息的表达特性。文字设计语言存在较大的地域或民族差异性，色彩设计语言在不同人的感受中代表的意义也各不相同，只有图形设计语言，可以超越这些边界，直观地反映出大众所关心的内容。其丰富的表现力和直观性在很大程度上弥补了文字语言之间的差异，使图形所传递的含义能够超越国界、民族而引起人们的共鸣。目前，设计作品中常见的图形创意表现形式主要有同构、共生、正负、悖理、矛盾空间和异影这几种。其中，同构图形与共生图形设计较为常见。

（四）图像语言

图像是设计在新媒体广告中非常重要的一个元素，也是新媒体广告用来将内容诉求视觉造型化的主要基础。从图像的范围看，其不但包括用外部的器材直接捕捉的景象，而且包括利用技术手段编辑创作而成的数字影像。图像语言与其他语言相比，具有真实、直观、生动等特征，其表达的信息量往往极大。新的图像捕捉和绘制技术，让新媒体广告呈现出前所未有的活力。比如，2016 年宾利汽车在他们的官网上展现的一张号称 530 亿像素的广告宣传图片，其是用数十张单独的照片合成的，通过层层推进的缩放技术，不断将图片放大后，最终能够清晰地看到汽车的标志，其重点宣传的新款轿车得到了很好的展示。在新媒体广告图像的设计表现方面，表现的形式是理性的技术层面，表现的内容则属于感性的心理需求。设计在新媒体广告中的图像应用必须兼顾形式与内容两方面的表现，才能实现传达的效果。

二、设计表达方式与新媒体广告的融合

（一）平面表达

随着技术的进一步发展，新媒体广告中的平面表达手段呈现出多样化的趋势，尤其是应用越来越广泛的动态化设计、数据信息图设计和平面三维化设计，让新媒体广告的平面表达不再是静止和单调的。平面表达在新媒体广告中应用广泛，且有跨界发展的趋势。比如，目前在微信平台非常流行的"H5"即来源于 HTML5 技术，是专注于广告传播的一种新的平面表达工具。比如，腾讯发布的"99公益，一起爱"公益广告就采用了平面动态化的设计，通过模拟 iPhone 锁屏界面和微信聊天界面，将故事代入其中，能够很容易地打动受众的情绪，使广告受众产生共鸣并参与其中。在新媒体广告中，有时需要对大量的数据或信息内容进行再次加工，去繁从简，保留核心的信息内容，其呈现的平面表达方式多以简洁的 UI 界面或信息图表为主。比如，乐范是第三方音乐服务应用平台，其 App 在视觉设计处理上以简洁扁平化的平面表达方式为主，符合目标听众的接受习惯，在设计诉求与受众之间形成了有效、良好的互动。

（二）影像表达

影像技术经过不同时期的变革，已经进入了更多元和更具想象空间的时代。设计创意在影像广告中得以自由地展现，其所表达的内容也有了更多重意义的解读。影像中的设计应用形式，目前常见的主要有两种：一种是通过静态构图去表达创作者的想法与广告诉求，另一种是通过场景植入去实现影像的互动。比如，2016 年冯小刚导演拍摄的电影《我不是潘金莲》提前发布的预告片和海报中，采用的圆形构图引起了很多人的兴趣。圆形图幅对应中国的传统文化寓意和影片主题想要表达的对形式感的讽刺，圆形构图以及影片中顺势转换的方形构图都是设计的形式语言在影像中的恰当表达。

在通过场景植入来实现影像广告和受众互动的案例中，以淘宝在 2016 年 8 月推出的《一千零一夜》广告小片最为引人注目。在创作上，影片以不同的

故事为背景，在故事中植入要去推荐的美食，当受众在观看完之后，通过点击相应的按钮，可以直接跳转到影片中出现的美食购买链接；在表达上，影片颠覆了传统广告片的呈现形式，通过折叠下拉的新颖设计加强了受众与影片及平台的互动感，为电商广告开发了一种新的影像呈现方式。

再如，"融创"沉水流域文创品牌形象片中，影片开篇画面便是湘南独特的建筑群体，随之出现翩翩起舞的民族少女、不同年龄层次的人像面孔、热闹的民俗活动等，整个影片中近景等不同景别不断变换。观影者随着镜头快速切换和缓缓放慢等不同节奏，穿梭在影片的各个画面中。

具体来说，影片00：05分时是少女穿着民族特色服装旋转的慢镜头，下一秒镜头一转，少女来到长廊，当地传统工艺、建筑、文化等以快镜头形式快速推进，00：16分时镜头定格在由对称少女组成的画面，影片再次恢复正常速度，快慢结合、动静结合（图2-2）。这些交叉拼凑式的画面组合，将各式景象呈现至人们眼前，宛如一个没有镜头的镜中镜。

图2-2　影片表达艺术与新媒体广告的融合

（三）空间表达

就新媒体广告而言，当前的设计所呈现出的创意内容已经逐步模糊了原有的平面与立体的设计界限，空间三维化的广告创作越来越常见，也让人们用全新的视角去观察、体验新的设计，使新媒体广告设计表现能够达到其真正所应达到的立体空间效果。在空间表达的诸多应用中，3D打印技术、VR全景技术等一些新媒体技术都是较为新颖、独特的广告表现应用，设计在这些技术中也得到了很好的尝试及表达。比如，印度的中央邦政府将3D打印技术应用在本地旅游广告中，通过一系列3D打印出来的玩具和人偶来展示该地区标志性的建筑、人文风貌及艺术等。"中央邦能够让一个人的心重新变得年轻"这一主题也在经过设计并3D打印出来的广告中得到了充分体现。

除了 3D 打印这一设计在空间中的应用形式外，VR 全景技术利用二维的场景元素模拟出一个三维的虚拟空间，让受众能够有身临其境的全景感官体验。比如，常州的东方盐湖城景区的宣传广告不但在常规的平面表达上有所创新，而且将 VR 全景技术应用到了广告设计中。通过深度的 VR 体验，使受众不仅仅局限在视觉冲击的范畴内，由视觉带动全身，实现一种浸入式的广告效果。

三、设计传播路径与新媒体广告的融合

作为一种传播行为，视觉传达在社会生活中与新的科学技术相互依存，相互促进。一方面，视觉传达设计不断受到新的网络或新媒体技术的冲击，导致其传播路径与沟通方式发生了巨大改变；另一方面，视觉传达方式的改变又将推动新的技术工具和设计理念的形成，从而最大程度上带动传播效率的提升。

（一）单一通道向多通道转换

传统的视觉传播往往是单一路径的传播，若信息传播者选择了某个媒介进行视觉传播，则受众只能选择这个媒介，无法通过其他路径来接收其所传达的信息。但随着科学技术的发展，传统单一媒介传播的方式已经无法满足人们日益增长的信息需求，人们迫切需要更有个性的媒介形式来提升信息传达品质，同时需要更丰富的媒介渠道接收更广泛的信息。新媒体广告的产生虽无法取代原有的传统媒体广告形态，但其所承载的颠覆性的技术变革于传统媒体而言仍是一个巨大的挑战。随着科技的进一步发展，新媒体广告能够展现的功能将会越来越强大，极有可能成为视觉传达领域最为完善、便捷和高效的媒体形式之一。

（二）接受方式由被动变为主动

人类的沟通需要理解和接受，新媒体广告环境下的视觉传达设计创作也不例外。在这个融合背景下的思考、创作、沟通与接受的过程，都是人与人之间互动交流的延伸。在新媒体广告传播中，视觉传达设计的传、接双方需要不断地互动，逐步改变传统角色间的定位。在新的互动过程中，人人都可以是广告信息的设计者和发送者，以及广告信息的接受者和再传播者。与此同时，新媒体广告形式也丰富了受众对信息的接收方式，受众可以通过不同的接触方式来获得想要的信息。传播方式的主动性、互动性及多样性拓宽了传统视觉传达

设计的边界，影响了人们的生活方式和思维方式。

（三）设计传达效果达到最大化

新媒体广告所代表的媒介渠道层出不穷，与视觉传达设计的融合发展又促使信息表达方式愈发丰富，信息量空前膨胀，信息传达时间缩短。各种在新媒体广告中的视觉传达诉求都希望能够及时、无损地到达受众。从融合、传播的角度来看，只有根据受众实际的媒体接收行为习惯，有针对性地进行视觉传达设计创作，综合运用多种新的传达工具，才有机会占领市场，获得成功。新媒体广告的出现必将丰富人们的生活，影响社会互动沟通的进程，并最终推动视觉传达进入一个新的时代。

第三章　新媒体广告创意设计中常见思维形态的作用

第一节　创新思维引领广告创意

"创新"在当代已成为人类最为关注和着力的方向之一，人类社会的进步离不开创新，创新存在于社会生活的所有领域。目前，人们经常谈及的创新，实际上是"创新"的日常概念，简单来说，就是"创造和发现新东西"。

据统计，在被收看的广告中，只有三分之一的广告能给观众留下一些印象，而这三分之一中只有二分之一能被正确理解，其中仅5%能在24小时内被记住。由此可知，一则广告如果缺乏创意，大概会被淹没在众多的广告之中。广告创意本质上是一种创新思维，即一种具有开创性的思维，它不仅能揭示事物的本质，还能在此基础上提供新的、具有社会价值的思维成果。但同时，广告创意又是一种特殊的创新思维。首先，广告创意的目的与其他的创新思维有所不同。它是为了达到广告目标，即说明目标对象，促使他们采取购买行动。广告的创新思维只能围绕广告目标来开展，脱离了广告目标，任何杰出的构想都毫无意义。其次，检验广告创意成功与否，并不在于是否有新的作品问世，而在于是否被市场所接受。如果不被市场所接受，即使思路再新颖、想象再奇特、文字再优美、画面再漂亮，这样的创意也是不成功的。

一、创新思维及其特征

（一）创新思维的含义

创新思维是指以新颖独特的方法解决问题的思维过程。人们通过这种思维，能以超常规甚至反常规的方法、视角去思考问题，提出与众不同的解决方案，从而产生新颖的、独到的、有社会意义的思维成果。创新思维的本质在于将创新意识的感性愿望提升到理性的探索上，实现创新活动由感性认识到理性思考的飞跃。在新媒体广告设计领域，主题和方向是整个广告创作过程中极为关键的一环；只有在敲定广告主题和方向后，后续创作与设计才能得到进一步深化。而在每一个创作阶段，设计者的想象力与创造性均贯穿其中，也成为初期明确创作主题方向的关键途径。

（二）创新思维的特征

1. 求异性

创新思维在创新活动过程中，尤其是在初期阶段，求异性特别明显。求异性要求关注客观事物的差异性与特殊性，关注现象与本质、形式与内容的不一致性。英国科学家何非认为："科学研究工作就是设法走到某事物的极端而观察它有无特别现象的工作。"创新也是如此。一般来说，人们对司空见惯的现象和已有的权威结论怀有盲从和迷信的心理，这种心理使人很难有所发现、有所创新。而求异性思维则不拘泥于常规，不轻信权威，以怀疑和批判的态度对待一切事物和现象。

2. 逆向性

逆向性思维就是有意识地从常规思维的反方向去思考问题的思维方法。如果把传统观念、常规经验、权威言论视为金科玉律，常常会阻碍创新思维活动的开展。因此，面对新的问题或长期解决不了的问题，不要习惯于沿着前辈或自己长期以来形成的、固有的思路去思考问题，而应从相反的方向寻找解决问题的办法。欧几里得几何学建立之后，从5世纪开始，就有人试图证明作为欧氏几何学基石之一的第五公理，但始终没有成功，人们对它似乎陷入了绝望之中。1826年，罗巴切夫斯基运用与过去完全相反的思维方法，公开声明第五公理不可证明，并且采用了与第五公理完全相反的公理。从这个公理和其他公理出发，他建立了非欧几何学。非欧几何学的建立解放了人们的思想，扩大了人们的空间观念，使人类对空间的认识产生了一次革命性的飞跃。

3. 综合性

综合性思维是把对事物各个侧面、部分和属性的认识统一为一个整体，从而把握事物的本质和规律的一种思维方法。综合性思维不是把对事物各个部分、侧面和属性的认识，随意地、主观地拼凑在一起，也不是机械地相加，而是按照它们内在的、必然的、本质的联系，把整个事物在思维中再现出来的思维方法。美国在1969年7月16日，土星5号超重型运载火箭载着阿波罗11

号飞船从美国卡纳维拉尔角肯尼迪航天中心点火升空，开始了人类首次登月的太空征程。参加这项工程的科学家和工程师达42万多人，参加单位2万多个，历时11年，耗资300多亿美元，共用了700多万个零件。美国"阿波罗登月计划"总指挥韦伯曾指出："阿波罗计划中没有一项新发明的技术，都是现成的技术，关键在于综合。"可见，"阿波罗登月计划"是充分运用综合性思维方法进行的最佳创新。

4.发散性

发散性思维是一种开放性思维，其过程是从某一点出发，任意发散，既无一定方向，也无一定范围。它主张打开大门，张开思维之网，冲破一切禁锢，尽力接受更多的信息。人的行动自由可能会受到各种条件的限制，而人的思维活动却有无限广阔的天地，是任何外界因素所难以限制的。发散性思维是创新思维的核心。发散性思维能够产生众多的可供选择的方案、办法及建议，能提出一些独出心裁、出人意料的见解，使一些似乎无法解决的问题迎刃而解。

二、创新思维在广告创意中的魅力

创新思维就是从实际出发，在对策划素材进行分析研究的基础上，根据市场需求和消费者的喜好来进行广告策划。首先，策划者成功的源泉不仅在于探索未知、开拓创新，还在于克服人自身的弱点；只有这样，才能策划出超凡脱俗的经典方案。其次，创新的关键还在于别出心裁、与众不同，从而产生轰动效应。

近几年来，饮料广告在各种媒体上时常露面，但通常都是表现产品的构成成分、产品的口味或产品受消费者喜爱的程度等，而中央电视台所做的"康师傅冰红茶"电视广告，却是根据消费者的喜好和目标市场而拍摄的。一个企业的产品是不可能满足整个市场需求的，所以企业只能根据自己的情况，有针对性地选择自己的目标市场，来满足部分市场消费者的需求。"康师傅冰红茶"选定的目标市场是年轻人群，它是根据青年人的特点来进行广告策划的。广告人运用创新思维制作了一连串的极具体验感的广告画面：主人公背着厚重的行囊穿梭在整齐排列着"黄土版"的兵马俑之间，顶着烈日独自享受旅游乐趣；这时，镜头一转，主人公已大汗淋漓，随即掏出随身携带的"康师傅冰红茶"，仰起脖子喝了一口，瞬间柠檬、冰块、茶浪融合在一起；画面再一转，回到了烈日下的"黄土版"兵马俑，兵马俑扭头一把抓起主人公手中的冰红茶，在其与产品瓶身触碰的一瞬间，产品所携带的"冷气"顺着兵马俑的手逐渐延伸至手臂；当兵马俑的全身都覆盖冰碴后，瞬间爆裂恢复到正常人的形态。整个广告画面与画面之间衔接紧密并且滑稽、幽默，一连串的动感画面让人充分感受到了青年人所特有的青春气息，同时符合讲究效率、追求快节奏的时代特色。而兵马俑全身被冰覆盖后，让人在炎炎的夏日，有一种购买冰红茶的欲望，以及去感受那冰力十足的口味的冲动。这样，广告把观众的感官和味觉一下子都调动了起来。由于这则广告构思新颖，创意独特，一下就把"康师傅冰红茶"和其他饮料区别开来，再加上产品本身回味无穷的口味，故而，很快"康师傅冰红茶"就成为消费者最喜爱的饮料之一，企业也因此获取了丰厚的利润。由此，我们领略到了创新思维在广告宣传活动中的魅力。

三、广告创意常用创新思维方式

创新思维是广告创意的灵魂。进行广告创意，必须熟悉创新的思维方式，如果不能熟练地运用创新思维，就无法有效地进行广告创意。

广告创意常用的创新思维方式主要有以下几种：

（一）抽象思维与形象思维

创新思维与常规思维相比，最本质的差异在于常规思维都是逻辑思维，而创新思维除了逻辑思维外，还包含了各种形式的非逻辑性思维。

1.抽象思维

又称逻辑思维。它是借助概念、判断、推理、比较、分类、综合、抽象、概括、归纳、演绎等抽象的形式来反映现象的一种概括性、论证性的思维活动。其思维不必涉及具体事物的形象，而是按一定的顺序由一点进到另一点，因而著名科学家钱学森称抽象思维为"线型"思维。

抽象思维贯穿广告创意的全过程，在收集资料和分析资料阶段，要运用抽象思维进行分析、综合、归纳、演绎、比较、推理；在酝酿、沉思阶段，要让目标受众能够从心理上接受广告信息，也要运用抽象思维，比如乐百氏纯净水"27层过滤"的广告就是运用抽象思维，其思维过程为27层过滤—纯净—有益健康，从而使目标受众在心理上接受它；在评估发展阶段，也要运用抽象思维对创意进行条理化、系统化、理论化，也就是说，要给以正确的逻辑表述证明，进行系统的理论挖掘。总之，在广告创意的各个阶段，都要运用逻辑思维进行有效的分析与综合、合理的归纳与演绎、严密的推理和论证。抽象思维如同整理加工信息的"滤波器"，创意者可以借助它对各种资料条分缕析，逐条深入地进行开掘。

2.形象思维

形象思维以直觉为基础,通过某一具体事物引发想象,从而产生创意。例如,阿基米德看见洗澡水溢出澡盆而想出检验金冠真假的办法,牛顿看到苹果落地发现万有引力,这些都是形象思维作用的结果。在广告创意中,形象思维有着极其重要的作用。在一则国外的啤酒广告中,画面上的酒杯中不是啤酒,而是金灿灿的麦子和蓝天白云,广告没有其余的说明,却让受众直观地感受到啤酒的原材料是纯天然的,它的品质无疑是优良的。

在广告创意中,抽象思维与形象思维这两种思维方式并不是截然分开的,而是有机地融合在一起。以上述乐百氏纯净水"27层过滤"广告为例,"27层过滤—纯净—有益健康"这一思维过程是抽象思维,但如何表现"纯净"这一最佳卖点,却是一个形象思维的过程。电视画面中那滴水珠一层一层滴下来,最后溅落,荡起圈圈涟漪,就是运用了形象思维。

(二)发散思维与聚合思维

1.发散思维

发散思维又叫扩散思维、辐射思维、开放思维,是围绕着一个主题进行广泛的遐想,不受任何限制。它由一点向四面八方发散开去,充分运用丰富的想象力,调动积淀在大脑中的知识、信息和观念,并将它们重新排列组合,从而产生更多、更新的设想和方案。其特点是求异性,它既不受已有的经验和知识的限制,又不受已经确定的方式、方法、规则、思路的束缚,使思维在同一原点上朝着各个不同的方向扩展,产生众多的创造性设想。

例如,请打破框框,说说曲别针的各种用途。许多人从勾、挂、别、连的角度说了许多用途,而有人却根据曲别针的材质、质量、体积、长度、截面、颜色、弹性、硬度、直边、弧度十个要素来举出了多种用途。比如,根据"弧度"来说,曲别针可变成1、2、3、4、5、6、7、8、9等数字,变成A、B、C、D、E等英文字母,弯成俄文、拉丁文、希腊文等其他许多种文字的字母,也可弯成"+""-""*""%"等符号。又根据"直边""电""磁"等性质,曲别针可以用作导线、线圈,也可以制成指南针……曲别针的300种用途就是发散思维的结果。

2.聚合思维

聚合思维,又称收敛思维、辐合思维和集中思维。如果说发散思维是放飞想象,聚合思维则是回收想象,就像光线透过凸镜集中在一个焦点那样,从不同的方向和不同的角度,将思维指向这个中心点,对想到的许许多多新的设想进行过滤，加以筛选、组合，剔除其与主题不符之处，寻求与广告目标相吻合的最佳方案。

相对于发散思维，聚合思维是一种异中求同、量中求质的方法。只发散不集中，势必会造成一盘散沙或鱼龙混杂。因此，发散思维后必须进行信息筛选和集中，通过分析比较，选择出最有价值的设想和方案。

（三）顺向思维与逆向思维

1.顺向思维

所谓顺向思维，是指人们按照传统的从上到下、从小到大、从左到右、从前到后、从低到高等常规的序列方向进行思考的方法。这种方法平时用得最多，尤其是在对待常规性事物时具有一定的积极意义。但是，顺向思维的常规性容易形成习惯性思维，即思维定式，从而影响创新思维的开发。

2.逆向思维

所谓逆向思维，是一种反常规、反传统、反顺向的思考方法。法国大文豪莫泊桑说："应该时时刻刻躲避那走熟了的路，去另寻一条新的。"如果说顺向思维是我们平时走熟了的路，那么逆向思维往往能帮助我们寻找一条新路。广告大师艾·里斯在《广告攻心战略——品牌定位》一书中说："寻求空隙，你一定要有反其道而想的能力。如果每个人都往东走，想一下，你往西走能不能找到你所要的空隙。哥伦布所使用的策略有效，对你也能发生作用。"

有这样一个故事，伦敦某条街道上有三家裁缝店，由于竞争激烈，其中一家率先打出了广告——"本市最好的裁缝店"；第二家也不甘示弱，紧跟着也打出广告——"本州最好的裁缝店"；第三家见状也打出广告——"本街最好的裁缝店"。结果生意明显好于前两家。在这个故事里，第三家裁缝店的广告如果写的是"全国最好的裁缝店"，由全市—全州—全国，这是顺向思维，也是一般人常用的思维方式；但他写的是"本街最好的裁缝店"，别人都往大的方向想，他却往小的方向想，这就是逆向思维。但恰恰就是这种与众不同的逆向思维，使他的广告格外引人注目。因为无论你是"本市最好"还是"本州最好"，到了这条街上，就是"我"最好，自然对目标受众产生了吸引力。

四、创新是广告创意思维的先导

创新在广告创意思维中具有举足轻重的作用，是广告创意思维的先导，在具体的广告创作过程中表现为"原创性"。被誉为20世纪60年代美国广告"创意革命"三大旗手之一的威廉·伯恩巴克，结合自身创作提出了著名的"ROI"创意理论，认为好的广告创意必须具备三个特征，即关联性（Relevance）、原创性（Originality）和震撼力（Impact）。其中，原创性指创意的不可替代性，强调广告必须有所创新以区别于其他的产品和广告，广告创意应新奇独特、与众不同。没有原创性的广告，缺乏吸引力和生命力，不能从众多的广告中脱颖而出；同时，一味地追随与模仿别人的创意，往往只能为他人做嫁衣，最终避免不了失败的结局。

例如，感冒药品牌"白加黑"在强手如林的激烈竞争环境中能独辟蹊径，大胆创新，上市仅 180 天销售额就突破 1.6 亿元，一举位列当年感冒药市场的第二位，被业内称为"白加黑震撼"，其成功的秘诀源自产品的创新和极富创意的名称，以及简洁明快的电视广告。

"白加黑"是第一种只在夜用片中保留抗过敏成分，而日用片不再有嗜睡副作用的感冒药，它以"白天不瞌睡"为卖点，确立了"黑白分明，表现出众"的市场定位。广告创意简单明快，"白天服白片，不瞌睡；晚上服黑片，睡得香"，准确地传达了产品的市场定位，而且朗朗上口，容易记忆，使消费者对产品的功效有了清晰的认知。

另一个令世人瞩目的广告是"百年润发"电视广告，如图 3-1 所示，"文化气"和"商业气"在广告中结合得天衣无缝，融汇成中国情感的、中国式词汇的民族品牌，这与国产商品"洋名风""霸气风"形成鲜明对比，有助于加强受众对其的记忆程度，提高辨识率。在京剧的音乐背景下，周润发百年润发广告篇给观众讲述了一个青梅竹马、白头偕老的爱情故事。男女主人公从相识、相恋、分别和结合都借助周润发丰富的面部表情表现了出来：爱慕状、微笑状、焦灼状、欣喜状。而白头偕老的情愫是借助男主人公周润发深情地给"发妻"洗头浇水的镜头表现出来的。白头偕老的结发夫妻，头发，在中国历史上本身就有着深厚的文化内涵，此时配以画外音"青丝秀发，缘系百年"，然后推出产品"100 年润发，重庆奥妮！"——把中国夫妻从青丝到白发、相好百年的山盟海誓都融入"100 年润发"中。

图 3-1　"百年润发"广告

广告情节有助于消费者对品牌的记忆，绝大多数广告过段时间就会被遗忘，但人们会借助那些感人、有趣的故事情节，加深对品牌的记忆。"百年润发"出色的创意、优美的视听觉语言、精良的制作，使品牌形象在重复中加深，在加深中难忘。"百年润发"电视广告品牌形象的独特定位、商业特性和文化气质的完美结合以及带给人心灵的震撼，堪称具有中国特色的经典之作。

从上面这两个案例可以看出，创新性决定着广告活动的成败，体现了广告创意水准的高度。当然在实际的广告创作过程中，要使广告活动具有创新性，广告作品体现独创性，就必须从不同的侧面、相异的个体出发，塑造新的形象，深刻反映事物的普遍性，揭示事物的本质与规律。

第二节　联想思维拓展广告创意

当我们被一个个精彩的广告创意所深深吸引的时候，不禁会有所感触，它们的作者是多么厉害，他是如何产生这些奇思妙想的呢？其实广告创意并不神秘，也并非无迹可寻。只要掌握了正确的思维方法并养成了良好的思维习惯，很多人都可以创造出杰出的广告创意，联想思维就是其中一种非常重要的思维方法。所谓联想，是指由一个事物想到另一个事物。通过联想思维，你可以在完全放松的情况下，让内在的创造力瞬间爆发出来。奥美广告总经理庄淑芬说："产出创意的心田，人人都有一片。"播下联想的种子，就会收获良多。

一、联想始于观察

联想过程是需要对象的，一般情况下，联想的对象来自视觉观察的对象。要产生丰富的联想，必须借助有效的观察，一种开放式、多角度、全方位的观察。要知道，同一事物在不同角度下可能会呈现出不同的外形，给人的感觉也大相径庭。从一个平常人注意不到的角度去观察事物并加以联想，常常是产生新颖广告创意的前提。有的时候，我们可以通过动手去摆动一些物体，以改变它的形状，并尝试进行重新组合。比如书包，由于它是软的，除了任意摆动外，还可以任意折叠，这样它的形象变化就更大，可以进行联想的空间也就更广阔。在我们改变对象的过程中，可以尝试着把另一个对象的意和形，投射到手中的这个对象上，利用对象的某些局部，去接近另一个对象的局部。比如，利用书包的包口组织出青蛙的嘴，或是鳄鱼的嘴；拉链可以是鳄鱼的牙齿；等等。虽然书包还是书包，但已经变成像青蛙的书包，像鳄鱼的书包，书包变活了，似乎有了生命。如果我们为书包厂家做招贴广告，采用这样的方法来形成招贴的书包图形，像各种动物，如青蛙、鳄鱼、狗、兔、猫等，一定会更加吸引学生的注意力。这样的观察叫"可动观察"，是一种具有开放性和主动性的观察方法。值得注意的是，在可动观察过程中，联想是和观察同时进行的，观察的结果会影响联想，联想的结果又促使观察者通过动手去改造观察对象，从而得到新的观察结果。这样一个将联想与观察融为一体的过程可以引发无限创意。

二、联想的途径

概括地说，事物与事物之间的关联性主要体现在两个方面，即形的关联和意的关联，它们也是联想得以展开的有效途径。

（一）形的联想

在自然界中，很多物体虽然具有截然不同的属性，或者代表着不同的事物，但是它们的外形有着相似之处，如地球、车轮、苹果等虽然在事物属性上相距甚远，所呈现的意义也不尽相同，但它们都具有圆形的要素，这就构成了形态上的相似性。要进行形的联想，就必须敏锐地发现这些相似性，并对物形进行概括、归纳和提炼，然后以元素替换或多形同构的方式实现形的综合表现，综合之后得到的同构图形将极大地增强广告的视觉冲击力。

（二）意的联想

与形态的关联同理，许多事物的内涵虽然不尽相同，但是在发展规律、运动趋势或某种象征意义上却存在着相似之处，这就造成了意与意的关联。意的联想需要丰富的生活经验和深厚的修养，因此多积累生活素材、多读书是非常必要的。有时候，一件事物可能代表着多个意义，在联想过程中一定要把与事物相关的意义尽可能多地发掘出来，这样就更容易找到不同事物在某种意义上的共性，从而把它们连接起来。通过意的联想途径进行广告创意，我们可用一种事物的意义去表现另一种事物的类似意义，以唤起观众对过去某种情感或经验的回忆，使之对广告传达的信息产生认同感。

形的联想与意的联想虽然途径不同，却是相互交替进行的。如果殊途同归，发现两件事物在形和意上都具有关联性，那就是理想情况，很有可能会发展成为一个大创意。

三、联想遵循的规律

（一）类似联想

类似联想是依据事物之间的性质、情态、内容等方面的相似或相近而构成的联想。它是"借景抒情""托物言志"，是比喻、象征等艺术表现手法的心理基础，也是在广告创意中被广泛应用的联想方式。有一支获奖的药品影视广告给笔者留下了深刻的印象，它描述的是一队游客正在爬山，有一个人的胃病犯了，他拿出胃药准备服用，却一不小心将药片掉了出去，一直掉到山脚下的火山湖里。奇怪的是，这个刚才还在一直冒泡的火山湖突然间平静了下来，刚巧又有一队游客上山来了。导游介绍道："这是当地著名的火山湖，几千年来它一直在沸腾。"当他看到平静的湖面时，一下子呆住了。这支广告的创意者由人的翻腾的胃痛联想到冒泡的火山湖，运用的是类似联想中的扩展联想。对于广告创意来说，这种扩展不仅仅局限于具象事物之间，还可以由具象事物扩展深化到抽象层面，从而使创意更具深意。格式塔心理学家曾提出过著名的"异质同构"理论，认为外部事物（艺术形式）与人的内在世界之间存在着相同的力的模式，是一种同构对应关系，因而可以用外部事物（艺术形式）去再现人的内在情感与抽象思维。类似联想本质上就是一种寻找同构关系的联想，它不仅是人长期积累的丰富经验、渊博知识的产物，还要依靠人的大脑的生理基础去完成与客观事物间的感应与契合。

再如，在辣味番茄酱的广告中，"番茄酱"和"舌头"本是两个相异的事物，分别属于不同的领域，没有什么相似性，但广告通过创造相似性，将两者联想到一起。瓶口流出的番茄酱犹如伸出的舌头，两者在形状上相似，且舌头和番茄酱在颜色上也相似。这两种相似通过创造性的想象联系起来，以调动人们的视觉、味觉两种感官感受，使人们通过对舌头的视觉感受，似乎也体会到番茄酱的辣性。这则广告通过视觉形象和心理感受两个层面的相似联想实现了人们对产品品质的认知。在广告创作中，这种相似联想存在于多个层面上：有主观的，也有客观的；有视觉、味觉、触觉、嗅觉、听觉等感觉层面的，也有通过语言层面的词语的谐音、构型等方面实现的。

（二）因果联想

因果联想源自"因果律"。"因果律"是指对逻辑上存在因果关系的事物产生的联想，所以因果联想是由一事物想到和它有因果关系的其他事物的联想方式。客观世界各种现象的相互依存性、联系性和制约性，构成了它们之间的因果关系。某个或某些现象的发生，引起另一个或一些现象的发生，就是因果关系。比如，早晨看到地面潮湿，会联想到昨天晚上可能下过雨。

在广告创意中，这种因果联想通常表现为两种情况。一种情况是经常用来揭示某种产品可以满足消费者的某种需求，把产品传达的核心观念和消费者的需要观念联系起来，以突出产品独特的个性，达到促进销售的目的。比如，凤凰自行车针对青少年消费群做的广告：通过调查得知，当代青年具有一种想长大成人以追求新生活方式的强烈愿望的特点，将广告口号设定为"独立，从掌握一辆凤凰车开始"，帮助消费者把产品与其自身需要联系起来，效果较好。又如，有一支头痛药的平面广告，画面上是一楼到四楼的门牌，一楼住着约翰夫妇，二楼到四楼分别是舞蹈学院、男声合唱团和超级体育馆。住在这样的环境里，约翰夫妇的烦恼可想而知。这则头痛药广告揭示的哲理是生活中处处充满使人头痛的事情，所以一定要买头痛药。第二种情况是展示结果，一种不合逻辑的极度夸张的结果，让观众在震惊之余去联想原因，而这个原因恰好是广告的诉求点，即产品的功能所在。例如，李宁运动用品的平面广告，小鱼追着大鱼跑，大鱼的尾巴还被小鱼咬了一块下来。都说大鱼吃小鱼，可这条小鱼用了李宁牌的运动用品来健身，变得非常强壮，连大鱼都敌不过它了。

（三）对比联想

对比联想来源于"对比律"。"对比律"是指对性质和特点相反的事物产生的联想，所以对比联想是指由一事物的感知或回忆引起与它具有相反特点的事物的回忆，从而设计出新项目的一种联想方式。比如，由朋友想到敌人，由虚伪想到真实，由战争想到和平，等等。

对比联想是加深对事物性质和特点的认识的一种有效思维机制。在广告创作中，为了让消费者对产品产生良好的认知效果，在进行广告创意时，运用对比联想是一种常见的表现产品特点的思维方法。通过产品使用前后的效果进行对比，是广告创意经常使用的一种手段。例如，人在沙漠中的干渴状态与喝了消暑饮料的状态进行对比，使人明显感觉到饮料的突出效果。另外，在具体的作品表现中，对比联想思维也处处可见。比如，金纺柔顺剂广告，画面运用不同性质和属性的视觉元素进行对比，"使带硬刺的仙人掌变成柔软的毛袜"，来形象地说明产品的柔顺效果好。某些药品和牙膏、化妆品等产品广告，为了强调产品的作用和功能，常以使用此产品的前后状态进行对比。为了突出特点和引人注目，广告中应用最多的是颜色、大小、质地、虚实等对比。例如，装配玩具的平面广告，既然要表现"装配"，就干脆用"打散""破碎"的形象来表现，所以广告中会出现摔碎的西瓜、灯泡等，观众乍一看去觉得很可惜，再仔细一看，原来都是装配玩具，在等待着被重新装配起来，不禁会心一笑。

（四）接近联想

接近联想源自"接近律"。"接近律"是指对时间或空间上接近的事物产生的联想，所以接近联想是由一事物联想到在时间或空间上相接近的另一事物的联想方式。比如，节日与礼品是时间上的接近，提到节日很容易联想到礼品，而河与船是空间上的接近。由于时间和空间是事物存在的形式，所以时间上接近的事物，总是和空间上接近的事物相互关联，反之亦然。广告中应尽可能地用这一规律把事物之间在时空上的接近关系表现出来，以利于唤起消费者与此相近的想象。

例如，某鸡蛋广告，要想表现鸡蛋是"新鲜"的主题，可能想法和创意不胜枚举，但是如何利用空间接近和时间接近来使消费者联想到"新鲜"的特征呢？我们可以设想这么一个画面：一个稻草窝边，放了两三个鸡蛋，其中一个鸡蛋的蛋壳已经破裂，流出鲜黄的蛋液，从稻草窝往远处的画面是带有蛋液的鸡爪子走向远处的爪印。这个创意很好地利用了接近联想，从"新鲜"想到鸡蛋的来源，又想到了稻草窝，由稻草窝想到母鸡刚下的鸡蛋，这是一种空间接近；画面则向人们传达了这样一层含义，笨手笨脚的母鸡产完蛋后，离开时不小心将一个鸡蛋打碎了，从而留下了清晰的、带有蛋液的、尚未干的爪印，这体现了时间上的接近联想。

香港设计师李永铨曾设计过一个刚古纸设计比赛的招贴广告，广告的主体形象是一只青蛙。李永铨设计师在创意发散过程中运用了接近联想，他觉得凡是参加设计比赛的人都希望有所收获，可以将"收获"作为广告的核心概念。那么，用什么形象可以生动地表现"收获"，而又不落俗套呢？李永铨想到了青蛙，因为在乡村，青蛙的叫声意味着收获季节即将到来，青蛙与收获是时间上的接近，于是一个新颖的广告创意便诞生了。

总之，联想是一种重要的创意思维方法，它拓展了广告创意思维的空间。在广告创意中，经常用联想来引起消费者的注意，帮助他们记忆，延长广告在消费者心目中持续的时间，并影响他们的情绪，促使消费行为的产生。联想有很多层面，广告创作不能只停留在简单的联想层面，这样容易造成作品的雷同，要想产生与众不同的效果，就要找出事物之间深层次的联系。同样，联想的方式也是多种多样的，采用什么方式，联想什么，不联想什么，与广告创意人员联想能力的高低有关，而作为广告创意人员，联想的能力需要长期训练才能形成。

第三节　幽默思维解放广告创意

随着市场竞争的加剧和技术的进步，传统的直述式的广告表现方式越来越难以调动消费者的情绪，各种创意手法层出不穷。在众多的广告表现手法中，幽默的创意方法成为衡量创意水准的一个重要指标，如历年的戛纳、克里奥、纽约等广告大奖的获奖作品多属于运用幽默手法的佳作。幽默法在广告创意设计中巧妙地再现戏剧性的特征，抓住生活现象中局部性的东西，通过人物的性格、外貌和举止或动物的某些滑稽可笑的特征表现产品或观念信息。幽默创意的特色是追求最大的戏剧效果，在取悦受众的同时传达广告的诉求。

幽默广告也以其风趣、轻松、诙谐、充满乐趣等特点，被越来越多的消费者所接受。幽默广告在逗人发笑的过程之中，将产品的信息深刻地印在消费者的脑海中；同时，在一种轻松的氛围中，得到消费者的认同。广告大师波迪斯认为，"巧妙地运用幽默，就没有卖不出去的东西"。虽然此说法有些夸张，但也确实反映出了幽默广告的魅力。

一、幽默及其特点

从广告创意以及思维的角度，我们可以这样来理解幽默：幽默是微笑的护照，它是通过影射、讽喻、双关等修辞方法，将广告的信息用诙谐的方式表达出来，使人们在轻松和愉悦中感受到其深刻的内涵。广告作品如果以某种有趣的、有悖于常理的情节引人发出会心的微笑，就可以称之为幽默广告。幽默广告是以笑为中心的重要表现形式，这和当代广告注重娱乐、艺术和美的发展趋势是一致的。

幽默常会给人带来欢乐，其特点主要表现为含蓄性、机智性、趣味性。

（一）含蓄性

含蓄性是指幽默经常通过曲折隐晦的语言形式，把自己的思想观点暗示给对方，而不是直言正意。幽默不仅是制造一些简单的笑料，还包含着某种只能意会不能言传的寓意，需要人们去领悟，去深思。在幽默中，人们经常先将自己要说的意思深藏起来，用旁敲侧击的方式点到为止，把真实意图留给对方去揣摩。幽默的含蓄性也体现了受众极大的参与性与互动要求。如果把自己的意思直接说出来，就不会有幽默效果的产生，也会降低受众的参与度。

（二）机智性

机智性是指幽默在一瞬间产生的化险为夷、化劣势为优势、反败为胜的睿智表现。我们有时会面临一些尴尬的、危急的、剑拔弩张的局面，在这些情况下，智商高的、随机应变能力强的人往往会急中生智，快速巧妙地扭转局面。幽默对机智性要求很高，既要求有诙谐可笑的形式，又要求注重内容与形式、主体与表现的统一，因此幽默能力与人的智商成正相关关系，幽默也是人类智慧的结晶，是一种高级的思维能力。

（三）趣味性

《幽默与人生》的作者卢斯飞说："幽默是一种特性，一种引发喜悦，以愉快的方式娱人的特性。"幽默所带给人的笑是微笑，是以曲径通幽的方式，使人产生含蓄、会心的笑，它表达的意义更深刻，看似简单的三言两语，却妙趣横生，带有一定的哲理性，能使人在轻松愉悦中领悟到其中蕴含的智慧和哲理。同时，幽默是一种调味剂，也是一种轻松、自信、豁达的表现，还是一种良好的调适与休息，使人在笑声中释放情感，获得美的享受。

二、幽默思维的特征

幽默作为一种特殊的思维方式，与一般常规的思维方式不同。常规思维是人们依据常理和习惯而进行的定向思维。幽默思维是一种辩证的超常规思维，或者说是一种特殊的辩证思维。只有发掘出幽默思维的独特性，才能解开幽默的神秘面纱，从而在实践中更好地运用它。幽默思维具有不同于常规思维的特点，与常规思维相比，幽默思维的特征主要体现在以下几个方面。

（一）似是而非性

幽默思维的似是而非性主要表现在内容和形式的相悖中。从形式上看，幽默语言的形式与内容的表达总是不一致的，其互相背离甚至相互矛盾；从内容上看，它们又是相一致的。幽默思维体现在表达形式上的相悖与内容实质上的有机统一。幽默思维具有一定的欺骗性和巧妙性，它致力于拉近形式的合理性与内容的荒诞性之间的距离，即以看似正确的思维形式来表达荒诞的思想内容。

（二）超越常规性

幽默思维是对常规思维的超越或背离。幽默思维不像常规思维那样，能进行理性的推理和论证，所以幽默思维中也有推理和论证的成分，但并不是企图确立论断的真实性，而是以荒诞的方式博得人们的开怀大笑。只有对一个问题做出新奇巧妙的解释，才能在前后言语、前后因果之间，造成一种不合常理的、出人意料的艺术效果。如果从常规、理性出发，我们得到的就是科学认识，幽默的效果就表达不出来。例如，苏东坡为朋友的诗打十分，问其原因，他解释道"七分是读，三分是诗"，加起来刚好是十分。在常规的思维中，十分就是说他的诗写得非常好，但是苏东坡的这种解释超越了常规思维，充满了智慧和幽默，得出了出人意料的新解，博得人们一笑。

（三）科学合理性

在幽默中，常常表现出一种"大智若愚"的特征。幽默思维看似是对常理的超越和背离，"却不是在混乱中失去了日常的理性，而是沿着理智的轨道带我们到荒诞之地寻游一番"。幽默思维对常规常理的超越与背离不是任意的、诡辩式的，而是存在某方面辩证性的合理因素。所以，在幽默中，超越常规性与辩证合理性是统一在一起的，幽默总是看似很愚蠢，实则体现大智慧、大道理。比如，有这样一个定义："专家就是那些对越来越少的事情知道得越来越多直到最后无所不知的人。"照此定义，无所不知的人实际上是毫无用处的人，定义者是多么的"愚蠢"，但是那种极力吹捧的幽默却是高明之至。

（四）拓宽思考性

幽默思维使人们运用智慧的思想触动高度发达的情感，深厚的沉思使曾经淡化的真挚情感有所倾注，促使消费者领悟到它所表达的真实概念和态度。虽然广告幽默的深刻性较之纯艺术幽默要浅一些，但广告幽默超越了一般理性探求而带有哲学的沉思性，因而其所达到的深度还是相当高的。

（五）联系情节性

幽默有很强的戏剧内容，表现到广告中具有亲切呼唤的感召力。现代广告内容的情节形式很多，大多数具有很深的观赏性。含有一些幽默情节的广告，很能发挥广告的威慑力，使广告的情节素材充满浓郁的情感，可以激发人们的热情和对生活的热爱，在情感交融中使消费者认可广告中的产品。

（六）展现温和性

广告在宣传产品时，有时会通过感性的魅力来说服消费者购买产品。日本广告艺术设计师松井桂三说过："情感经常是一种在广告设计中不可缺少的元素，它能够把观赏者的心吸引过来，让他们得到全新的感受。"幽默的广告往往表达出温暖、祥和、友爱等人间真挚情感，以达到显著的广告效果。

三、幽默思维的广告表现

在具体的广告创意表现中，幽默思维颠覆了大众的惯常思维，利用戏剧化的手段，吸引人们的注意力，调动人们的情感，使人们产生联想，从而对广告信息产生清晰而持久的记忆。幽默思维在广告中主要体现在两个方面：一是含蓄但十分耐看的故事；二是出乎意料的结局。幽默思维具体表现在对夸张、荒诞、比喻、诙谐、拟人等手法的运用上。

（一）夸张

幽默通常伴随着一定程度的夸张，夸张的手法可以增加整个广告的幽默感，让人看过以后在觉得轻松愉快之余，达到传播产品信息的目的。幽默广告中的夸张要戏剧性、巧妙地再现产品的特征，抓住生活中的特有画面，夸大或夸小，运用似是而非的逻辑推理，以变形的方式来表现事物的特点，给消费者一种幽默的感觉。当然这种变形要和产品的特性联系在一起。

例如，德国WMF厨具是以高品质和种类齐全著称的，其刀具更是成为世界上最硬的和最锋利的厨房刀。其平面广告画面是这样的：刀架被切开，刀滑落在地，你见过这么锋利的刀具吗？广告通过夸张的表现形式来反映刀具的锋利。

（二）荒诞

荒诞就是虚言，不足为信。荒诞是一种审美形态，广告中经常采用荒诞的、离奇的、反常规的创意来创造幽默和戏剧性效果，增加广告的趣味性，使人们在开怀大笑之中，对广告产生好感，从而加深对产品信息的印象。

例如，挪威 BraathensASA 航空公司的广告创意，戏剧性十足。故事讲述的是一个红胡子的男人一边急匆匆地赶路回家，一边憧憬着与妻子亲昵，从门缝中看到妻子坐在屋里，他便迅速地脱光衣服，嘴里叼着一朵玫瑰花。但是，打开门后，发现旁边还坐着岳父、岳母，他们正在和妻子一起喝茶。岳父、岳母意外地获得了航空公司的半价机票，便远道而来了。画面中一个茶杯巧妙地挡住了受众的视线，但是一家人惊愕、尴尬的神情显而易见。这则广告生动有趣，有些荒诞但形象地反映了人们因一时冲动的旅行所带来的兴奋与意外，这些都是拜航空公司所赐。这则广告很好地证明了幽默为什么是广告信息传播中一个不可或缺的因素，因为无论是戏剧化地表现人们的需求，还是暗示某种治疗感情伤害的温和的方式，幽默广告都以其生动的、让人难忘的方式与受众产生共鸣。

（三）比喻

比喻是幽默广告常用的修辞手法，是通过事物之间的相似点，把一个事物与另一个事物联系在一起，用熟悉的事物来解释不熟悉的、抽象的事物的一种修辞方法。幽默广告中的比喻手法要求有丰富的想象力，联系在一起的两个事物之间的跨越性越大，涉及的经验层面越不相关，反差越大，越能产生强烈的幽默感。

例如，沃尔沃汽车的"耳光篇"是以比喻的手法将人的两腮比作沃尔沃汽车的两侧，以耳光的击打比喻来自汽车两侧危险的冲撞，用鼓起的双腮比喻沃尔沃汽车座位两侧配有安全气囊可供缓冲，同时把每次的击打配以汽车的急刹车声音。比喻恰当而且别出心裁，诉求清晰有趣，令人拍案叫绝。

（四）诙谐

幽默的广告通常采用诙谐的表现手法给人一种搞笑的效果，引起受众的注意，从而使消费者对产品产生兴趣，激发其购买欲望。

Wallis 服装广告就是十分著名的幽默式广告。画面中展现了潜在的危险：汽车撞坏了栏杆即将掉入河中，理发师即将割破客人的喉咙。为什么呢？因为他们都被穿着 Wallis 服装的美女而吸引。通过广告中的幽默情节，诙谐地告知人们 Wallis 服装的诱惑与迷人。有些不可思议，却又在情理之中，因为每个人都追求美的事物，也自然而然地因为"美"而闯祸。

（五）拟人

拟人主要是指利用动物模拟人的行为，从而达到幽默的效果，动物搞笑远比人搞笑更能吸引人。给黑猩猩戴上墨镜，再叼根烟；让熊猫穿上内裤；等等。这种幽默效果可想而知。

例如，"百威"啤酒的狗与骨头篇广告。主人喜欢看的电视节目开始了，但无奈他的宠物大狗牢牢地占着电视机前的座位，看来是宠物狗也看到了自己喜欢的节目。无奈之下，主人灵机一动，拿了一只骨头来诱惑狗，可爱的大狗终于敌不过骨头的诱惑和人类的智慧，从电视机前跑开了。主人得意地坐到了电视机前，心里也许正为自己的聪明沾沾自喜。孰料这时，他的大狗叼着一桶"百威"啤酒跑出来了，这正是主人的"软肋"，主人连忙追了过去。聪明的大狗趁机又稳稳地占住了电视机前的座位了。一场狗与人之间的智慧较量，将人对"百威"的喜爱轻松又形象地表达了出来。人可以用骨头引诱狗，狗就能用啤酒诱惑人。创意者就这样幽默了一把，将这种对"百威"啤酒的喜欢生动地表现了出来。

（六）戏剧

有的幽默广告，与其说是一则广告，不如说更像有情节的戏剧。我们来看宝利来照相机的广告片段。一个杂物桶翻倒在地，桶里的东西乱七八糟地散落一地。女主人指着狗说："你是个坏狗。"狗满腹委屈，无以申辩。猫却在一旁悠然自得地舔着爪子。女主人收拾整理后出门了，猫又开始翻动杂物桶，把桶里的东西又弄得散落一地。这时，狗看在眼里，愤恨不已。忽然，狗灵机一动，用宝利来照相机拍下了现场情景。等女主人回来时，狗叼着相片送给女主人。女主人恍然大悟，原来是猫干的坏事，却冤枉了狗。其间，打出字幕：宝利来一次成像技术，捕捉瞬间机会。这则广告片，巧妙地利用了传统卡通片的手法，幽默风趣地表现了宝利来相机易操作的特点：快捷反应的一次成像技术，可在第一时间让你获得所需要的瞬间。广告片没有喋喋不休地介绍宝利来照相机的工作原理，而是在轻松愉快的氛围中介绍商品特色，使消费者心领神会，留下难以忘怀的印象。又如美国《时代》周刊的征订广告，绘画别开生面：猎人把双管猎枪扔在地上，竟在野外悠然自得地读起《时代》杂志来，而高大的梅花鹿也戴上一副眼镜，在猎人身后偷看杂志。画中只有一行字："没有其他时间能像现在这样读书了。"其画意一目了然：《时代》太精彩了，使猎人忘了打猎，鹿也忘了吃枪子儿的危险。这个幽默的广告由于具备极强的戏剧性和幽默感，深受广大消费者的喜爱。

四、广告创意中幽默思维的作用

（一）易于认可

幽默的广告主要是用特殊的创意手法及特殊的情景，有效缓解受众精神上的压抑，排除其对广告的逆反心理，让消费者在轻松、愉快的氛围中接受广告。幽默的广告是跳出严肃、古板的紧张气氛，来展现发自内心的、让人回味的微笑。例如，一个轮胎公司的广告语："任劳任怨，只要还有一口气。"惟妙惟肖地运用中国人特有的幽默内涵，紧扣产品核心功能，让消费者牢牢地记住这句广告词。又如一则奔驰车广告。一辆奔驰车在一条街上开过来，随后展现七个场景：第一个场景是一位美女打开化妆镜，镜子反射到了奔驰车，美女目瞪口呆，眼睛变成了爱心的形状，完全忘记了自己在照镜子；第二个场景是一男子看到奔驰车后，像天使一样着迷地跳着芭蕾舞姿势飞了起来；第三个场景是马路边的停车投币亭望着缓缓开来的奔驰车随之扭动起身体，结果钱口扭开，不断往出喷钱币；第四个场景是货架上的茶壶看到后也欢快地起舞，吹着口哨；第五个场景是牵着花斑狗的女人，裙子上的黑点变成了爱心飞了出来，花斑狗也跟着竖起了耳朵；第六个场景是正在喝茶的夫妇，看到奔驰车后眼睛像弹簧一样弹了出来；最后的场景是站在马路上的警察看到后，耳朵像喇叭一样发起了鸣叫。这一整个片段场景，具有夸张而幽默的特点，表现出消费者对奔驰的肯定和对美好事物的向往。

（二）印象深刻

幽默的广告在当代社会风靡还有另外一个重要的作用，即令消费者无意中受到感染，改变枯燥的表达方式，在轻松的瞬间领会隐藏的含义。幽默广告与其他类型的广告形成鲜明的对比，用抽象的艺术元素、精练的语言含义及耐人寻味的情节，触动人们被压抑的神经，使生命产生了活力，从而接受广告的宣传。例如，金龙鱼广告片情节是妻子在家做饭，丈夫着急地跑过来对妻子说："广播里播出油要换着吃。"妻子告诉他不用换；然后儿子又过来对妈妈说："老师告诉了油要换着吃。"妈妈微笑地对儿子说不用换；之后，坐在一边的爸爸又对做饭的女儿说："报纸里刊登了油要……"还没等爸爸说完，女儿马上说："不用换，一瓶金龙鱼调和油，就有 8 种营养，8 种植物油配方，帮助人体达到 1：1：1 膳食脂肪酸均衡"。随后，屏幕上显示"1 瓶尽享 8 种营养"。此广告创意以既幽默又科学的方式表达出食物的使用价值，具有极强的说服力。

（三）提升品位

幽默一词的意思并不仅仅是有趣、诙谐，更有意味深长的含义，好的幽默广告也绝不仅仅是博众人一笑而已。一个优秀的幽默创意富有丰富的感情与深刻的智慧，它的运用能提升广告的艺术性，拓展广告的思想深度，深化广告的情感积淀，是可以点石成金的神来之笔。幽默广告虽然短小精悍，但其所需要的外在剧情、视听表现和情感的表达手法以及各种艺术表现方式的运用等缺一不可，可谓"麻雀虽小，五脏俱全"。这使幽默广告的艺术性和感染力并不逊色于其他艺术表现形式，而且由于广告媒介的多样性、灵活性，在某些情况下，甚至具有其他艺术表现形式所不具备的优点。成功的幽默创意广告可以称为真正的艺术作品，是经得起推敲和品味的。

（四）贴近心理

幽默广告的特点使其相较于其他广告创意更容易引起人们的兴趣，因其轻松气氛的烘托、轻快基调的营造，人们可以在没有任何压力和不安的感受中接纳其中隐含的商业信息，是一种将商业广告的功利棱角柔和化的有效方式。在生活节奏日渐加快的"速食"时代，人们面临成倍增长的社会压力，需要在有限的时间内有效地获取信息，在最短的时间内得到感情的疏解。无法触动消费者某种特殊情绪的广告极易被视为占用并浪费广告观众享乐时间的"凶手"，这一认知会使这种厌烦情绪蔓延到产品本身，对产品的营销造成不利的影响。广告创意若要在繁多的广告作品中脱颖而出，则必须能够有效直达人们内心，打消人们对日常生活和休闲娱乐生活中穿插的商业手段的本能厌恶，而可以将广告同样视为一种休闲娱乐的方式，并从中享受广告带来的乐趣，当然前提是广告创意可以达到这种水准。由于广告形式灵活、媒介多元，人们可以从很多途径有意无意地获取这种能让人放松精神的信息，不需要太多的时间和金钱投入，就能收到不错的舒缓情绪的效果。因此，好的幽默创意就像一剂缓解疲惫的良药，能让人在极短的时间内获得心灵上的愉悦享受，是一种性价比颇高的娱乐形式。

总之，幽默思维体现了广告创意戏剧性的一面，它以轻松愉快、引人发笑的调子，消解了广告直接劝说、敦促购买的功利印象，消解了消费者对广告的排斥与抗拒心理，使他们在兴奋、愉快的情绪体验中，对广告产生深刻的印象，进而对广告及品牌形成良好的认知。当然，广告创意也不能滥用幽默，先要考虑目标受众的情况，同时应该将产品的特性与广告的幽默点完美地结合起来。另外，需要注意的是，不是任何产品都适合进行幽默型的广告思维。一般来说，理性成分少、感性特征突出的产品，如软饮料、糖果、餐饮、旅游、娱乐、玩具等产品，适合幽默的广告思维；而高理性产品，如与生命、资产、汽车等有关的产品，则不适宜进行幽默型广告创意。

第四节　逻辑思维深化广告创意

创意一度被称为广告的灵魂，广告界盛行的观念是创意至上，如今众多的广告奖项，大部分都颁发给了富有创意的广告，这样的观念和趋势使人们对广告创意达到前所未有的重视。广告设计师在创作的过程中，为了追求新奇的创意，将着眼点放在了新奇、刺激、震撼等因素上，而往往忽视了对基本常识的展示，忽略了广告对最简单的逻辑关系的表达，也使人们对广告创意思维产生了片面化的认识。在广告创意活动中，应该将逻辑思维和形象思维结合起来，共同促成创意的产生。

一、广告创意思维的逻辑规范

在日常生活中，我们看到的广告作品大都是以形象的、直觉的、感性的形式表现出来的，似乎没有多少理性的、逻辑的因素在里面，其实这是一种表象的误导。事实上，广告创作离不开逻辑思维的推理与分析，需要科学理性的指导。

著名的 USP 理论的提出者罗瑟·瑞夫斯就坚持主张科学理性的因素对广告创意的逻辑规范和制约，他认为，任何销售主张的提出，都应该建立在科学的数据分析和严密的市场调查基础之上，倡导广告是科学的创意理念。与他持有同样观点的广告创意大师大卫·奥格威也崇尚实证的科学精神，甚至连和他们主张相反的"艺术派"的代表人物威廉·伯恩巴克也并不排斥科学理性的作用。

逻辑思维不同于形象思维，它是用科学的抽象概念揭示事物的本质，来表述认识现实的结果的，所以它能使受众对广告的认识从感性认知上升到理性认同，从而增加广告的说服效果。

　　例如，某公益平面广告，通过对人的脸颊、眼睛和头发的特写，再现城市垃圾对人的容颜和形象的损坏，使人对城市垃圾产生感性的认知，广告文案"你能承受吗？"以反问的语气引起人们的理性思考。该系列广告以清晰的逻辑思维和有力的逻辑推理告诫人们："保持城市清洁卫生就是保护自己的脸面。"该广告使人们对城市垃圾的危害从画面的感性认知上升到保持城市清洁这一理性认同。逻辑思维的运用大大增加了受众对广告内容的理解力。

二、广告创意规范的三种逻辑形式

　　根据逻辑思维的定义，逻辑思维主要以概念、判断和推理三种形式来对客观事物进行认知，所以广告创意思维的逻辑规范也是围绕这三个方面展开的。

（一）判断要恰当

　　判断就是对事物有所断定的思维形式，反映的是概念与概念之间的关系，对某种事物做出肯定或者否定是判断的显著特征。具体到广告创意，就是广告要通过严密的逻辑语言，建立起概念之间的合乎逻辑的关系，以促成消费者对企业的产品形成有利于企业的判断。一个典型的例子是嘉士伯的"可能是世界上最好的啤酒"。这是一个比较恰当的判断，因为没有把话说得太绝对，所以不会引起消费者的反感。

（二）推理要符合逻辑

　　推理就是根据一个或几个已知判断推出另一个新判断的思维形式。要保证推理能获得正确的结论，必须同时具备两个条件：一是前提要真实，二是推理形式要合乎逻辑。演绎推理要求前提和结论之间相互关联，同时要有充足的理由来得出结论。尽管归纳推理和类比推理不要求前提与结论之间必须具有必然关系，但作为寻求结论的目的而言，我们主观上还是要求尽可能地由前提导出可靠的结论。

　　在广告创意过程中，演绎推理对广告创意思维的制约不仅表现在法律法规、广告规律对创意的制约上，还表现在对实验、观察、调查所得的事实的归纳推导和总结（其结论是广告创意的现实依据）以及在表现过程中对素材、表现元素的归纳两方面。

（三）概念要明确

概念在广告创意中最直接的作用是确定广告的核心概念。广告核心概念是广告诉求的关键点，具有穿针引线的作用，连接广告策划和创意以及广告的具体表现形式。广告核心概念的提炼需要严谨的逻辑思维，它是建立在创意人员客观调查、深入研究、比较分析的基础之上，归纳总结出来的明确的、精练的、富于感染力的逻辑思辨成果。

三、广告创意的逻辑表现

（一）广告语言表述鲜明准确

广告语言是传达广告内容的文本信息。广告语言要表达准确，没有歧义，语句要符合逻辑和客观存在，要避免不良的引申义，语句要围绕信息内容准确无误地展开。

例如，"农夫山泉有点甜"的广告语表述严谨准确，"有点"客观地表达了农夫山泉的水质特点，符合科学事实，不夸大，不吹嘘。同时，广告语言的准确表述还体现在语句中所蕴含的逻辑推理上。该广告语给消费者传达了一个隐含意义，农夫山泉是一个无污染又含微量元素的天然水品牌，继而让消费者将它和水缺乏人体所需微量元素的纯净水进行比较。该广告语通过严谨的表述引起了消费者的理性思考和逻辑推理，最终促成了消费者的选购。

（二）对广告信息组合的逻辑推理

广告信息是广告要传达给消费者的具体内容，是广告的主体，也是广告受众直接接触到的关于产品的信息。广告能否打动消费者，关键体现在广告信息的逻辑推理上。只有具备推理性的广告，才能引起消费者的深入思考，才能加深其对广告的理解和记忆，最终获得消费者的认同。

第四章　新媒体创意与文案创作

第一节　创意思维的培养

一、创意思维缺失的根源

在我们的日常生活中，无时无刻不在进行创造性思考，每个人都有与生俱来的创造能力。那么，问题来了：什么使一些人比其他人更有创造力？最新的一项研究显示，一个人的创造性思维能力的迸发与以下几个因素的形成有关。

第一，既有习惯的强力束缚。一个人的上班路线、食物喜好、阅读兴趣等习惯都不是一朝一夕所培养出来的，这些单体"固有化"的习惯培养难度较大，且转变难度系数更高。

第二，问题意识极度匮乏，对于事物的认识较为固定。天是蓝色的，树是绿色的，这些已成为固有观念，人们很少提出"为什么"。相较于成年人，孩子的创造能力较强，主要是由于孩子善于对未知问题进行求知和探索，并且在这一过程中个人对问题的思考能力得到了系统训练，成年人则倾向于接受既定事实。

第三，时间方面的压力较大。由于大脑长期处于"非使用"状态，不存在所谓的"急智"，人体的大脑宛如流水线上的机器，若长时间不运转，便会"生锈"。

第四，缺乏直面失败的勇气。与其面对失败的痛苦，不如不去尝试。但是，是不是忘了"失败乃成功之母"？没有失败的痛苦，哪有成功的喜悦？

第五，过分看轻自己。对自身能力缺乏自信，这一心态成为前进路上最大的阻碍。成功人士的首要标志就是心态成熟自信。一个人如果心态积极、乐观地面对人生，乐观地接受挑战和应付各种麻烦，那他就成功了一半。

第六，逃避他人指正和批评。有的人特别爱"面子"，生怕在别人面前出错，那样就会丢面子，这其实也是不自信的表现。

第七，未找到突破口，尚未发掘潜能。人的潜能是巨大的，一旦被压抑的能力通过一定的方式被释放出来，其能量将源源不断。但是，能量爆发的前提是个人要有意识地、主动地进行实践，挖掘自身的潜能。只有这样，才能在无数次的尝试中发现一丝曙光，这种喜悦便是创造者不断迸发创意灵光的动力。

美国心理学家托兰斯（Torrance）1981年的研究表明，具有高水平的创造力的超常儿童具有以下的特征：

一是有很多想法，能洞察事物之间的微妙关系，尤其爱幻想和假设；二是思考灵活性高，喜欢按自己的意思把事物或物品分解和重构；三是能同时思考不同性质的问题，常跟人分享自己发现的新事物或发明的产品；四是不按常规做事，能从多角度思考问题并提出独特的解决方法；五是善于表达情感，有丰富的幽默感；六是对感兴趣研究的事物有特强的耐性，喜欢探索难题；七是有艺术才华，充满活力；八是对复杂、神秘、不寻常的事物特别感兴趣并会主动研究。

根据托兰斯的研究，以下的结论很重要：创造力与智力的相关甚低，创造力的培养可通过教学获得；创造力并非超常儿童所独有的，一般儿童也有这样的潜能。

二、培养创意思维的途径

创意思维不是朝夕之间就能养成的，如果想要打开脑洞，就必须找到方法。当一个幼童成长为成熟的个体，逐渐适应社会，适应群体生活，他的思维就会获取社会规范的信息，以保证他在社会里能够良好地生存，但也将受到严重的制约和阻碍。人的惰性往往是一切成功的最大障碍。随着年龄的增长，人们开始对事物麻木，信奉一些信条，甚至摒弃思考。人们也在对社会百态的不断宽容中放弃了自身创造性的追求。因此，当我们重新审视创意思维，并力图重新激发和培养时，常感觉困难重重。但是，遵循以下途径或许可以激发我们的创意性思维。

（一）树立独立意识，摆脱从众心理

从众心理是指个人受到外界人群行为的影响，而在自己的知觉、判断、认识上表现出符合公众舆论或多数人的行为方式。从众心理是大部分个体普遍具有的心理现象，只有很少的人能保持自己的独立性。通常情况下，多数人的意见往往是对的，少数服从多数，一般也是不错的，但是在创新活动中缺乏分析，不进行独立思考，不由自主地赞同或屈从于某个群体的意志是不可取的。让自己的思维沿着他人的轨道运行，限制自己的思维，减少新"主意"产生的机会，这是一种消极的"盲目从众心理"。古今中外的伟大发明者和创新者没有一个是屈从于群体思维或盲从于他人思维的。

（二）树立怀疑意识，摆脱权威心理

权威心理是以某权威人士的言行作为判断是非曲直的唯一标准。在学术领域，不少人习惯于引证权威的观点。一旦与权威相违背，认为其必错无疑，这就是权威心理的体现。只有突破权威心理的束缚，大胆怀疑，才能推陈出新。荣获 1979 年诺贝尔物理学奖的美国科学家温伯格告诫人们，"不要安于书本上给你的答案，要去尝试下一步，看看能否发现什么与书本上不同的东西，这种素质可能比智力更重要"。

（三）树立系统意识，摆脱偏见保守

科学学的奠基人贝尔纳说："构成我们学习最大的障碍是已知的东西，而不是未知的东西。"这句话对于创新同样适用。我们要有能力忘掉已知的东西，否则我们的脑海中塞满了既定的答案，那就不会有机会提出一些能引导新方向的问题。由于这些心智枷锁都是学习得到的，打开心智枷锁的关键就是暂时忘掉它们。已知的东西往往会形成前进的障碍，由于对他人的创新缺乏正确的理解，结果会将与自己有关的创新机会拒之门外。同时，偏见往往产生刻板性，表现在思想的保守和对外在变化的排斥。这种思维的落后和保守，缺乏对问题的感知、探索和批评，是影响创新力的人格变项。只有善于忘掉已知的东西，才可能更多地得到未知的东西。知识是创新的必要材料与基础，然而仅仅从知识本身来说，并不会使一个人具有创新力。创新需要灵活运用已知的知识，创新也需要突破原有的知识，在"突破"时，就不能受原来条框的束缚，这才是"善于忘却"一些已知的东西的本质含义。因此，从创新的角度来说，善于忘却是十分重要的。

（四）树立开放意识，摆脱思维定式

思维定式又称"习惯性思维"，是指人们按习惯的、比较固定的思路去考虑问题、分析问题。思维定式是人在学习和实践中累积下来的经验和形成自己独有的对世界、对客观认识的规律和途径。因此，思维定式的形成是一个长期的过程，而思维定式一旦形成就具有极强的顽固性。思维定式是一种按常规处理问题的思维方式，它可以省去许多摸索、试探的步骤，缩短思考时间，提高效率。在日常生活中，思维定式可以帮助我们解决遇到的90%以上的问题。但大量实践也表明，思维定式确实对问题解决具有较大的负面影响。当一个问题的条件发生质的变化时，思维定式会使解题者墨守成规，难以涌出新思维，做出新决策，不利于创新思考，不利于创造，从而造成知识和经验的负迁移。特别是当新旧问题形似质异时，思维的定式往往会使解题者步入误区。

随着年龄的增长，许多人逐渐成为习惯的"俘虏"，从而忘记了使用"假如"所能产生的各种效应和可能性。此外，由于只有占极少数比例的"假如"才能产生新创意，这就使很多人不愿意花费太多的时间进行这种思考，再加上学校里很少有人教学生使用发散性的"假如思考"，致使很多人的想象力日趋萎缩。因此，让青少年多做"假如思考"，这有利于我们摆脱习惯定式思维的束缚，有利于激发创新性思维，有利于创新发明活动的开展。

第二节　创意过程与方法

一、创意过程

广告创意是一种创造性思维。关于具体的创意过程，不同的广告专家有不同的观点。例如，美国广告界泰斗詹姆斯·韦伯·扬认为广告创意过程是收集信息→品味资料→综合孵化→灵光突现→付诸实用；英国心理学家G.沃勒斯提出的创意流程模式是准备→酝酿→豁朗→验证。下面以詹姆斯·韦伯·扬的观点为蓝本，对广告创意过程做简要概括。

（一）调查阶段——收集大量信息

资料是创意的食粮。广告创意是建立在周密调查、广泛占有资料、充分把握相关信息的基础上的。因此，应该做好调查研究工作。主要是了解有关商品、市场、消费者、竞争对手等几个方面的信息，同时要特别注意对日常生活素材、

一般性知识和信息的积累。信息资料掌握得越多，对构思创意越有益处，越可触发灵感。进行广告创意，必须收集的资料包括两部分：特定资料和一般资料。特定资料是指那些与广告产品和劳务直接相关的信息，以及有关目标消费者的所有资料。一般性资料是指那些指导宏观市场、目标市场及社会环境的一切要素，包括宏观市场的趋势，购买能力的增减，目标市场的分割状况，即将进入或准备扩大市场的位置、容纳量、本产品可以占取其中的份额。此外，还包括自然环境、国际环境、企业环境、广告环境及政治环境的各种资料。

（二）分析阶段——探索商品特色

对搜集来的资料进行归纳分析，依据广告目标，列出广告商品与竞争商品的共性、优势或不足。通过比较分析，找出广告商品的竞争优势及其给消费者带来的利益点，也就是广告的主要诉求点，以寻求广告创意的突破口。把商品能够打动消费者的关键点列举出来，主要有以下几个方面：

（1）广告商品与同类商品所具有的共同属性有哪些，如产品的设计思想，生产工艺的水平，产品自身的适用性、耐久性、造型、使用难易程度等方面有哪些相通之处。

（2）与竞争商品相比较，广告商品的特殊属性是什么，优点体现在哪儿，从不同角度对商品的特性进行列举分析。

（3）商品的市场生命周期正处于哪个阶段？

（4）列出广告商品的竞争优势会给消费者带来的种种便利。

（5）找出消费者最关心、最迫切需要的要求。抓住这一点，往往就抓住了创意的突破口。随后，将列出的有关商品的特性制作成一个表，左侧按重要程度从上到下依次列出商品的特性，右侧列出这些特性给消费者带来的便利。表4-1为某汽车产品特性。

表4-1　某汽车产品特性

新型小轿车的特性	给消费者带来的便利
车速快	节省时间
耗油量小	提高效率，节约开支
安全系数高	出行安全
具有环保性能	践行绿色出行政策

续　表

新型小轿车的特性	给消费者带来的便利
价位不高	使中等收入家庭跻身有车一族

通过以表格形式将产品特征进行罗列，可将商品性能清晰地展示给消费者，并通过与目标消费者具体情况的有效结合，明确其对产品的诉求重点。

詹姆斯·韦伯·扬曾说："广告创意是一种组合商品、消费者及人性的种种事项，真正的广告创作，眼光应该放在人性方面，从商品、消费者及人性的组合去发展思路。"也就是说，要从人性需求和产品特质的关联处追求创意，而不能简单地从商品本身出发。例如，在一则主题为"不必用开瓶器便能打开啤酒"的广告中，广告设计者找到一位其貌不扬、衣衫褴褛的50岁左右的老年人做模特，他右手拿着啤酒，对着电视观众说："这今后不必再用牙齿了！"随即，他咧开嘴得意地一笑。就在他笑的一瞬间，人们发现原来他没有了一颗门牙。人们在惊奇之余，很快就强烈地感受到这种不必用开瓶器就能开启的啤酒所带来的好处，既形象又强烈，还能让人久久回忆，给人留下了非常深刻的印象。该广告从人性的角度出发，站在消费者的角度为消费者着想，表现出浓厚的人情味，因而更容易引起消费者的共鸣。在这则广告创意中，创意者的思维线索如图4-1所示：

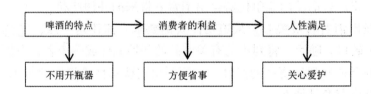

图4-1　啤酒创意的思维线索

由此可见，广告创意的成功主要表现在对人性的成功挖掘和满足上。并且，每一种商品并不是只能满足消费者的一种潜在欲望，所以我们需要探索商品、消费者、人性的深度结合。

（三）开发阶段——挖掘创意方法

詹姆斯·韦伯·扬在其名作《产生创意的方法》中对创意的出现有以下精彩的描述："创意有着某种神秘特质，就像传奇小说般在南海中会突然出现许多岛屿。""根据古代水手讲，在航海图上所表示的深海洋的某些点上，会在水面上突然出现可爱的环状珊瑚岛，那里充满了奇幻的气氛。""我想，许多创意的形成也是这样。它们的出现好像在脑际白茫茫的一片飘浮中，突然跳出一些若有若无的'岛屿'，和水手所见的一样充满了奇幻气氛，并且是一种无法解说的状态。"

创意的出现是一种突如其来的灵感，它就像是乌云密布时的一道闪电、黑暗摸索中的豁然开朗、百思不得其解时的茅塞顿开，给人一种"众里寻他千百度，蓦然回首，那人却在灯火阑珊处"的惊喜。这个阶段是最令人兴奋的。阿基米德在澡盆中突然想出鉴别皇冠中含金量的方法后，竟然忘了穿衣服，赤身裸体地跑到大街上欢呼。这充分表明了出现灵感状态时的兴奋。此时千万不要得意忘形，因为灵感稍纵即逝。正如美国著名作家、哲学家爱默生说："灵感就像天空的小鸟，不知何时，它会突然飞来停在树上，稍稍不留意，它又飞走了。"因此，当灵感突然飞来时，最稳妥的办法就是及时捕捉它，用笔"拴住"它。在构思过程中，可能会产生很多新的创意，这些创意往往具有不同的特点，要注意把每一个新的创意记录下来，不能"浅尝辄止"，满足于一两个创意。

（四）评价阶段——筛选最佳创意

在这一阶段，要将开发阶段产生的所有新的创意逐个进行研究，最后确定选用其中的哪一个创意。在研究过程中，要对每个创意的优点、缺点，是新奇还是平庸，是否具有采用的可能性等进行评估。要注意从以下几个方面加以考虑：

（1）该广告是否对产品做了简单、清晰无误的定位？对于所做广告的产品、服务，受众必须能够在瞬间看到和感到它是做什么的、为谁做的以及他们为何应该对之感兴趣。没有一个简单、清晰、集中的定位，任何创意工作都无从展开。

（2）该广告是否将品牌系于一个明确的利益？我们的广告应立足于最迫切并有说服力的消费者利益，而非独特但无意义的表面特征。如果你不知道这最迫切的利益是什么，你必须在做其他事之前找到它。

（3）该广告是否包含有力的点子？有力的点子是将广告创意转化为具有冲击力和创造性传播概念的工具。核心的创意点子为即将展开的辉煌创作奠定了基础。理想的有力的点子应该具有以下特点：①具有描述性并使用不落俗套的简单字词、短语或句子；②易于引起受众注意；③紧扣前述"明确的利益"；

④允许广告主将广告作品品牌化；⑤使受众深切地体验广告主的产品、服务。

（4）该广告是否设计得具有品牌个性？伟大的品牌总有些共性——比其他品牌多了品牌个性。它超出了仅仅辨明该品牌为消费者做什么。所有的品牌都要做点什么，而伟大的品牌同时具有其他个性。一个品牌可以是设计者所设想的任何东西，并且它的确从某一天起就可成为那样东西。

（5）该广告是否单纯？如果你已经确定了该说的事情，并找出了一种不寻常的表述方式，那么，为何还去费时间说其他事情呢？如果我们想让人们从一则广告中记住"一件大事"，那么，在过分传播的世界里就不要把简单的事情复杂化。广告应该是关于这"一件大事"的一切。

（6）该广告是否引人注目？能被人记住并在大脑中重演的伟大广告第一眼看上去就不同凡响——它强迫受众目不转睛，使其大饱眼福。致力于创作动人心弦的作品，创作目的莫过于韦伯斯特所言："抓住注意、思想或感情。吸引他、冲击他，让他感兴趣。"

（7）该广告是否展示了技艺功底？文案必须写作，画面必须设计，音乐必须作曲。灯光、造型、服装、方位——广告艺术的各要素与作为广告科学的系统环节同样重要。任何一个细节失误都会毁灭一个伟大的创意。在存在"伟大"时，为何要勉强接受"好"？我们应该在概念、设计和实施上追求最佳效果。这就是我们的技艺——闪光的作品。

二、创意方法

（一）头脑风暴法

头脑风暴法（brain storming，BS）是由美国 BBDO 广告公司副总经理亚历克思·奥斯本在 20 世纪 70 年代提出的。它采用确立主题、专题讨论的会议形式，通过自由的个体发散思维，集体动脑，互相启迪，进行潜能挖掘，诱导尽可能多的建设性的、富于创意的设想原坯，形成个体智慧无可匹敌的、综合多元的创造性思路，是一种借助会议针对某一议题集思广益的方法。头脑风暴法有四个原则：

一是畅所欲言，无论想法多么幼稚，甚至是荒唐的，都可以照提不误。

二是强调数量，发表意见多多益善。

三是对于任何人提出的任何意见与建议都不能批评，也不做评论。

四是集思广益，强调群体意见的相互启发与结合。头脑风暴法的特征就是集思广益，尽可能地激发个体释放创造力。所以，在广告创意的开启阶段，它具有很大的使用价值。由于参与的人多，而且众人都积极地进行发散思考，相互提示，相互启发，思维必然十分活跃。这就能够使创意的角度多、层面多，因此可以见深、见宽、见广。

（二）联想法

联想法就是由甲事物想到乙事物的心理过程。具体地说，是借助想象，把相似的、相连的、相对的、相关的或某一点上有相通之处的事物，选取其沟通点加以联系。联想法有以下几种：

1. 对比联想

对比联想是指由于事物间完全对立或存在某种差异而引起的联系，如水与火、好与坏、金刚石与石墨等。

2. 因果联想

由一事物想到有因果关系的另一事物即因果联想。联想的线路可以由因到果，也可以由果到因。

3. 接近联想

接近联想是指由于时间或空间上的接近而引起的两个不同事物间的联系而产生的思维活动。

4. 相似联想

这是由于外形或意义上的相似引起两个事物间的组合而产生的思维活动。比如，汽车公司以一把钥匙与连绵起伏的山峰在外形上的相似展开创意，形象而生动地向受众传达出汽车翻山越岭的越野特征。

（三）顿悟构思法

顿悟构思法源于心理学对思维的研究，其特点是创作者对产品特点、定位等问题都具备了全面的认识，只是一时难以形成令人满意的创意，在一段时间里似乎无所作为，但突然由于某件事的启发，一个优秀的创意就诞生了。这与禅学中的"顿悟"有异曲同工之妙。一则绿色公益广告的创意过程就是这样：据说该创作者曾苦想多日一无所获，突然有一次，他看到桌上的快餐盒，形似一口棺材，于是他眼前一亮，就用快餐盒和筷子创作出了《地球之丧》系列广告。

（四）灵感法

灵感法是指以已有经验和知识为基础，在意识高度集中之后突然产生的一种极其活跃的精神状态。在灵感状态下产生的广告意境具有很突出的新颖性，容易引起公众注意。

（五）组合法

1.矛盾组合

"矛盾"是一种普遍存在的现象，指的是两个事物具有对立的、相辅相成的状态。相应地，反映事物的信息间也就有了矛盾关系。在广告策划中，利用信息间的矛盾关系组合出创意灵感也是一种常见的方法。

2.因果组合

客观世界各种现象的相互依存性、联系性和制约性，构成了它们之间的因果关系。某个和某些现象的发生，引起另一个和另一些现象的发生，这种联系就是因与果的关系。成功的策划往往就是在这种因果组合中产生创意灵感。

3.类比组合

类比是从两种事物之间的某些相似之处推理出它们的其他属性也相似的认识、思维方法。

4.嫁接组合

所谓"嫁接"，是指将两种具有较大差异的事物予以结合，从而产生新的事物。同理，在策划思维中，当策划者将两种不同的信息在自己的头脑中嫁接组合，新颖的创意灵感势必马上产生。

5.多因组合

多因组合即策划者头脑中的灵感产生是由多种信息因素组合而成的。

6.形意组合

"形"指的是具体事物，如具体项目、具体产品、具体问题等，"意"指的是比较抽象的思想、观念、概念等。当"形""意"两种信息得以巧妙而有机地组合时，新颖的策划灵感往往随之产生。同样，一种管理方法、一种新的思潮，抑或很平常的一句话、一个概念，都可能使陷入思维困境的策划者茅塞顿开、灵感涌动。

第三节 平面广告的创意与设计

一、平面广告的"创意"

平面广告创意是平面广告制作人员在对市场、产品、消费者三方面进行调查分析的基础上，围绕广告产品（服务）的销售目的，对抽象的产品诉求概念予以具象、艺术的表现的创造性思维活动。

（一）创意在平面广告中的作用

1.对广告作品的作用

（1）基本定位的作用。我们在制作一幅平面广告作品时，最先想到的是做什么？怎么做？这既是一个"开头难"的问题，又是一个必须解决的不可"回避"的问题。而"创意"所要解决的正是这个难题。我们通过"创意"的方法与途径可以找到平面广告作品的主题依据，这是"创意"最为本质的作用。

（2）风格依据的作用。平面广告作品的艺术表现是极其丰富的，其艺术表现也是风格的体现。比如：需要用中国传统的民间艺术来表现某个平面广告作品时，我们就简称它为中国传统风格；需要用完全的现代元素来表现并制作某个平面广告作品时，我们就称它为现代风格；需要将中国传统与现代元素结合起来制作某个平面作品时，可将其称之为具有中国传统文化内涵的现代平面广告风格……所有这些风格的依据均源自创意。

（3）环节定位的作用。成功的平面广告作品必然会有自身的形象、表现内容及方法，这些内容和方法存在于各个环节之中，而创意给这些环节定位提供了依据，所以说创意是平面广告作品的环节依据。

2.对广告主的作用

一般商业广告的广告主不是具体指某个自然人，而是指企业法人单位。创意对广告主的作用是广告主发布广告的目的能否实现，广告代理商如何做到让顾客满意，创意能否给其广告作品注入生命与灵魂，使广告活动达到预期的效果，并给广告主带来预期收益，等等。

3.对产品及服务的作用

一般来说，产品都具有自身的品质特征、使用功能特征、造型特征、包装形象特征、价格特征、行业地位特征、产品销售服务特征等。对于商业广告创意而言，产品宣传是整个广告活动的核心部分，也是最重要的部分。在平面广告创意中，我们不仅要在有限的空间里表现出最想表现的艺术画面内容，还必须清楚地看到，艺术表现是为产品特征这个核心服务的，因此只有当创意符合广告产品特征的时候，创意本身才真正具有价值。除了对产品进行广告宣传外，平面广告创意对旅游、宾馆、运输等服务行业的广告以及公益广告也有同样的作用。

（二）平面广告中创意的分类

1.消费意境

消费意境指在平面广告创意阶段对诉求对象享用某种商品时的情节、氛围、使用方法等的意境表述，其目的是为消费者提供科学的理想消费模式，使人能在接受平面广告信息时产生模仿心理，并不断进入理想化的消费境界，最终将这种"理想"变为实际消费行为。

2.心理感觉意境

心理感觉意境指平面广告人员根据诉求对象的心理感觉规律，制作出相应的平面广告作品，使诉求对象产生某种身临其境的感觉意境。其目的是营造某种氛围，使诉求对象在认同广告氛围的基础上产生良好的心理感觉，并逐渐将这种感觉转换成实际的消费行动。

3.心理联想意境

心理联想意境指平面广告人员根据诉求对象的心理联想规律，制作出有某种暗示效果的、有导向作用的平面广告，使消费者产生某种美好的联想意境。这种意境渲染具有一定的诱导性和鼓动性，能够满足消费者追求理想、追求美好事物的心理需求。在美好联想意境的渲染下，消费者的消费已经不仅仅是产品本身，而更多的是某种"自我实现"的精神层面的享受。

4.语词意境

语词意境是根据广告受众对字、词、句的联想规律，创作出具有积极导向意义的标题、广告语、诗、散文、话等。它使诉求对象能在接受广告整体信息时，由于字、词、句的冲击，能对画面内容快速地产生认同感和美好感，并随着美好的心理想象，语词意境油然而生。

5.文化意境

文化意境指的是平面广告人员根据诉求对象的民族文化特征以及文化需求，制作出带有浓厚文化色彩的平面广告作品，使诉求对象产生文化认同感并逐渐进入共鸣意境。此时，作品展示出的某种文化韵味与文化风情十足的画面，实际上已经在不断地与诉求对象进行心理互动。

（三）平面广告的创意步骤

平面广告创意是一个严谨的思维过程，它有科学的步骤。好的创意建立在丰富的信息材料和创意者出众的知识能力的基础上。因为创意的本质是将"旧的元素进行新的组合"。旧的元素是已知的、客观存在的文化主张，而新的组合就是将这些我们在制作某个广告作品时所采集到的广告信息元素与"文化主张"进行衔接，找到合适的接点就找到了创意的关键。其基本步骤如图4-2所示。

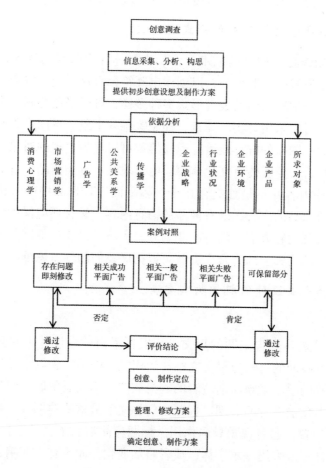

图4-2 平面广告创意的具体步骤

二、平面广告的"设计"

（一）平面广告设计的分类

广告包括平面广告、影视广告、动画广告和媒体广告。平面广告设计包括招贴设计、样本设计、画册设计、报纸广告设计、杂志广告设计、POP广告设计、包装设计、标志设计和书籍设计等。平面广告的分类依据不同分类标准有不同的类别划分。按照广告的目的分类，平面广告可以分为产品广告、非产品广告、公益广告以及认知广告；按照传播媒介分类，平面广告可以分为招贴广告、报纸广告、杂志广告、宣传单广告以及直邮广告等。

（二）平面广告设计的表现形式与内容

平面广告创作是一种时尚艺术，作品中要体现出时代的潮流，设计者可以在不同的艺术形式中汲取养分，以创作出既符合大众审美又符合时代潮流的作品。在平面广告中所采用的表现形式多种多样，可以采用绘画、摄影、拼贴等各种形式，也可以采用写实、写意、抽象等各种手段。平面广告在表现内容方面也非常广泛，国家的方针政策、商品等都可以成为表现的对象。具体内容可以是政治宣传、公益宣传、文化体育、电影戏剧、各类商品、各类机构、旅游观光等。这些内容并不是独立存在于一幅平面广告作品中的。比如，从环境的角度来宣传商品的广告，既有商品的信息内容，又有环境保护的公益性内容。因此，在表现内容方面，没有必要划分得太清，只要从不同角度关注人们的生活，做到有的放矢、综合考虑，就可以拓展我们的创意思维。

（三）平面广告设计的视觉构成要素

1. 标题

标题主要是表达广告主题的短文，一般在平面广告设计中起到画龙点睛的作用，以获取瞬间的打动效果。它往往运用文学的手法，以生动精彩的短句和一些形象夸张的手法来唤起消费者的购买欲望，不仅要争取引起消费者的注意，还要争取抓住消费者的心理。标题是广告文字最重要的部分，处于整个版面中最醒目的位置，起着视觉导向作用。标题应简洁明了，易记且概括力强。标题的文字设计一般采用基本字体，或者略加变化，而不宜太花哨，要力求醒目、易读，符合广告的表现意图。

2. 广告语

广告语是一些朗朗上口的短句，用来强化商品形象，表现广告主题，使广告内容更加明确、清晰、醒目和动人。广告语的特点有顺口易读、富有韵味、想象丰富、指向明确，有一定的口号性和警示性。它与画面图形相配合，在广告中具有举足轻重的作用。好的广告语可以加强品牌形象塑造，增强品牌内涵的认知度。

3. 插图

插图是通过视觉来传达思想、说明事实的，本身就具有生动直观的形象。插图一般围绕着标题和正文展开，对标题起衬托作用。插图内容要突出商品或服务的个性，通俗易懂，简洁明快，具备强烈的视觉效果。用视觉的艺术手段来传达广告信息，可增强记忆效果，让消费者能够以更快、更直观的方式接收信息，同时让消费者瞬间留下深刻的印象。

4. 色彩

色彩是第一视觉语言，也是一幅广告作品表现形式的重点所在。色彩的视觉作用先于形象，可以引起人们的注意并左右人们的感情和行动。具体来说，色彩通过结合具体的形象，运用不同的色调，影响人们的情绪，让消费者产生不同的生理反应和心理联想，树立牢固的商品形象，产生强烈的亲切感，吸引并促进受众购买。而一般所说的平面广告设计色彩主要是以企业标准色、商品形象色，以及季节的象征色、流行色等作为主色调，采用对比强烈的明度、纯度和色相，凸显画面形象和背景色的关系，突出广告画面和周围环境的对比，强化广告的视觉效果。

色彩可以增强识别记忆，不仅可以体现商品的质感和特色，还能起到美化装饰广告版面、增强画面感染力的作用。因此，色彩作为广告的一个重要组成部分，应与环境、气候、欣赏习惯等方面相适应，使广告更富于美感。同时，色彩还具有一定的象征意义。比如，红色是强有力的色彩，能引起肌肉的兴奋、热烈、冲动；绿色具有中性特点，是和平色，偏向自然美，让人感觉宁静、生机勃勃，可衬托多种颜色而达到和谐；蓝色有宁静、清爽的感觉，使人联想到天空、大海，象征高科技。对于处于不同时期的产品来讲，平面广告作品中并不是都要具备以上所有构成要素。

5. 商标

商标是消费者借以识别商品的主要标志，是商品质量和企业信誉的象征。名优商品提高了商标的信誉，而卓有信誉的商标又促进了商品的销售。在平面广告设计中，商标不是广告版面的装饰物，而是重要的构成要素。在整个版面设计中，商标造型越单纯、越简洁，视觉效果越强烈，在一瞬间就能被识别出来，并能给消费者留下深刻的印象。

对于处于"介绍期"和"成长期"的商品广告，要让消费者认识该产品，而不至于与其他产品相混淆，广告中就必须具备这些构成要素。而对于"成熟期"的商品广告就不需要具备所有的构成元素，这是因为该产品已经占有一定的市场，并且消费者已经认识该商品。为了造成一种更集中、更强烈、更明确的形象，以加深消费者对商品的认知程度，可以选择性地运用广告构成要素，可侧重于插图形象和有针对性、鼓动性的广告用语及醒目的商标，其他要素可以从简或删除，以加大对品牌的宣传。

第四节　影视广告的创意与分镜头脚本的设计

一、影视广告的创意技巧

影视广告创意是创造性地提出问题、分析问题、解决问题的心理思维过程，其最终目的是要创造出有新意的作品。将影视广告创意概念进行符合特定媒体语言的再创造，完成特定的信息编排与传达效果的创意执行过程，称为影视广告表现。在具体运用上，影视广告创意表现的技法有很多种类型，常见的主要有以下几种。

（一）扩散创意

扩散思维又称发散思维、辐射思维、开放思维，是围绕广告主题，以宣传内容为出发点，不受任何限制，进行广泛的联想。发散性思考法的具体运用表现为以下几种创意技法。

1.类比创意法

所谓类比创意法，就是根据一定的标准，把与创意对象有联系的几个相关事物加以对照分析，从而寻找其内在联系的思维方法。"巧克力"与"丝绸"之间看来没有什么联系，但在"德芙巧克力"的广告中产生了绝妙的联结。电视画面上，女模特儿一边品尝"德芙巧克力"，一边回味道："有很多牛奶，滑得像丝一样。"因而，"德芙巧克力"便有了"纵享丝滑"这一广告语。人的感觉通道常常会发生串通，即所谓的通感，把一些表面看似无关的事情加以联结，形成新的意念、新的意象，从而形成间接类比。因而，有了法国 WORTH

香水的"享初恋的滋味"和沃根糖果的"你含有月光般的韵味"。

2.置换创意法

置换创意法又称等值变换法，就是在现有对象的基础上进行分解、组合，将其变换，寻找出现有对象与未来事物之间相关的等值对应关系，找出新的共同点，创造出新的意象。此法的核心是将现在的创意对象在新的条件下重新变换结构以求创意。比如，"穿上'安静小狗'便鞋，人行道会变得柔软。"这里不说鞋本身的柔软属性，而置换成人行道柔软。

（二）逆向创意

逆向思维就是运用和常规相反的思路，针对目标，"倒过来"思考问题，寻求解决问题办法的一种创意技法。在进行广告创意时，通常是从正面着手，表达产品的优势和所具有的益处；假若能转换角度，使用一种反常规、反传统的思考方法，就有可能构思出一个意想不到的好创意。在进行逆向思维时，需要一定的胆略和技巧。首先，产品本身的质量要好；其次，表现手法要巧妙。具体的运用手法有两种：一是大胆暴露自己产品某些方面存在的缺点，给人以坦率、真诚的形象；二是正话反说，有意说自己的产品有缺点或副作用，但所说的缺点或副作用实际上是优点。比如，戴比尔斯钻石广告说钻石惹祸，实际是宣扬钻石的品质和魅力。

（三）系列创意

系列化的影视广告是指在广告画面设计的形式、广告形象的造型、色彩乃至广告的风格完全统一的基础上，由各自独立的一组广告构成。采用设计统一的系列化影视广告的目的是加深受众对广告主题的理解，深化商品形象并促进销售。

系列化影视广告在统一的基础之上有规律的变化，并在媒体上连续出现，可以使受众产生连续感、节奏感，有利于表现广告产品的多个优点，满足不同层次的受众的诉求。尽管每则单幅广告的画面或使用的广告用语，随着广告内容侧重点的变化而有所不同，但总体格调是一致的，设计形式是统一的。每个广告中还可以有固定不变的商品形象反复出现。这些都保持了系列中各则广告之间的联系。例如，士力架系列广告——林黛玉篇、猪八戒篇、包租婆篇等。该系列广告以人在饥饿时会出现的生理反应如无力、犯懒、易怒等为主要切入点，可以让受众群更容易理解其所表达的含义。

二、分镜头脚本的设计

（一）分镜头脚本概述

分镜头脚本又称摄制工作台本，是将文字转换成立体视听形象的中间媒介。主要任务是根据解说词和电视文学脚本来设计相应画面，配置音乐音响，把握片子的节奏和风格等，可以说分镜头脚本是导演对影片的全面设计和构思蓝图。

（二）分镜头标准格式

分镜头脚本的内容一般包括镜号、景别、摄法、画面、解说（指一个镜头中的动作、台词、场面调度、环境造型）、音乐、音响等，按统一表格列出。可以说，它是影片的拍摄计划和蓝图。仅看这些分镜头脚本，就已经能基本感受到电影要表达的大概氛围和所发生的故事。其体现为两大功能：第一，让影片创作者得以预先将他的意念表达出来，并且可以像作家一样，通过连续的修改来发展意念；第二，可作为与整体制作组成员沟通意念的最佳语言。分镜头脚本的具体内容如下：

（1）镜号。每个镜头按顺序编号。

（2）景别。一般分为全景、中景、近景、特写等。

（3）摄法。包括镜头的运用——推、拉、摇、移、跟等，镜头的组合——淡出、淡入、切换、叠化等。

（4）画面。详细写出画面里场景的内容和变化、简单的构图等。

（5）解说。按照分镜头画面的内容，以文字稿本的解说为依据，把它写得更加具体、形象。时间长度应与画面时间长度一致，如有采访，应在对应画面中列印出采访人物的姓名、职务、身份及采访内容字幕，并在"解说词"栏加以详细说明。

（6）音乐。画面的配乐，有时音效包括音乐和音响。使用什么音乐，应标明起始位置。表4-2为分镜头脚本表格。

表4-2　分镜头脚本表格

镜　号	景　别	摄　法	画　面	解　说	音　乐
1					
2					
3					
4					
5					
6					

（三）景别和镜头设置

影视广告是将一个个镜头按照一定的排列顺序组接起来的。每个镜头所表达的内容和意义千差万别，为了便于区分视觉效果，就出现了景别的概念。景别是分镜头脚本中的重要组成元素，是指取景大小的区别，是被拍摄主体和画面形象在动画画面中呈现出的大小和范围。景别分为远景、全景、中景、近景、特写五种。远景主要以表现动画的背景环境为主，角色在画面中形象模糊，以强调故事的环境背景为目的，有时候远景也有对观众进行心理暗示的作用。全景是指画面中人物的高度和画面的高度为等比例，也就是角色从脚到头的形态都被完整地拍摄到画面中。通过全景镜头，观众可以很清楚地观察到角色的外形特征并理解角色性格。中景画面不能像全景那样将图像内容全部反映，通常只能看到角色头部到膝盖部位的图像，以表现角色上半身画面为主。近景画面反馈的信息内容则更少，一般为角色腰部以上出现在画面中。在特写镜头中，角色只有头部出现在镜头内，有时候甚至只有眼睛、鼻子等局部。景别的变化能增加影视广告的生动性，按照一定的规律组合这些景别不同的镜头，影视广告的故事就应运而生了。

三、影视广告创意分镜头脚本

（一）WACOM 数码版手绘分镜头

数码版手绘即将传统脚本绘制搬到电脑上的做法，通过手绘板在电脑屏幕上画分镜头。当然，手绘板有很多种，行业中最主流、最常用的是 WACOM

数码版手绘板。由于其压感设计非常灵敏，可以真实地模拟笔触的轻重，还原真实的纸质和画布的绘画感，因此很受分镜头画师的欢迎，国内外影视行业都以 WACOM 数码版为首选工具。

（二）Photoshop 合成分镜头

根据广告创意方案，分镜头画师针对每一个镜头画面搜集相关图片资料，图片可以是从网上下载或通过其他渠道搜集的画面，也可以是自己拍摄的画面，然后将这些图片通过 Photoshop 软件进行加工合成，最后整体调色形成统一的表现风格。对于绘画基础薄弱的学生而言，这种处理方式的好处在于不需要手绘，只需通过"P 图"即可达到脚本展示效果。但采用这种处理方式也有不利的一面，由于图片来源不同，有时收集到的画面像素质量参差不齐，镜头角度、景别关系、光线统一性、场景透视关系等要素不一定完全符合脚本的设定，处理不当也可能收不到预期的效果。

（三）计算机软件辅助分镜头设计

Poser 这类软件就好似一个 3D 仓库，方便之处在于它们可以在网上或其他渠道购买或收集大量的模型、服装、场景、道具，将这些资源调入场景，稍加编辑改造即可形成影视广告所需的分镜头脚本。3D 场景里面的灯光、摄影机以及角色的状态和动作可以根据情节需要随时调整，灯光氛围及摄影机的景别和视角、景深关系也可以随时调整，效率很高。如果你没有绘画基础，抑或身边找不到合适的分镜头画师，这类软件就可以帮你解决很大多问题。虽然画面不是那么逼真完美，但它具备了分镜头脚本的所有要素，客户一般是可以接受的。

（四）动态分镜头脚本

动态分镜头脚本将绘制的分镜头系列画面作为影片的关键帧进行编辑，形成连续播放的视频，有的还配上音乐或旁白，从而具有更加直观的呈现效果，让人如同提前预览了一部影片。这种表现方式的好处是可以使分镜头脚本具备更多的电影元素，便于我们提前发现问题，及时调整，从而更好地从整体上把控整个影片的风格和节奏。

第五节　影视广告故事板的绘制

故事板源于英语"storyboard"，还可翻译成"故事画纲"。它是影视广告脚本的视觉化，是影视广告创意完成阶段借助美术手段对广告创意所做的类似连环画式的说明，是影视广告创意的图像表达。影视广告的主要内容、重要画面、关键性的动作、造型以及动态画面的流程都要通过故事板体现出来。为了提案的方便，有时需要将主要画面事先加以绘制（或数字拍摄加电脑合成处理），一般也是按镜头顺序进行依次绘制表达。

一、影视广告故事板的内容与功能

故事板通常需要包括以下内容：客户名称、产品名称，整条影视广告片的长度、每个分镜头的时间长度，分镜头画面及画面内容的文字描述，声音及音响的文字描述。正式提交给广告主的故事板还应附上一份有关影视广告创意的说明，便于客户深入理解广告创意的内容。当然，故事板并没有统一的分类，也没有标准的规格与尺寸及固定的表现手法。因为绘制故事板不是给广大电视观众看的，而只是用于创作人员与广告客户之间沟通、审查认可以及完善后给制作人员做摄制依据用的，所以只要广告主与制片公司看得懂、能说明问题即可。

如今，故事板是动画片、电影、电视剧、广告、MTV等各种影像的制作工具和制作环节之一，是商业电影制作流程中控制美术、摄影、布景和场面调度的重要辅助手段。故事板之所以能够在各类影像制作中广泛应用，主要取决于以下几类功能：

（一）有助于将广告创意视觉化

检验广告创意的视觉化效果，看其是否充分体现了电视媒体的特点与长处，有利于对创意的补充、修改与完善。

（二）有助于向广告主说明创意

故事板有助于说服客户，使其理解创意，并做出明确的判断和抉择。在激烈的行业竞争中，谁能拿出最好的创意，并让客户理解和认可，谁就能赢得客户的投资。广告主通过故事板看到未来的广告效果图，有助于他们对广告创意的理解，从而决定是否投资。

（三）有助于影视广告的拍摄和制作

如果影视广告的创意获得了广告主的认可，那么故事板便成为拍摄与制作电视广告片的依据。制片公司就将根据故事板的画面安排场景、挑选演员、制作预算，以及寻找导演、安排摄影、美术、灯光等都要以此为依据进行二度创作。

（四）有助于检验广告摄制效果和创作质量的检验

影视广告故事板一经广告主认可，双方签字，就成为检验广告摄制质量的依据。摄制单位按照故事板检验自己的广告作品是否源于故事板，又高于故事板；广告主也以故事板为依据，检查广告作品是否可以通过，能否提出额外要求。

二、故事板的绘制流程与要求

（一）绘制流程

对于一部影视作品而言，故事板的制作时间可长可短，根据片方或者导演的需求而定。一般情况下，影响这些需求的因素有制片周期、拍摄难度、场次的数量、分镜师对剧本的理解程度、绘制精细程度的要求等。虽然前期不需要做特别的准备，但通读剧本，揣摩导演意图是必要的。所以，创作故事板的大致思路和方法罗列出来很简单：

（1）通读剧本。

（2）连同上下场精读准备画的场次。

（3）和主创开故事板会议，必要的草图记录（构图、机位、走位、空间关系平面图）。

（4）和相关部门取得需要的参考信息（美术、服装）。

（5）按顺序绘制镜头草图。

（6）确定草图，绘制完成稿。

（7）故事板会议审核完成稿。

由于制片周期、资金的原因，一般国内电影故事板很少有彩色稿。可分为两种情况：一是用于实际拍摄的故事板，更多地考虑实际拍摄的说明、指导作用，而不是画面的精美程度（画的精美程度属于自我要求）；二是用于投资立项的故事板，用于说明影片艺术品质、投资规模，可以尽量画得漂亮些，上色当然是更好的选择。

（二）绘制要求

影视广告故事板的绘制一般要求如下：

（1）影视广告故事板画面规格要按电视屏幕长度与高度的比例（4∶3）绘制。

（2）以影视广告脚本为依据，按脚本提供的文字说明进行视觉化再创作。故事板的画幅数量，应按照分镜头脚本提供的镜头多少和镜头长度而定。通常，一个镜头要画一幅故事板画面，运动性长镜头至少要画两幅故事板——起幅和落幅。

（3）要将广告脚本提供的广告内容加以具体化、形象化，突出产品定位，体现广告主题。

（4）画好开头与核心部分，以吸引观众注意力，引起观众的兴趣。

（5）分镜头间的连接须明确（一般不标明分镜头的连接，只有分镜头序号变化的，其连接都为切换，如需淡入淡出，分镜头剧本上都要标识清楚）。

（6）对话、音效等标识需要明确（对话和音效必须明确标识，而且应该标识在恰当的分故事板画面的旁边）。

三、故事板的创意设计

电影特效对故事板的设计要求与时俱进。近年来，随着特效影片的涌现和投资规模的扩大，片方对耗资巨大的特效镜头往往会采用故事板的制片手段来提高制作效率、规避风险。一般来说，影片特效部分涉及相关的配合部门最多（导演、摄影、美术、表演、特效制作、合成等），而且特效制作费用不菲，要求说明的效果比影片普通段落更加详细。因此，特效故事板在节奏设计、时间设计、影调设计、色彩设计、构图准确程度、镜头运动等方面均有更加精细、准确的要求。以摄影术为对象的故事板创意设计，与生俱来就是以写实、光影作为造型手段的画种，因此无论现在的绘画手段、工具、技法如何演变，最终能够达到的程度都是由对传统绘画技法的掌握所决定的。从传统绘画的发展看，这种学习和实践不仅对绘画技巧的把握很有帮助，对故事板的创意更是不可或缺。另一个有意思的地方在于故事板的"情节设计"。一般来说，创意设计是指设计现实中没有的场景、物体，并且富有情节性、戏剧性等，故事板画面创意主要围绕透视、解剖、光学、视觉构成等原理展开。这些原理不仅要在理论上掌握，还要在不断实践中理解其中的变化规律。这在题材上就与传统写实绘画拉开了距离。总之，故事板创作需要对电影制作的各个因素具备比较深入的了解和领悟，不是仅仅会画画那么简单，而是视觉艺术的整合表现，需要具有很强的设计思维。

电影大师希区柯克常针对特定影片寻找不同的分镜师绘制故事板。只是很多时候不能忽视故事板风格对影片性格的影响，就如同概念艺术一样，画风强烈的故事板必然会在潜移默化中让影片继承它的基调和风格。比如《群鸟》中的特效镜头很明显地继承了故事板的水墨写意风格。在整部影片的基调下，这种风格也渲染了令人压抑和恐怖的气氛。

从故事板创意设计的角度看，具有广告分镜、剪辑、美术背景的希区柯克自然也就对故事板的设计表现情有独钟。他可以凭借这一点，通过故事板来控制整部影片的走向。这就是为什么他不是电影科班出身，也能成就一部又一部的恐怖惊悚经典的原因所在。反过来说，一部又一部的经典作品也佐证了故事板在电影拍摄中的重要性。正是因为希区柯克详细的故事板对影片的绝对掌控，才可能有"他在片场从来不看摄影机取景器"的传言。同时，他也是把故事板的作用发挥到极致的导演之一。希区柯克在电影制作的每一个细节上都有着极强的控制和前期策划，包括剪辑、蒙太奇、镜头角度、服装、音乐，甚至演员调度等都已在影片开拍前确定，这充分体现了故事板的不可替代性。

四、故事板与分镜头的异同

简单来说，分镜头脚本以文字形式呈现，故事板则以图画形式呈现。分镜头脚本因为有"脚本"二字，所以是文学剧本，分镜头的概念则大得多。以电影为例，电影的镜头语言框架摆在那里，你的脑子里有一个完整的故事，但是需要把想法告诉团队成员。这个故事的最终呈现形式是一个银幕或者一个屏幕，就是受众只面对一个叙事空间。在这个框定比例的屏幕中，要用什么样的距离、机位、镜头焦距来表达这个故事，要怎样告诉与引导观众解读这个故事，要把这个"怎样"告诉队友。于是，必须一个一个镜头地告诉他们（分镜的技术和方法以下文中会提到）。从应用的角度来看，故事板广泛应用在电影、游戏、剧院演出、图像处理、商业广告、漫画之中，只有一般原则，而没有固定的形式规定。故事板一般在动画电影中应用较多。即使是广告，大部分时候也只是找各类参考图和利用 SketchUp 等辅助说明，很少会画出来。因为画故事板很耗资源，而大部分时间都太贵了。只有在以下的情况时才会用故事板：涉及众多群演需要调度的场面，如《南京！南京！》（图4-3）；指导构建不存在的场景（利用微缩模型拍建筑外观等），如灾难片《不惧风暴》（图

4-4）、动作片《狄仁杰》系列（图4-5）。

图4-3　电影《南京！南京！》截图

图4-4　电影《不惧风暴》截图

图4-5　电影《狄仁杰》截图

第六节　新媒体广告创意综述

一、新媒体环境下广告创意理念的变革特征

（一）以创意整合营销，实现广告创意由小到大的转变

在传统的广告操作流程中，一个完整的广告项目通常要依次经过市场调研和广告策划，然后再由广告公司的客户部将策略单下达给创意部，后者按照客户部的"旨意"进行相关的创意构思以及概念视觉化工作。这样，创意环节一直处于广告工作流程的后段。如今，这种线性流程正在被打破，创意的灵魂正逐步摆脱固有的约束。

在新媒体环境下，新的传播技术手段以及激烈的市场竞争促使前沿的广告创意人不得不摆脱传统的思维束缚，延伸创意触角、整合创意流程已经成为他们获取成功的不二之选。由于新媒体自身就是传统媒体通过技术创新而创造出来的，可以说在新媒体时代，广告活动的方方面面都离不开创意。新媒体时代，受众的眼前充斥着各种各样的信息，一个成功的广告如果想要有效地吸引受众，和受众进行心灵的沟通，那么创意就是架起两者之间关系的桥梁。

在创意传播时代，广告创意人与以往相比，肩负起了更加重要的使命。当前，广告公司为发起一场充满号召力的广告运动，其创意人员的视野正逐步跳出自己所固有的一隅。日本电通广告公司是世界上最早进行新媒体整合，并同步开展广告新模式探索的著名广告公司之一，"创意至上"是其一直以来秉承的理念。按照电通最新的广告操作流程，公司在接到广告任务后，广告创意人员必须在第一时间参与到广告创作中来。为使企业的产品更具吸引力，广告创意人员可以通过前期的市场调研为企业的产品研发出谋划策，围绕着新产品创造出独特的广告主题，合理制定广告策略，以及恰当地开展媒介推广活动。这一切都需要广告创意人员的参与。

可以肯定地说，广告创意正在逐步打破传统的线性模式，当前广告公司的创意重心已开始从简单地对产品信息进行包装和美化，全面升级为对广告活动进行宏观的、全局的策略性引导。如何构建大的创意框架，如何吸引目标消费者的目光并使其参与其中，如何对相关创意内容做出正确的引导和规范……诸如此类的创意规划是当前所有广告创意人工作的重点。

（二）以创意增强参与感，实现广大受众由"边缘"向"中心"的转变

在传统广告中，创意内容往往先由广告人设计好，然后再通过视听语言吸引消费者，并向其告知相关产品/品牌信息，消费者是单纯的观/听众。在这种广告信息传播模式下，消费者的行为被称为 AIDMA 模式。简言之，评价广告能否得到有效传播，完全取决于广告的表现力能否引起注意（attention），进而使其产生购买兴趣（interest），激发购买欲望（desire），形成品牌记忆（memory），并最终促成购买行动（action）。这种广告模式适用于传统的大众传播环境，较之于创意，广告信息发布媒介似乎对广告起着决定性作用。

新媒体环境下，传播技术的发展对传统广告创意产生了颠覆性的影响，大量不断变化的信息与资讯采集的便利性，让所有的广告都面临兴趣与关注度危机。随着新媒体的发展，传统的"大众"已经逐渐消解，取而代之的是分众和小众。当前，已经没有任何一种媒体能够通过自己强势的声音向所有的消费者灌输信息，更不可能由此指导消费者的需求和取向。针对以互联网为代表的新媒体消费者生活观念的变化，日本电通广告公司提出了一种全新的消费者行为分析模型——AISAS 模式。与传统的 AIDMA 模式不同，含有网络特质的 AISAS 模式是指引起注意（attention）、引发兴趣（interest）、进行搜索（search）、购买行动（action）和交互分享（share）。具体对两种模式的分析如图 4-6 所示。

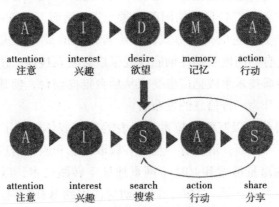

图 4-6　AIDMA 和 AISAS 模型

在上述模型中，两个具备网络特质的"S"——进行搜索（search）和交互分享（share）的出现，充分显示了互联网时代搜索和分享在消费者购买行为中的作用，体现了互联网对人们的消费行为和生活方式的影响。在新媒体环境下，如果继续依赖传统媒体，向消费者进行单向、强势的信息灌输，势必与这个时代消费者的购买行为不相适应，并最终影响到广告的传播效果。

新的传播技术赋予了广告传播更加丰富的内涵。数字技术催生了新型的网络互动媒体，如何吸引受众利用新的传播技术参与到广告活动中来，充分发挥新媒体的互动优势，成为广告人开展创意的又一议题。当前，网络平台的开放性使全社会的每一个成员都有了发布信息的可能。对于广告人来说，以往的创意只是创意人员在做，而现在随着互联网以及新技术的普及，"人人都是创意人"的广告理念得以充分显现。

任何人都可以通过互联网参与产品 / 品牌信息的设计，与广告主共同进行创意，一起完成对品牌的塑造。同时，草根文化的兴起使广大受众的话语权得到充分肯定，个人欲望得到真实表达，消费者与品牌的连接也更为牢固。在新媒体环境下，广告创意的前提是对消费者角色的清醒认识：消费者已经由广告活动纯粹的旁观者变为积极的参与者，品牌真正回归。

（三）广告创意的评价标准实现了从 ROI 到 SPT

在以报纸和电视为代表的大众媒体时代，广告大师伯恩巴克把广告创意的评价标准归结为 ROI，即相关性（relevance）、原创性（originality）和冲击力（impact）。这种评价标准是基于对单纯的广告信息表现力的一种评价，它与传统媒体单向的传播模式相符，是衡量大众媒体时代广告创意优劣的最核心思想，被称为"架起广告科学的阿基米德点"。然而，以 Web2.0 技术为代表的新媒体出现，其先进的传播方式促使广告信息的发布模式发生了革命性变化。新媒体所具有的高度互动性彻底改变了广告受众接触、使用以及消费信息的方式。新的传播技术手段把广告受众从后台推向前台，使其从广告信息的被动接受者全面提升为广告信息的发布者。

在新媒体时代，以互联网技术为代表的数字媒体赋予了信息消费者更大的权力和可能。一方面，消费者一旦具有获取商品和服务信息的需求，便可充分利用互联网的海量搜索和 URL（网页地址）转跳技术，以极低的成本获取其预知而未知的内容；另一方面，以互动为代表的 Web2.0 技术使信息消费者在获取其所需信息的同时，能够利用先进的技术手段二次传播其对于该信息的使用感受，并保证其所传播信息能够被检索和分享的权力。此时，对广告创意者而言，一个优秀的创意将不再是如何提炼相关产品信息，并运用富有创意的方式将其表现出来，而应体现在如何创造性地设置一个适合该品牌的、与众不同的信息发布平台，使信息消费者能够在此平台上畅所欲言，发表自己对该品牌的认识和感受。由此可见，评价新媒体时代广告创意的优劣应该是对广告主可控的平台、信息传播过程的互动性以及互动平台运行机制的评价。所以，评价的标准也应该从注重信息表现的伯恩巴克式的标准 ROI 变动到 SPT，即可搜索性（searchable）、可参与性（participative）、可标签化（tag-able）。SPT 与新媒体时代体现消费者历程的 SAS，即搜索（search）—行动（action）—分享（share）相一致。

　　1. 可搜索性

　　数字技术赋予了消费者几乎无所不能的搜寻信息的能力，因此广告人需要格外注重信息的可搜索性。首先，具体说来，广告创意者要提供有关产品 / 品牌的全面信息。这与传统广告创意注重简化信息、寻找"特点"的做法相矛盾。传统的大众媒体由于时段或版面的限制，通常无法容纳"大量而全面的广告信息"。然而，在数字媒体（如互联网）中，超链接以及无限搜索技术的应用使媒体不但能够发布丰富而全面的广告信息，而且不必为此付出额外成本。同时，丰富而全面的广告信息为消费者的有效搜索提供了可能。其次，广告创意者要对产品 / 品牌信息进行优化。从搜索的角度讲，信息要想被检索到就需满足共性，即拥有可供搜索的关键词，同时需满足个性，即不会被淹没在相关或不相关的搜索结果中。对于产品来说，品牌名称，一个既可作为搜索关键词又具产品个性的代号，正是可搜索性的重要载体。由此可见，在新媒体时代，品牌名称承担着极其重要的责任。最后，广告创意者还需对搜索场合进行优化。在传统的大众媒体时代，广告的投放选择仅依靠对受众人群进行优化分析，即媒体的收视率或收视人群分析，新媒体的数字技术则提供了这样一种可能，即根据受众所关注的网页内容，有选择性地定向发布相关广告。

　　2. 可参与性

　　在新媒体时代，以互动为代表的 Web2.0 技术让"以消费者为中心"的口号从单纯的营销理念转变成了可以实际操控的现实。对此，优秀的广告创意者应该通过富有创意的构思来搭建一个媒体平台，利用具体的、独具特色的参与形式，让消费者参与到品牌的建设中来（与品牌进行互动，即人机互动）。另外，消费者在对相关产品 / 品牌进行讨论、分享心得的同时，能够形成相关社区（人际互动）。例如，在韩国的街头，有一块有趣的户外广告牌，在没有人参与的情况下，这块广告牌就是一幅正在施虐儿童的画面，但当有用户上前观看时，自身的影像会被投射到广告牌上。通过路人不同的动作与造型，就可改变广告画面的意境，即通过路人的互动参与，引导其积极阻止虐待儿童的行为。需要指出的是，理想的消费者互动参与平台应该是根据品牌个性而搭建的具有独特个性的平台，并不是所有品牌都适合做消费者参与式广告，也并非所有的品牌都适合用消费者自制视频分享。所以，如何有效地找到消费者与品牌的相关点，进而搭建媒体平台，创建富有创意的消费者参与方式，提高其参与的相关性、互动性和趣味性，成为新媒体时代广告创意人所关注的焦点。

3. 可标签化

在新媒体时代，标签（tag）是描述消费者形态的一个有趣隐喻。我们每个人身上都可以贴着各类标签，而且这些标签都是分散的，并未被归纳在统一的目录里。标签具有非排他性、以被标签者为主体，目录则是非此即彼、以目录本身为主体。这意味着我们可以在不同的网络社区拥有不同的标签识别（identity）。对于标签的作用，它既是分类的标准，又是交流的手段。对于 SNS 社区（校内网）来说，标签既可以是个人观点的总结，又可以是发布信息的手段，还可以成为某种类别的标识（如共同的兴趣、职业等），它的应用非常灵活。同时，标签的对象既可以是文本、照片，又可以是音频、视频、网站……标签的社会化意义在于通过其自身的反向查找功能，同时形成多个临时的"多媒体"信息集合。例如，对 iPad 标签进行反向查找，既可以搜索到被标签成 iPad 的一条影视广告，又可以搜索到消费者所写的 iPad 使用感受，还可以在 iPad.com 上搜索到最新的促销信息。虽然标签也可作为搜索的关键字，但它与搜索机制不同，标签是一种更为主动的分类、概括以及交流，即分享（share）的过程。因此，衡量一个创意的优劣就必须考虑以下几个问题：①消费者能否很容易被归纳、总结并贴上合适的标签？②消费者贴在这个创意作品（或创意平台）上的标签是否符合其想要的品牌内涵或产品属性的内容？③消费者是否愿意被贴上标签？④这样的标签有没有可交流、可分享性？事实上，可标签化就意味着广告信息有能够被多级传播的可能，即分享的可能。在传统的大众媒体时代，这一条例就已经存在：当受众对某一信息产生兴趣，且该信息能用一两个词概括（标签）的时候，这条信息便会流传开来，即传统的口碑传播。在新媒体时代，以 Web2.0 为代表的数字化传播技术使标签这一古老的宣传手段能够释放出无限的传播潜能。

二、新媒体广告的创意形态

（一）互联网广告

随着 Web2.0 技术的发展，互联网广告在经历了横幅广告、视频广告、互动广告等形式之后，当前已发展到精准定向传播的新阶段。所谓精准（行为）定向广告，是指互联网服务商利用网络追踪技术搜集用户信息，并对用户按性别、年龄、地域、爱好、职业、收入等不同标准进行分类，记录并保存用户对应的 IP 地址，然后利用网络广告配送技术，依据广告主的要求及产品／服务的性质，向不同类别的用户定向发送内容不同、"一对一"式的广告。较之以往广而告之的传统广告形式，定向广告体现的是"准而告之"的特性，是一种更精准的广告传播模式。在创意传播时代，精准行为定向式广告通过对受众消费行为的分析，然后有选择性地创意广告传播内容，并向消费者定向发送的模式，真正实现了"准而告之"的传播理念。

在新媒体时代，新的传播技术使受众"浮出水面"。广告人通过建立富有"创意的"信息发布平台使受众的属性特征通过博客、微博以及跟帖等方式反映出来。相对于传统门户时代，当前的广告人拥有了更多的机会去了解受众的兴趣和喜好，理论上也获得了更多"通过准确的方式向准确的人传送准确的信息"的精准营销机会。

（二）数字广告

从技术特征上讲，数字电视是指电视节目的采集、制作、编辑、播出、传输和接收的全过程都采用数字技术。数字电视拥有高清的电视画面、优质的音响效果，同时具有抗干扰等功能，因此画面稳定，扩展功能多，还可以点播、上网等。数字化之后的电视信号极大地减少了其所占用的网络带宽资源，使线路的传输能力由原来的几十套扩展为几百套，这使其能够为受众提供内容更丰富的电视节目。同时，数字电视可以开设增值服务，提供更多、更细的专业频道供受众选择。进入数字时代，一方面，传统模拟信号时代的电视受众拥有了更多的自主选择权，可以随意点播自己喜欢的节目，不再像以前那样只能被动接受；另一方面，由于具备存储功能，数字电视能够像计算机一样进行文字录入，上网浏览收发邮件、信息咨询、远程教学、股票交易等。数字电视改变了文字、图像等信息的生产、传播、交换和消费方式，使信息传播从单向单一模式向双向多元化的模式转变，并彻底改变了传统电视由传播者发布信息、受众被动接受的模式。新的传播技术赋予了受众更多的选择权，这也为广告细分受众、定向发布创造了条件。

（三）移动媒体广告

数字时代的移动媒体广告是指依靠移动技术的发展而出现的一种新的广

告形式，主要以手机和各类移动终端为载体，具体形式有短信广告、彩铃广告、彩信广告、手机网站类广告等。作为一种新兴媒体，手机集多媒体、移动性、随身性、交互性、即时反馈等特点于一身，是一种比较理想的广告发布媒介。过去，手机广告形式通常都是短信。进入 4G 时代，手机已经不仅仅是传统的移动通信工具，新的传播技术以及各种智能终端的兴起，预示着手机将发展为集通信、视频娱乐、互联网应用等功能于一身的多媒体掌上终端。更快速的数据传输能力、更长久的电池续航能力、更大更清晰的屏幕使手机不仅能够同时完成各种业务，还极大地提高了其作为广告发布媒介的创意表现力。根据手机广告业发达国家（日本、美国、英国、韩国等）的经验，广告人可以依据广告内容、广告诉求以及目标受众的不同特征创意出合适的广告表现形式，以达到最佳的广告传播效果。文字类广告、图片类广告、音频类广告、视频类广告、互动式广告等均可以在 4G 时代的手机广告中得以实现。例如，飞拓无限公司就曾为乐百氏"脉动"品牌做过成功的手机互动营销。2010 年，飞拓无限公司帮助乐百氏开发手机互动游戏，并搭建"脉动"短信反馈平台，乐百氏则在脉动饮料的瓶子上打印促销信息，提供互动奖品。这样，消费者每次发送饮料瓶上的号码便能参与互动游戏，闯关之后还能获取奖励。据说，有的玩家为了能持续闯关，竟买走了 800 瓶脉动。这一策划成功地将典型的促销方案与手机互动广告相结合，既避免了垃圾短信对消费者的影响，又能使消费者从中获得实惠，从而取得了很好的效果。

三、新媒体广告的创意策略

创意是一种战术性的指导思想，其成败直接关系着广告经营的成功与否。进入新媒体时代，广告遭遇了广告媒介、广告受众、广告信息、广告诉求等一系列的变化，作为广告的灵魂，广告创意也必然要经历从内到外的策略调整。虽然广告创意可包容的范围比较宽泛，但具体来说，其所包含的关键点只有两个：内容和媒体。正如广告大师菲利普·科特勒所说，"广告创意包含两个主要的因素：创意广告内容和创新广告媒体"，我们也将沿着这个思路探讨新媒体时代广告创意的应对策略。

（一）从"广而告之"到"准而告之"，创意更具吸引力的内容

在传统媒体时代，广告的成功主要依赖其所选择媒介的传播力，凭借着大众媒体的狂轰滥炸，即使一个毫无创意的广告也能迅速为广大受众所熟知。然而，在新媒体时代，面对着日益丰富的信息发布渠道，广大受众拥有了更多

的媒介选择，传统的大众媒体再也不可能依靠一己之力，把缺乏创意的广告强行推给消费者。在多屏化、碎片化的新媒体环境下，要有效地捕捉到信息和消费者的需求，据此创意出富有吸引力的广告内容，并以精准的方式投放给潜在消费者。Web2.0技术的应用为广告人发挥想象、创造具有吸引力的广告内容提供了无限的可能。以播放受众自制视频节目而备受关注的优酷网（YouTube）拥有大批忠实粉丝，每天会有数百万的固定网民登录该网，上传或播放相关视频。这说明只要能够充分发挥广大受众的智慧，利用互联网创意并传播具有特色的内容，传统的视频节目就不会失去生命力。像优酷这样，建立用户自发内容的视频网站，正逐步孕育着一个全新的广告世界。在这里，广告人通过设立视频平台，可以与受众共同创意富有吸引力的内容。同时，适时地发布一些有关产品/品牌的话题与消费者互动，不仅能够使广大受众主动地了解相关产品/品牌信息，还能够使其积极地参与到广告传播中来。在新媒体时代，有关传统媒体的巨额投放计划和创意方式正在被边缘化，广告主已不会再为传统媒体投放、策划和创意押上千万的预算。精明的广告人正通过创意具有吸引力的内容，并利用新的传播方式来吸引消费者，与其进行互动，共同创造网上热点和共鸣。

（二）从强迫推发转向诉诸文化，用受众的沟通方式进行沟通

在新媒体时代，广告创意人所面对的媒介环境的变化，新的消费者需求以及传播方式的新变化、新技术和新潮流不能纸上谈兵，必须与时俱进，不断地了解消费者在新媒体中的诉求，亲身感受目标消费群的信息接收方式。当前，广告人应该积极地使用阅读器，订阅消费者常看的网络报纸和杂志。同时，要与新锐的年轻人沟通，并把其看作活的ISS资源。在Web2.0时代，广大的互动受众（网民）是广告人获取创意的最可靠保证。如何有效地和受众进行沟通，从不同渠道获得新的想法，并把这些想法整合起来，成为广告人必须面对的问题。

与此同时，新媒体环境下的广告呈现出许多新的内涵，传统的"强推式"广告日渐消逝，取而代之的是一种"互动式"软广告，即依靠某种理念、文化的力量，以一种润物细无声的方式影响潜在消费者。正如当代品牌大师菲利普·科勒所言，"一流企业卖文化，二流企业卖品牌，三流企业卖产品"。在生产力高速发展、产品极大丰富、供应远远大于需求的时代，"文化"再次成为广告创意的焦点。

比如招商银行与微软在线合作，联合举办的MSN珍藏版VISA MINI信用

卡推广活动。在这次活动中，招商银行首先通过微软的 MSN 互动平台发起对信用套卡中 4 张 MINI 卡的创意征集，并允诺创意胜出者将得到一份特别奖励。该创意征集令一出，广大网民的注意力便立刻被凝聚到微软 MSN 互动平台上，大家有创意的发表创意，没创意的发表观点，一时把微软 MSN 炒得"烽烟四起"。经过一番激烈的论战和票选，最终一组办公室人物秀——"万人迷"莎莎、"工作狂"阿哲、"点子王"朱老板和"金算盘"金大姐得以胜出。这组创意中的四个形象均代表了办公室里一类典型的群体，四个人物联合演绎出一场生动有趣的办公室生活秀。本次面向受众征集的是 MSN 珍藏版 VISA 信用卡及 4 张 MINI 套卡——"生活秀卡"，广告传播上的互动使很多网友能够参与到活动中来，这不仅加深了他们对招商银行信用卡的好感，还借助受众的创意赋予了 VISA MINI 信用卡更多的人文内涵。

（三）从营造关注转向编织体验，实现内容与消费者的有效结合

通过对新媒体时代广告的变迁分析我们可得知，广告诉求日益呈现出"圈子文化"的特征，即每个圈子的成立都是以消费者共同的兴趣偏好、生活态度、价值观念为共识而聚合成群。在传统媒体时代，广告传播的创意思路通常是先以市场调研的数据为参照设置一个广告主题，然后围绕这个主题创意广告活动，编织品牌故事，重金聘请明星代言，或者营造"轰动"事件，最后再打出一个优秀的广告口号，以创意的精彩度来吸引广告受众的眼球与兴趣，从而实现颠覆消费者心智的目的。在这种传播模式中，广告受众处于观看者的位置，虽然也会有短暂的参与和互动，但从本质上讲，仍是一种自上而下的传播。新媒体时代，全新的技术手段赋予了广告创意更多的内涵。Web2.0 技术所带来的充分互动的传播环境为广告创意者编织消费者虚拟体验空间提供了可能。数字时代的广告创意应该以直观的界面以及真实的体验去打动消费者，优秀的互动广告不再需要文字去解释。雷克萨斯 IS 汽车的广告创意团队曾在美国交通拥挤的底特律市创作了一个互动全息图。消费者只要途经该市任何一个雷克萨斯体验店，便能透过玻璃窗外的触屏对新车进行操控。消费者可以把三维虚拟的雷克萨斯 IS 汽车作全息式的观看 (拉近、旋转、改变颜色)，使新车状况一目了然。另外，丰田雅力士的创意团队也把体验式广告做到了极致。他们把雅力士的互动展示与赛车游戏结合起来，通过通栏广告，使任何两个在同一时间登陆雅力士页面的网民，都可以直接驾驶雅力士新车进行体验，在风驰电掣中感受赛车的快感。

在 Web2.0 时代，通行的"营造氛围"的广告创意策略必然要让位于"请

消费者入瓮"，即让广大的消费者成为广告创意的元素，使其身临其境于广告传播的全过程，并成为广告的主角、明星代言人和意见领袖。所以，Web2.0时代广告创意变革的重心应该从"营造氛围，以吸引消费者关注"转向"编织体验，与消费者共舞"。

第七节　新媒体文案创意创作研究

一、新媒体广告文案的主要形式

（一）推荐软文类

该类广告文案和硬广告有较大的不同，是脱胎于新媒体平台下自媒体传播的广告形式。这些被互联网媒体催生的自媒体俗称为"大号"，其内容多为各类感悟语录、心灵鸡汤、幽默段子、知识百科、热点事件、热门话题、天气节日、食物养生、美容瘦身、星座运势等信息，以具有趣味性和可读性的内容吸引用户主动转发分享。"大号"的经营方式非常灵活，可以自由选择合作方，进行推荐类型的软性广告。相对于产品营销类广告，"大号"的推荐文案更需要注意含蓄性表达。对于一个"大号"而言，其核心生命力基本上是它的粉丝量及其受关注程度。倘若在运作过程中，由于广告的生硬植入等造成了负面影响，进而导致粉丝的流失就得不偿失了。因此，推荐软文通常倾向通过不明显的植入。这样的植入一般有三种形式：一是以游记、个人体验等较为优美的文本对合作方的店铺或品牌进行介绍；二是通过口碑推荐等生活指南的方式来引导消费；三是和合作方联合开展有奖参与活动，通过合作方提供的实体或虚拟奖励，在吸引粉丝参与的同时，达到植入和宣传的效果。"大号"不仅需要通过广告的植入实现盈利，还必须更加注意对粉丝关系的维护，时不时分享一些无关广告的有趣内容，实际上是对自媒体的持续营销，以借此维护和粉丝的关系。

（二）产品营销类

产品营销广告类似传统媒体上的硬性广告，通过直观简短的介绍或宣传，为其宣传的产品造势。此类广告大致上沿袭了传统媒体广告文案的特征，所以其播发渠道实际上和传统广告类似，主要采用广播的形式，通过各类新媒体平台，把信息强行推送到用户面前。当前，产品营销类广告多存在于各类应用弹窗等渠道中。企业的官方微博、微信公众号等所发布的有关产品/品牌信息的硬广告，以及在自媒体平台上开展促销、集赞抽奖、微博微信竞猜、转发有奖、互动讨论、投票等活动都属于此类。相较于电视和广播等传统媒体，新媒体的推送更具有针对性，可以通过大数据等技术应用帮助广告更精准地送达优质受众的终端。所以，这一类广告的本质依然和传统媒体中的产品类广告一脉相承，相比传统产品营销类广告文案，新媒体的广告文案针对性更强，沟通传播也更强。

二、新媒体广告文案创意原则

（一）体现广告文案的娱乐性

在新媒体时代背景下，我们需要摒弃传统硬广告的创作思维，在创作新媒体广告文案时，避免沿传统的标题、副标题、正文、口号、传播等顺序开展相应的文案创作。可适当采取"软化"的广告形式，赋予广告以类型，将所要传达的信息与受众兴趣点巧妙糅合。比如通过重点收集和采用受众喜闻乐见、有趣、好玩的"段子"，将产品或者品牌信息植入"段子"，这是新媒体时代的广告人需要具备的能力。这就要求广告人必须更加熟悉受众的语言风格、喜好爱好，最大限度地降低受众对广告的反感。甚至一些优秀的广告，受众明知是广告，读起来却津津有味。因此，文案创作的核心就是让受众觉得"有趣"，充分调动受众转发分享的欲望，使品牌理念随着广告传播而深入受众内心。

（二）严禁传播虚假伪造信息

新媒体时代带来信息的大爆炸导致在繁杂的信息中抓住目标受众的眼球不是一件容易的事。广告为了吸引眼球适当地出位是可以理解的，但在进行文案创作时，必须有底线，切忌虚假和造谣。借助便捷发达的搜索引擎，谎言很快就会被拆穿，靠虚假宣传谋求关注无异于饮鸩止渴。

海南椰树椰汁虚假宣传可作为例证。2019年，有媒体发现在椰树椰汁的宣传文案中，将产品定性为"丰胸神器"，网友也指出"从小喝到大"的广告语存在歧义，暗含着丰胸的意思。这种擦边球的广告文案，被指存在虚假宣传。对此，当地工商局表示情况属实，已经进行立案调查。对此，海南椰树集团曾在官网发文称："椰子汁是将椰子肉榨汁而成的天然饮品，其所含的维生素E能保持女性青春活力，丰富的锌可促进少女发育。"而这一回应迅速被营养学领域否定，其中丁香医生微信公众号表示，这些成分真的没有任何丰胸作用。中山大学公共卫生学院营养学系主任蒋卓勤曾在接受媒体采访时表示，椰汁并非保健品，没有功能之谈。造谣或许会吸引受众一时的关注，但当谣言破灭时，也是品牌被消费者唾弃之时。因此，在创作广告文案时，一定不能触碰这条红线。

（三）依托热点强化传播效果

热点事件和新闻话题都是极易引起转发的内容，因此在创作广告文案时，应将所要传达的信息与当下热点紧密结合。密切关注并深入解析热点事件，结合自身品牌、广告与营销目标，加入大众话题讨论中。借助热点事件，可使广告传播效果呈几何级增长。选择热点话题时，需要考虑到时效性和相关性。时效性即文案创作的及时性，网络上的热点内容生命周期大都很短，必须及时把握住稍纵即逝的热点，在最短的时间内创作出广告；相关性指广告文案的创作需要考虑热点事件和自身品牌的调性、产品/品牌信息是否相关。如果无法做到相关却牵强附会，效果必然大打折扣，甚至还会起到反作用。杜蕾斯是新媒体广告创作领域的佼佼者。这样一个平时总是令人尴尬和脸红的品牌，不便做线下传播。然而，在新媒体时代，杜蕾斯找到了自己的空间和定位，并大受欢迎。杜蕾斯在微博上将自己打造成一个"有点绅士又有点坏，很懂生活又很会玩"的形象，在这样的基调上，不放过每一个可以运用的热点。

三、新媒体广告文案创作技巧

如何写一个新媒体思维的文案呢？下面从六个方面对比进行解读。

（一）分解产品属性

互联网初创公司无不把产品分割成一个个独立属性进行宣传。新媒体文案之所以需要分解产品属性，是因为这有助于它们弥补与大品牌之间的劣势。

消费者选购产品时有两种模式——低认知模式（不花什么精力去了解和思考）和高认知模式（花费很多精力去了解和思考）。大部分时候，消费者处于低认知模式，他们懒得详细了解并比较产品，更多的时候是简单地通过与产品本身无关的外部因素来判断——"这个大品牌，不会坑我，就买这个！"很多时候，消费者应该进行高认知模式，花费很多时间和精力来比较产品本身，而不是简单地通过品牌和产地来判断和选择。分解产品属性就是一个很好的方法，其可以让消费者由一个"模糊的大概印象"到"精确的了解"。

（二）从对方出发指出利益

文案仅进行产品属性分解还不够，还需要把利益点说出来，即这样的属性具体可以给对方带来什么。

销售员往往详细地介绍了产品，顾客却抱怨说："你说的这些特点都不错，可是对我来说有什么用呢？"如果想写出好文案，就需要转变思维——不是"向对方描述一个产品"，而是"告诉对方这个产品对他有什么用"。

（三）定位到使用情景

当被要求描述一款产品时，大部分人最先想到的是："这是一个XX。"有些人还会想到——"这是一款专门为XX人群设计的产品！"其实还有第三种——"这是一款可以帮你做XX的产品。"实际上，针对新媒体产品的特点，应该更多地把产品定位到使用情景——用户需要用我的产品完成什么任务。比如，如果描述"这是一款智能无线路由器"，用户可能不知道广告在说什么，但是，如果广告说"你可以在上班时，用手机控制家里的路由器自动下片"，用户可能就会心动。所以，最重要的并不是"我是谁"，而是"我的消费者用我来做什么"。

（四）寻找正确的竞争对手

消费者总是喜欢用不同的产品进行比较，因此写文案时需要明确：我想让消费者用我的产品跟什么对比？我的竞争对手到底是谁？

无数的行业创新产品都涉及这样的竞争对手比较。比如在线教育的竞争对手其实并不是线下培训，因为对那些肯花时间和金钱参加培训的人来说，在线教育显然满足不了其对质量的要求。它的竞争对手其实是书籍、网络论坛。因为它的客户是因为没钱没时间而无法参加培训，以至于不得不看书自学的人。又如太阳能的竞争对手最初并不是火电，因为对于性能稳定的火电来说，太阳能太不靠谱了；它的竞争对手是"没有电"——太阳能最初在美国失败，却在非洲最先实现商业化。因为对美国人来说，太阳能太不稳定了，但对没有电网的一些非洲国家来说，自建太阳能发电器总比没有电用要好。

（五）提供导火索

文案的目的是改变别人的行为，如果仅让别人"心动"，却没有付出最后的"行动"，可能会让文案功亏一篑。最好的办法就是提供一个明显的"导火索"，让用户想都不用想就知道现在应该怎么做。

心理学家还做过这样一个实验：在透明玻璃门的冰箱内放满食物，很多人去偷食物；给这个冰箱上个锁，再把锁的钥匙放在锁旁边，结果几乎就没有人去偷食物了。因为偷食物这件事由"想都不用想就知道怎么做"变成了"需要想想才知道怎么做"，就显著降低了人们做这件事的欲望。

所以，永远不要低估"伸手党"的"懒惰程度"，必要时在文案中明确告诉别人：现在你应该怎么做。

（六）增强视觉感

文案必须写得让读者看到后就能联想到具体的形象。如果只说"夜拍能力强"，很多人没有直观的感觉；如果说"可以拍星星"，就立马让人回忆起"看到璀璨星空想拍但拍不成"的感觉。

优秀的文案能让人联想到具体的情景或者回忆，但是太多文案写得抽象、模糊、复杂、假大空，让人不知所云。例如：

教育课程广告——我们追求卓越，创造精品，帮你与时俱进，共创未来！

芝麻糊广告——传承制造经典！

男生求婚——我们一定会幸福生活，白头到老！

面试者——我有责任感、使命感，一丝不苟，吃苦耐劳！

如果同样的意思，加入"视觉感"的描述，效果就显著不同：

教育课程广告——我们提供最新的知识，以帮你应对变化的世界。

芝麻糊广告——小时候妈妈的味道。

男生求婚——我想在我们老的时候，仍然能牵手在夕阳的余晖下漫步海滩。

面试者——我为了1%的细节通宵达旦，在让我满意之前决不放弃最后一点改进。

为什么视觉感这么重要？心理学中有鲜活性效应，是指受众更加容易受一个事件的鲜活性（是否有视觉感）影响，而不是这个事件本身的意义。所以，写文案一定要有视觉感。

第五章　新媒体广告设计

第一节　新媒体广告设计与心理学

一、广告与心理学

广告设计的最终目的是促销商品。要实现这个目的，就必须遵循消费者的心理活动规律，从消费者的心理出发，做到令人喜闻乐见、易于接受，从而收到较好的广告效果。一个成功的广告设计，不仅能最大限度地达到其促销的目的，吸引更多的消费者，还能在一段时间内倡导某种生活方式，给消费者带来多层次、多侧面的影响。可以说，任何优秀的广告设计都是建立在成功地把握消费者心理的基础之上的。心理学是研究人的行为和心理活动的规律的科学。心理学要研究人的行为、心理以及心理和行为的活动规律。心理活动在行为中产生，又在行为中得到表现。心理学探讨的问题已经逐步深入到社会生活的各个领域，设计与心理研究的结合在今天显得尤为重要。马克斯·丁·菲里德兰说过："艺术设计是心灵之事，任何一次科学性的艺术设计研究必然属于心理学的范畴。它可能涉及其他领域，但是属于心理学范畴则是永远不会更改的。"设计师只有了解了设计物的对象——"人"的心理特点和心理规律后，才能有的放矢地设计出能够满足使用者和受众心理感受的有意义、有价值的"物"，才能真正产生"以人为本"的设计。而广告心理学是指通过心理学的概念和法则来掌握消费者的心理特点，使其在消费者中达到更好的广告传播效果，进而通过广告媒体实现产品的销售行为。广告心理学原理在广告设计中的实施充分说明了其可以使广告设计与传播达到意想不到的效果。但要真正实现一定的效果，还需注意以下两个方面：

一方面，广告内容需要冲击性。这里的冲击性是指在广告设计的过程中，要保证广告内容能够带给观众一定的冲击感，这种冲击感可以是情感、感官、视觉、记忆等多方面的。只有给人以巨大的冲击感，才能使自身广告从众多纷乱繁杂的广告中脱颖而出，吸引更多人的注意力，使其产生强烈的购买欲望。以当前的广告内容来说，阳光帅哥和气质美女总能让人忍不住多看几眼，所以在广告设计过程中要注意体现广告内容的冲击性。

另一方面，广告内容要具有情感诱惑力。广告市场竞争激烈，观众的吸引力和注意力是广告设计必争之地。要想设计出新颖独特的广告，广告设计者就要注意提升广告内容的情感诱惑力。也就是说，广告内容要能够引发消费者的亲情、友情、爱情、怀旧等一系列内在情感，使消费者在观看广告的同时，与广告所要传达的情感产生共鸣心理，进而使消费者产生购买产品的欲望。总之，提升广告内容的情感诱惑力对广告设计来说非常重要。

二、广告设计的心理效应

在经济全球化和新经济浪潮中，广告成为企业开拓市场、赢得公众的第一法宝。国内外超一流的卓越企业往往得益于超一流的广告。广告界有一句名言说得好："科学的广告术是遵循心理学法则的。"任何心理活动都有它产生、发展的过程。消费者对广告接受的心理活动也是如此。要实施广告设计心理战略，就必须要了解广告作用于消费者的心理机制。宝洁公司在我国刚推出"安儿乐"纸尿裤时，主要诉求是纸尿裤"方便妈妈"，免除年轻妈妈洗尿布之苦。但在大规模推向市场的过程中，产品销路并不畅通。宝洁公司就委托市场调查公司对广大年轻妈妈的心理进行调查，发现原来安儿乐纸尿裤诉求的"方便妈妈"，容易造成花钱买纸尿裤的妈妈有懒惰之嫌，特别是中国自古就有婆媳关系难相处的传统，一个主要原因就是婆婆总误会儿媳妇偷懒。在这样的背景下，那些想买纸尿裤的妈妈会为了避嫌而放弃购买，致使产品滞销。最后，公司进行周密的目标消费者分析，把主要诉求点改为宝宝，诉求安儿乐纸尿裤怎么好，特别是相对于传统布尿片"能更好地保护宝宝健康成长，同时方便妈妈"。这样年轻妈妈就可以理直气壮地购买该产品，享受安儿乐纸尿裤给宝宝带来的舒适以及给自己带来的方便。经过这种调整，安儿乐纸尿裤很快就打开市场，被广大消费者所接受。这样的案例在广告界不胜枚举。所以，如何探索广告活动与消费者相互作用过程中的心理现象及心理规律，如何使广告对人的思想、情感、观念和行为产生影响，如何有效实施广告的心理战略，都是我们在广告设计中必须考虑的问题。

三、广告设计的诉求心理

广告的作用对象是消费者，为了实现广告的有效传播和诉求，必须使广告设计符合消费者心理。广告设计有多种诉求方式。

（一）形象诉求

形象就是心理学中的知觉，即各种感觉的再现。人们通过听觉、视觉、味觉等感知事物，在大脑中形成一个关于事物的整体形象即知觉，就是"形象"。它有整体性、选择性、理解性和恒常性等规律，在广告设计中有着广泛的运用。此外，利用明星的形象为产品做宣传，也是时下极为流行的广告手段。

例如，OPPO 在 2017 年 3 月发布的由李易峰和焦俊艳主演的、金牌监制许月珍和金马奖最佳新导演奖得主黄进导演的长达 20 分钟的微电影《看不见的 TA 之时间裂缝》。该广告片主要讲述李易峰化身 OPPO 清新绿限量版手机与女主角开展人机穿越的虐恋，有机地将明星与产品相结合，使产品化身为主角出现在电影中。在该广告片中，OPPO R9s 清新绿机型只在几处剧情需要时作为道具出现，产品与产品功能的出现并没有影响到微电影的观看效果，且让受众在为电影中主角的感情唏嘘时能够清楚地意识到这是 OPPO 的广告。该广告追求画面制作的精良和剧情的跌宕起伏，产品只是作为广告影片的线索出现在视频中。这种广告方式不仅不会使人厌烦，甚至还会吸引明星的庞大粉丝群和电影发烧友主动观看。

（二）理性诉求

理性诉求指的是广告诉求定位于受众的理智动机，通过真实、准确、公正地传达企业、产品、服务的客观情况，使受众经过概念、判断、推理等思维过程，理智地做出决定。这种广告设计可以做正面表现，即在广告中告诉受众如果购买某种产品或接受某种服务会获得什么样的利益；也可以做另一种表现，即在广告中告诉消费者不购买该产品或不接受该服务会对自身产生什么样的影响。这种诉求一般用于消费者需要经过深思熟虑才能决定购买的产品或接受的服务，如高档耐用消费品、工用品等。这种广告诉求方式也称"晓之以理"。

（三）情感诉求

广告设计的最终目的是要诱导消费者产生购买行为，而消费者的购买行为发生是和人们的情感活动联系在一起的。消费心理学的研究认为，消费者购买商品的一般心理过程大致包括七个阶段，即注意→兴趣→联想→欲望→比较→决定→实际购买。在这里，消费者的情感可以变为购买行为的发动机。因此，注重消费者的情感规律是现代广告设计极为重要的方面。情感诉求亦称情绪诉求，是指广告设计者通过极有人情味的诉求方式，去激发消费者的情绪，满足其自尊、自信的需要，使之萌生购买动机。这种广告诉求方式即"动之以情"。

（四）潜意识诉求

精神分析学派创始人弗洛伊德认为：心理并不等于意识，处于意识以外的东西并不处于心灵之外。因此，关于人类的心理活动，如果只听意识告诉我们的说法，那么我们将永远也无法彻底理解它，而且常常误解它。潜意识表现为人的被压抑的欲望、本能等。所以，在进行广告设计时，不但要考虑消费者的意识，还要考虑其潜意识。在广告设计中，针对目标消费者的潜意识，满足其潜意识的需求，就能使消费者在潜移默化中接受广告信息，达到意想不到的宣传效果，从而实现"润物细无声"。

四、广告设计的创意心理

一个广告若有了好的创意就等于成功了大半，而这创意的来源就建立在充分把握消费者心理的基础上。它应当产生引起注意、提起兴趣、培养好感、激发欲望、引发行动、加深印象的心理功效。

（一）注意与吸引力

广告界流行着一句名言："让人注意到你的广告，就等于你的产品推销出去一半。"可见，注意是广告效果的第一步。从消费者接受心理方面讲，广告能否吸引消费者注意是其成败的心理基础。因此，在广告设计中，可以采用凸显刺激物的特点，增强广告重复率及艺术性，选择恰当的时空位置等来提高广告自身的吸引力，以引起消费者的注意。

（二）知觉与理解

一则广告需要消费者先通过感觉器官来接收广告信息，再做出判断，此即对广告进行感觉与知觉。前文提到知觉具有整体性、选择性、理解性和恒常性等规律，在设计中好好把握和运用这些规律，能让广告达到独特的效果。中国台湾一则以节水为主题的公益广告中，整个画面只有两个字，一个为"陈"，另一个为"扁"，中间空了一个字的位置。因为"陈水扁"这个名字在台湾地区家喻户晓，虽然缺了一个字，但根据知觉整体性的规律，消费者会把不完整的知觉变为完整，观众会根据知觉把它理解为"陈水扁"，只因没有"水"，所以要节水，构思巧妙，发人深省。

（三）记忆

记忆是过去经历的事情在人们头脑中的反映，它是一个复杂的心理过程。以广告记忆而言，它是把不同的广告区别开，记忆在大脑中。对广告的宣传来说，一定程度的遗忘是不可避免的。但是，可以根据消费者的记忆规律，在广告设计和广告宣传上采取一定策略，将遗忘降低到最低程度，增强消费者的广告回忆。比如，将广告信息进行适当的重复，采用新颖独特的广告形式，增强感染力，以引起消费者的情绪回忆等。

（四）想象

想象是人所特有的一种心理活动，是在已有知识经验的基础上，在头脑中建立新事物形象的心理过程。它又可分为创造想象和再造想象。对于广告设计者来说，所构思的新形象是创造想象；对于广告接受者来说，依据广告作品的描述或图示在脑中构思的形象就是再造想象。好的广告，应当能够激发受众的再造想象。所以，在广告创作中，激发消费者的再造想象是广大创意人始终不渝的追求。曾经在中央电视台有两则同时播放的广告，都是来自草原的产品，两者的主要诉求点都是大草原，但效果不尽相同。一则是蒙古王酒，其画面是辽阔的草原和一批奔驰的骏马，配以一句"蒙古王酒，来自草原人民的爱"；另一则为伊利奶粉，其画面是蓝天、白云、大草原，微风轻拂，在草原深处不时露出点点牛羊和淡淡奶香，再配以人们熟知的诗句"天苍苍，野茫茫，风吹草低见牛羊"，巧妙地同产品相连。根据这首诗的节奏，另接上"大草原，乳飘香，伊利奶粉美名扬"。同样是来自草原的产品，同样的诉求点，显然第二则广告给人以更好的再造想象，因而其宣传效果更佳。

上述内容只是从设计心理学的几个主要方面阐述其在广告设计中的运用，还有许多其他方面也起着不容忽视的作用，如文化心理、品牌心理、策划心理等。无论如何，都得牢记"上兵伐谋，攻心为上"的原则。消费者是广告作用的对象，广告要想获得成功，务必要抓住消费者的心理规律和行为特点，通过绝妙的创意及技术将其表现出来，从而实现最终的销售目的。只有先满足消费者的心理需求，再运用种种技术提升注意力，并有效促进受众的"记忆"和"联想"的广告才称得上好的广告设计。

第二节　新媒体广告的表现手法

一、平面广告的表现手法

平面广告一般被称作印刷广告，泛指一切以长、宽二维空间来传递视觉信息的广告媒体。平面广告传达信息简洁明了，能在瞬间抓住消费者的眼球，又因其制作成本较低等优势成为广告主要的表现手段之一。平面的表现手法多种多样，要选择其中最适于表达创意的手法，以利于引起受众的注意和兴趣，从而增强广告传播的效果。这里介绍几种常用的表现手法。

（一）展示法

展示就是直接而真实地把商品展示在消费者的面前，给消费者留下深刻印象。这是比较传统而又通俗的表现手法，它与广告宣传商品的目标一致，故而经久不衰，尤其是用来表现商品的外观和特点，形象逼真，使人一目了然。但也不能是自然主义的纯客观表现，而要在构图的安排、主体的突出、背景的衬托、色光的处理等方面进行精心的设计。

例如，玛莎拉蒂是一家意大利豪华汽车制造商，1914 年 12 月 1 日成立于博洛尼亚，公司总部现设于摩德纳，品牌的标志为一支三叉戟。1993 年菲亚特收购玛莎拉蒂，使其品牌得以保留。玛莎拉蒂总裁系列通过直观展示的手法突出商品的质感、形态，创造出具有超强感染力的氛围。这种手法是直接将商品的细节展示在消费者面前，因此一般是选取商品中最吸引人的部位，打造出具有强烈感染力的氛围，使广告迅速抓住消费者的眼球。

（三）夸张法

夸张是一种依据于现实生活，并通过丰富的想象力，对画面形象的典型特征加以放大或强调，或者通过对物体实际比例的更改，凸显广告的创意性，增强画面的新颖化、奇特化，使画面富有情趣性，进而达到吸引受众的目的。比如，在捷达的广告中，通过关门声可以震落小孩的玩具以及树上的小猫等来展示新捷达扎实的关门声。通过夸张的手法让观看这则广告的人感受到新捷达优越的性能，同时使广告作品本身具有了较强的观赏性。从某种角度来看，夸张的表现形式可以是整体夸张、局部夸张、透视夸张、适形夸张等，但要注意整体关系，不能因局部的夸张而破坏画面的整体性。

（三）象征法

象征不进行直接表现，它注重"意象"的表达，注重自然中的人文内容以及与人有关的象征。通过艺术化的视觉形象来传达某种特定的意念，它们之间没有必然的关联性，只有外在特征的某些类似联系。其视觉形象可以是物形，可以是符号，也可以是色彩。总之，为了代表一种意念，其视觉形象既可以是抽象的，又可以是具象的。比如，长城象征中国、金字塔象征埃及等。这一表现手法最为典型的就是奥迪广告。该平面广告设计以孵有蛋的鸟窝代表奥迪车标中的四个圈，这一象征性设计手法彰显了奥迪汽车品牌所追求的安全、温暖、舒适等特性，使受众在产生联想的过程中形成共鸣。

（四）图解法

当广告需要突出地宣传商品的内部结构、产品功能、主要成分、使用方法或其他相关知识的时候，往往要采用图解式的表达手法。它节省了文字的解释，而且有时比文字更加直观、准确而易懂。这是一种通俗有趣的表现手法，但在画面布局和效果处理上，一定不能失去画面的生动性和艺术性，否则将使广告缺乏吸引力。例如，Epson随身印的打印机广告是一名女性手拿打印出来的纸张，纸张画面中的裙子与其着装相呼应。这种简单、直观的图解方法让受众轻松地与随身打印联系起来，所传达的信息更为直观、准确、易懂。

（五）比喻法

比喻法是指在广告创意设计的过程中，将两个原本不同的事物通过某些方面联系起来，使观众一看到其中一个事物就会下意识地想到另一个事物。"以此物喻彼物"，比喻的事物与广告要表现的主题没有直接的相关性，但它们在某一点上有共同的特性，因而可以借题发挥，进行延伸转化，获得"婉转曲达"的艺术效果。比如，"live young"是依云一直以来坚守的品牌理念，在其所有的广告作品中都被表现得淋漓尽致。年轻不仅仅指年龄小，但又应该如何表现呢？依云想到了一个好办法，将屏幕切成两半，一半是婴儿，一半是成年人。通过这种比喻的方式，表现用依云水不仅浇灌出你身体的年轻，更给你带来积极乐观的生活态度。与其他表现手法相比，比喻手法没有那么明显，有时候受众难以在第一时间领悟到其中的深意，但一旦领会，便能给人带来意味无穷的感受。需要注意的是，这类喻体的选择要紧密贴合社会实际，避免使用一些比较小众、生僻或者社会大众不易联想到的事物。

（六）反常法

反常就是有意违反常规，使之不合情理，以引起受众的惊奇和注意，给受众以深刻的印象，从而达到广告传播的目的。我国古代著名的青铜作品"马踏飞燕"，一匹奔马速度之快竟然能踏住一只急速飞翔的鸟儿，这种反常的现象就给人留下了深刻的印象。在广告中，那些变异、怪诞、互悖、矛盾的图形表现都属于以反常手法吸引受众的实例。某婴儿床广告便可作为此类表现手法的典型案例之一。一般情况下，一想到婴儿床，固有思维告诉我们，其使用者主要是婴儿，但在该则广告中婴儿被成人所替代，并附有"想做个 baby 吗，忘记一切烦恼"的广告语。这种超出常理的做法引起了受众的惊奇和注意，从而达到了广告传播的目的。

二、影视广告的表现手法

和平面广告相比，影视广告在传播的时效性、便捷性和效果方面具有很多优势，因此在其他条件允许的情况下，影视广告是广告商的首选。影视广告从播放介质上可以分为电视广告和电影广告，从内容和制作方式等方面也会有不同的划分。可以说，从不同的角度看待影视广告的表现，就会分成不同的类型。这里我们依据传递信息的直接程度对影视广告的表现手法进行简单的划分。

（一）直接解说法

这一类型的影视广告最大的特点就是对广告商品的信息进行直观明确的展示，通过画面让消费者了解商品的外观、生产流程等具体的信息，同时运用文字、广告语等把广告商品的突出优势、使用效果等信息传递给消费者。这类广告比较单调，为了吸引消费者的注意，制作者往往会通过设计一些特定的场景来营造美好的氛围，同时在拍摄的构图、色彩以及广告语的选择等方面下功夫。例如，妈妈和孩子之间陪伴玩耍的场景设计得比较温馨美好：天空湛蓝，几个色彩鲜艳的热气球在空中飘来飘去；一家三口坐在其中一个热气球上，妈妈拿出手机拍照，笑容一直洋溢在三个人的脸上。这些场景自然会让人联想到妈妈会为了孩子精心选择品质好的奶粉，美素佳儿奶粉的出场便水到渠成。

（二）故事演绎法

故事演绎型的影视广告对广告信息的传递比较间接，一般会把广告商品隐含在故事之中，设计出有情节、有悬念的故事，让消费者在观看故事时自然接受关于商品、服务等的信息。比如，"百年润发"中的怀旧爱情故事、百事可乐的家人团聚过年的故事。在这些广告中，广告商品虽然不是故事的主角，但作为一条隐藏的线索时隐时现。

运用故事演绎进行广告表现时，要注意以下几个问题：

第一，为了避免陷入看完故事忘了商品的尴尬，要在故事中反复出现商品的形象，对商品进行多次强调。

第二，故事要简单易懂，情节不宜太复杂。影视广告的时间较短，太过复杂的情节不仅会影响消费者理解故事，还会影响其对广告信息的接受度。

第三，故事的设计要自然，不能牵强附会，要和商品的特质、主人公之间具有密切的关联性。

例如，益达的广告《酸甜苦辣》讲述了一个小丫头成长为大厨的故事。一开始，小丫头不认同父亲的训练方式，觉得老套、无聊，总想偷懒。后来有幸拜在厨神的门下学习做菜。经过酸甜苦辣的训练，小丫头终于学会了沉下心来努力学习做菜了，对父亲的态度也发生了改变。在这一则广告中，巧妙地利用了味觉上的酸甜苦辣和学艺路上的酸甜苦辣之间的联系，自然贴切，丝毫不生硬，并把利用益达护理牙齿与来自师傅和父亲的关心融为一体，故事感人且发人深省。再加上两位主角白百何和郭晓东两人的形象也比较符合故事情节——少不更事又稍显调皮的小丫头和沉稳老练又关心体贴的大叔，从而有效提升了商品的知名度（图 5-1）。

（a）　　　　　　　　　　　（b）

（c）

（d）

图 5-1　益达《酸甜苦辣》广告

　　而雕牌洗衣粉在越来越激烈的广告竞争中选择了走情感路线，以情动人。

　　令人印象最深刻的就是 1999 年最经典的雕牌洗衣粉下岗职工篇广告。画面开始是唯美的音乐，然后出现一对母子，母亲伏在孩子的身边，然后孩子开始自述："最近，妈妈总是唉声叹气，我要给妈妈一个惊喜。妈妈说，雕牌洗衣粉只要一点点，就可以洗好多好多的衣服。看我洗得多干净！"伴随孩子的自述画面从母亲不断地寻找工作，切换到孩子在家用雕牌洗衣粉洗衣服，然后一个人坐在沙发上蜷抱着等妈妈回来，再切换到妈妈回来后孩子已经睡了，旁边有个小字条，上面写着："妈妈，我能帮你干活了。"广告以母亲看后泪水奔涌而出结束。广告结尾部分的字幕和商标巧妙地借助了高潮部分的理念，将雕牌洗衣粉至真至爱的深情牢牢地植根于消费者心中（图 5-2）。

（a）

（b）

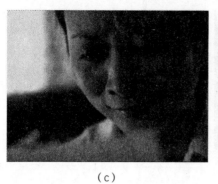
（c）

（d）

图 5-2　雕牌洗衣粉下岗职工篇广告

（三）理念倡导法

理念倡导型的广告一般只适合那些拥有较高知名度的商品和企业。对这些商品和企业来说，宣传商品本身的特点和优势已经不是广告的重点了，倡导一种生活方式或理念才是广告的诉求所在。比如，香奈儿的广告中很少会出现关于香水本身的功效或者其他一些信息的说明，鼓励女性勇敢地生活、挣脱束缚去发现新世界等理念一直是其广告中传递的主要信息。

（四）消费者证言法

通常情况下，消费者认为演员无法完全扮演真实生活中的角色，更愿意相信同为消费者的证言。消费者证言式广告必须反映现实生活来证明消费者真的使用并喜爱你的产品。运用这个方式，可信度与幽默感不可或缺，绝不可呆板无趣。在这方面，国内某品牌牙膏的"吃嘛儿嘛儿香"篇广告做得比较成功。长期以来，宝洁公司的产品广告也大都采用消费者证言式。

（五）婴儿表现法

已往婴儿通常只被用来表现或代言婴儿产品，但现在很多看似与婴儿无关的产品类别也常用婴儿代言，如汽车、家电、IT类产品等。为什么婴儿表现会引起这么多青睐？因为婴儿纯真、不造作、不撒谎，可以引发人们的童心以及女性关爱。具有这么多优势的销售员为你做广告，消费者会不信吗？

（六）动物表现法

明星不一定都是人，在电影和电视里有很多动物明星，它们都是经过专业训练的。在消费者心目中，动物可爱、机灵，能唤起人们的同情心。如果你的广告具有创造性，那么它们就是有效且合适的代言人。为了让广告引人注意和招人喜爱，广告创意有所谓"3B"法则，即 beast（动物）、baby（婴儿）、beauty（美人）。"3B"法则认为只要广告中出现了这三种元素，就能吸引观众的眼球，并博得他们的喜爱。

（七）生活片段法

这是最普遍也是最有说服力的表现手法。要想在众多雷同的广告手法中脱颖而出，有几点可以帮助你：

（1）单纯。集中、单一地去陈述产品的利益点。

（2）问题与解决。产品如何解决消费者的问题是消费者最关心的，但需要有趣味性的诉求。

（3）权威的数据。许多令人信服、成功的广告均建立在权威的数据基础上，但你传达的信息要与产品相关，而且具有延展性。这里要注意的是，影视广告是一个感性的媒体，长于煽情，短于说理，而且在时间长度上有严格的限制，因此在数据的引用上要运用好技巧。如果是通篇的数据展示，那么不仅观众记不住，还会使广告片枯燥乏味。

（4）示范。在生活片段中融合产品示范，可让你的品牌或产品主张及利益点显得更加可信。

第三节 新媒体广告的设计要素及原则

一、平面广告设计要素及原则

（一）平面广告设计要素

平面广告作为一种历史悠久的表现方式，在技术日益发达的今天依然呈现出非常强劲的生命力，广播广告、影视广告、网络广告等广告形式的出现并没有完全取代平面广告的位置。

平面广告的设计元素主要包括文字、图形、色彩和负空间。

1. 文字

文字是平面广告中最重要的部分，起着核心的作用。文字能够准确、清楚地表达广告制作者的诉求意图，广告商品的信息也得以顺利地传递给消费者。然而，文字并不是平面广告必不可少的元素，不着一字的广告作品也有很多。在注意力经济的时代，要想使广告能在较短的时间内被人们所接受并记住，平面广告的文字应该做到以下几点：

（1）短小精悍。无论是从广告篇幅上来说，还是从人类的认知习惯来说，文字的数量都不宜过多。在"图文并茂"的广告中，文字往往起到介绍、解释等作用，长篇大论的文字叙述往往会造成人们阅读的疲劳。此外，和图案相比，文字的吸引力往往不是很强。只有当人们无法从图案中得到全部信息时，才会转而求助于文字。

（2）多用常见字，不用生僻字。近年来在国内的平面广告中，尤其是房地产广告中，经常出现一些比较生僻的字词，如"倾情钜献""年终钜惠""臻藏别墅"。这些词要么是生造，把两个单字组合在一起，如臻藏；要么是用已经淘汰的生僻词，如把"巨"换成"钜"。这样生僻的词语容易吸引人们的眼球，但不利于理解。

（3）避免出现不规范的字。为了吸引人们的眼球，追求较好的广告效果，一些广告作品中经常会出现不规范的汉字，篡改成语的现象也有很多。比如，某止咳药的广告语"咳不容缓"，驱蚊器的广告语"默默无蚊"。用谐音字来吸引人们的目光固然可以达到传播效果，但也容易误导社会公众尤其是未成年人。此外，平面广告中的文字还应该在字号、字体的设计上与广告的整体风格保持一致。

2. 图形

图形是广告作品中重要的"视觉语言"。在绝大多数广告中，图形占有重要的地位。图形能够给人以直观的形象，尤其是在宣传商品时，它能使消费者对于商品的外观、性能、用法等"了如指掌"，可以省却许多文字的解释。在一幅广告前，受众总是先被图形吸引，然后看标题，最后看其他文字。可以说，图形具有三种功能：

（1）吸引受众注意广告版面的"吸引"功能。

（2）将广告内容传达给受众的"传达"功能。

（3）把受众的视线引至文字的"诱导"功能。

为了充分发挥图形在广告中的功能，设计时要注意做到：

（1）以富有创意的画面充分地体现广告主题。

（2）图形既要生动又要简洁，做到"阅读最省力"。

（3）格调高尚，能给人以美的感受；情理交融，既能以理服人，又能以情感人，有助于受众对信息注目、理解、记忆，进而产生强烈的购买欲望。

不同的广告，其主题、商品、取材、受众、表现手法等方面不同，图形的表现风格也不相同。图形的风格大体上可分为以下几种类型。

①摄影型。摄影能够忠实地反映客观现象，照片如实物，可以使受众产生信任感，具有很强的说服力。摄影型的图形并不要求完全地照搬照片，而是要求设计师根据设计创意，以照片所提供的形象素材进行再加工。这样的图形，既体现了主题，又保留了照片所固有的生动性，能取得良好的视觉传达效果。

②装饰型。装饰是指图形符合形式美的原则和装饰艺术的要求。装饰图形对形象的表达，不是采取单纯摹写的方法，而是运用变形、归纳、装饰的手法进行加工，使之既能表达广告的主题，又能给受众以美的感受。设计装饰型图形时，要注意在外形与色彩处理方面要洗练，以增强其视觉冲击力。

③混合型。一幅图形可以只有一种统一的风格，也可以多种风格并存。混合型图形可以根据广告主题的需要，从多种视觉角度表达多层内涵，画面效果丰富，有很大的表现空间，但是版面容易乱。因此，要将变异融入秩序，一般的手法是通过分割安排多种风格的图形，在和谐中获得整体的美感。

3. 色彩

在实际生活中，人们时时处处都与色彩发生着联系。生活用具和其他消费品都有各自的色彩。在商场里，色彩的魅力不断地影响消费者，色彩的刺激是消费者产生购买动机的重要因素。在广告中，色彩引人注意的作品往往是很显著的，尤其是在户外广告中。因为受周围环境的影响，分散注意力的因素很多，所以色彩鲜明的广告能够排除这些分散注意力的因素，引起受众对广告的注意。一般来讲，广告色彩由图形、底色和标题三部分组成。色彩基调的选择主要在于图形和底色，特别是图形，往往处于画面的中心位置。因此，对图形色调的选定要特别精心。底色可以起到衬托作用，标题则可以决定整个版面的基调。在广告色彩的搭配中，还必须注意要符合有关用色的规定与惯例，如安全色、国家或宗教的禁忌色，灵活运用色彩学和色彩心理学的知识。

4. 负空间

简单来说，负空间就是物体之间的空间，是摄影里表现孤立的一种手法，常运用于建筑等领域。在平面广告中，负空间是指除字体本身所占用的画面空间之外的空白，即字间距及其周围空白区域。文字组合的好坏很大程度上取决于负空间的运用是否得当。字的行距应大于字距，否则观众的视线难以按一定的方向和顺序进行阅读。不同类别文字的空间要做适当的集中，并利用空白加以区分。为了突出不同部分字体的形态特征，应留适当的空白，分类集中。

（二）平面广告设计原则

平面广告作为一个整体，文字、图形和色彩等单个元素的正确运用并不能保证平面广告文案的成功。在平面广告的设计中，还应该遵循以下几个原则。

1.结合媒体特点，选择合适的表现方式

根据传播媒体的不同，平面广告可以分为很多类型，如报纸广告、杂志广告、POP广告、户外广告等。这些广告各有各的特点，平面广告的制作也要根据这些特点选择最佳的表现方式，达到最好的传播效果。比如，和杂志广告相比，报纸广告的时效性较短，印刷效果也比较差，因此图形和文字就不宜复杂。此外，根据商品的种类选择适合的广告形式也是广告表现应该注意的问题。

2.易于阅读，避免空洞歧义

平面广告的表达不如影视广告那样可以使用多种表达元素，诉诸多种感觉器官，因此平面广告的表现应该简洁明白，避免使用空洞的文字和容易产生歧义的图形，因为那样会影响消费者对广告信息的解读，使广告无法达到预期的传播效果。

3.各元素之间要协调，风格一致

平面广告作为一个整体，每个元素的选取很重要，元素之间的协调对于广告表现也是不可或缺的。文字、图形、色彩和负空间，这些元素之间的和谐统一对广告效果的影响是非常大的。

二、影视广告设计要素及原则

（一）影视广告设计要素

影视广告是视听觉综合的艺术，有了两者的结合才能制作出完美的广告画面，通过作用于消费者的视觉和听觉来激发其购买欲望。我们主要从视觉、听觉、色彩三个方面来分析影视广告表现的元素。

1.视觉要素

（1）动态影像画面。动态的影像画面是影视广告区别于平面广告和广播广告的重要之处，也是影视广告的灵魂所在。影视广告可以没有声音，但没有画面，就和广播广告无异了。动态的影像更能吸引人们眼球，这是影视广告的最大优势。

（2）文字。和平面广告不同，文字在影视广告中出现得并不多。影视广告主要依靠画面来达到传递广告商品信息的目的。但是，文字用于突出强调一些重要信息或者画面无法准确表达的信息时，如联系方式、产品名称等，起着举足轻重的作用。运用文字的时候要注意文字和画面的整体协调，字体不能过大或过小，颜色和风格要与广告风格保持一致。因为文字出现的时间一般比较短，因此必须易于辨认。另外，为了加深受众印象，文字的出现要设计得巧妙，如在文字出现的时候虚化画面，突出文字。雅培奶粉的一则广告的结尾处，就是通过画面虚化，突出了雅培的品牌名称。

2. 听觉要素

（1）人声。影视广告中的人声包括旁白和人物的台词两种，它们在影视广告中起着推动情节发展、解释说明等作用。台词的设计要注意通俗易懂、符合人物的身份和情节的发展。旁白要使用简洁的语言，朗朗上口，便于识记，这样才能印象深刻、深入人心。比如，备受诟病的脑白金的广告语"孝敬爸妈，脑白金"、恒源祥的广告语"羊羊羊"，这些广告语从艺术的角度来说不具备美感，甚至有些恶俗，但从广告效果来说确实是非常好的：便于识记，让人印象深刻。

（2）音乐。影视广告中的音乐包括背景音乐和专门创作或选取的音乐。音乐使用要注意符合商品的个性和特质，如刘德华出演的"百年润发"的影视广告，影片中浪漫的爱情故事伴随着舒缓浪漫的音乐，营造了一种温馨美好的氛围，增加了广告的感染力。

（3）音响。在影视广告中，音响起着营造现场感、真实感的作用，有时候还能起到引起注意的作用。比如，为了表现对饮料的喜爱，大口大口喝饮料已经不能够充分表达，再加上咕咚咕咚的喝水声，更能让观众体会到妙不可言的美味。

3. 画面要素

影视画面是构成电视节目的基础语言之一，它传达了被摄对象的形态、色彩、影调、运动等多种构成要素。画面是从绘画语言中借来的一个术语，从影视的意义上说，画面是利用电视设备的扫描成像技术产生的一帧画格。从视觉暂留的原理看，一帧相对静止的图像，就是一个"画面"。但这个画面，与绘画、照相意义上的画面有着本质的差异。绘画、照相画面是现实生活典型瞬间的凝固，是个静态的空间完形，其画面本身是静止不变的；影视画面是"运动时间"分解后的暂停，画面用这种暂停画格开始陈述的第一步，在每秒钟的

25 帧（幅）上成像。然后，这一个个在空间上展开的画格向前推移，画面的连续运动，让时间的"点"随空间的出现得到了延续，形成了影视画面语言。这样，影视的每一个画面，既具有时间的连续性，又具有空间的扩展性，其画面内涵体现在整个扫描成像的连续图像之中。

（二）影视广告设计原则

1.确定广告诉求重点，避免冗余信息

受到播出时间和播出媒介的限制，影视广告必须在有限的时间内完成对广告信息的传递，因此必须先选取广告诉求的重点，且这个诉求点必须单一突出。这是因为在十几秒的广告中广告信息的传递非常有限。如何凭借有限的信息留住观众，让其继续观看，进而被广告诉求打动，产生消费的欲望，记住产品的名称，最后产生购买行为，这就要求广告的诉求点必须十分突出和单一。1996 年，夏纳广告节主席罗杰先生曾指出了发展中国家的广告误区："含有太多信息而非一个，太多噱头，太多陈词滥调，太多对话，太多附加成分，太多糟糕的预先测试，太低估受众的智力，太多科学内容和热情。"这是广告普遍存在的问题，这和广告商过多的诉求是有关的，因此影视广告表现的第一步就是在众多的广告信息中确定广告的诉求点。而要做到这一点，就需要对产品本身的信息、企业的信息、竞争对手的信息以及行业动态具备充分而全面的了解。

2.根据视听心理组织影视广告的元素

通过视觉和听觉器官的感受而产生的心理现象和心理过程被称为视听心理，这些心理主要包括兴奋、注意、反应、认知、印象等。从视听原理来看，广告中越是简单明了且让观众印象深刻的信息，越能保持记忆，适当地反复也有助于巩固记忆。另外，研究证实，单纯诉诸听觉的广告能吸引听众 15% 的注意力，单纯诉诸视觉的广告能吸引读者 35% 的注意力，而影视广告吸引观众的注意力达到 75%。从以上数据可以看出，影视广告的重要信息或主要内容往往是通过视觉传达的。

综上所述，影视广告应该调动画面、文字、广告语、音乐、音响等各方面的要素，将它们有机组合起来，在有限的时间内传递广告的信息。

第四节　影视广告的视听语言艺术

一、视听语言概述

（一）视听语言的概念

伴随着电影、电视的诞生和普及，视听语言成了人类除口头语言和书面语言之外的又一套语言形式。当创作者意识到有这样一种情况，就是把各种不同状态下活动的小画格随意接到一起和把这一系列画面彼此有机地接到一起是有区别的时候，视听语言就诞生了。视听语言又被人们称作"20世纪以来的主导性语言"，其产生背景是电影、电视、动画、游戏等主流的视听媒体在当代社会的极度繁荣，以及相关视听技术的高度发展，视听语言在此局面下迅速产生、定型并体系化。它发展迅猛，逐渐超过了传统语言形态的文字载体，并在表意方式、语汇组织和感知方式上迥异于前者，大大地影响了当代人的交流、思维和理解方式。

伴随着影视艺术的发展，视听语言的定义不断出现新的变化。在电影诞生初期，电影理论家卡努杜就富有先见地预言："电影通过形象表现手段丰富了人文的含义，它将构成一种无可置疑的、真正广泛的语言。为此，它必须把生活的全部'形象体现'（艺术）印象等一切激情的源泉，通过运动，在生活原型中寻找生活本身……新鲜、年轻和不断探索的电影艺术在寻找自己的语汇。而且，它使我们以及我们的后天形成的全部复杂心理适应真正的伟大语言，这是一种真实的、极重要的、排除声音分析的视觉形象语言。"亚历山大·阿尔诺也认为"电影是一种画面语言，它有自己的单词、名型、修辞、语型变化、省略、规律和语法"。因此，视听语言主要是电影、动画等视听媒体的艺术表现手段，同时是大众传媒中的一套符号编码系统。它通过把两个不同的符号组接到一起产生新的含义，并成为交流感情、思想和事实的新方法。经过电影人百年的探索和努力，视听语言逐渐发展成为一种独特的艺术形态，正以其独特的魅力，并通过每个优秀导演的不同风格加以演绎，它甚至变成了一种交流沟通手段、信息传播手段。

（二）视听语言的构成

1. 视觉

眼睛是人体最重要的感觉器官之一。据统计，大约 80% 的信息来自视觉。而影视作品是一种视觉艺术，因此视觉的画面表现是其最重要的组成部分。关于视觉部分在后面几章的"镜头""轴线"和"场面调度"中详述。

2. 听觉

耳朵也是人体重要的感觉器官。听觉是仅次于视觉的重要感觉通道。关于听觉部分会在后面的"声音"一章中详述。

3. 剪辑

剪辑即将影片制作中所拍摄的大量素材，经过选择、取舍、分解与组接，最终形成一个连贯流畅、含义明确、主题鲜明并富有艺术感染力的作品。从美国导演格里菲斯开始，采用了分镜头拍摄的方法，然后再把这些镜头组接起来，因而产生了剪辑艺术。剪辑既是影片制作过程中一项必不可少的工作，又是影片艺术创作过程中所进行的最后一次再创作。法国新浪潮电影导演戈达尔说，"剪辑才是电影创作的正式开始"。

"剪辑"一词在英文中是"编辑"的意思，在德语中为"裁剪"之意，而在法语中，"剪辑"一词原为建筑学术语，意为"构成、装配"，后来才用于电影，音译成中文，即"蒙太奇"。在我国电影中，把这个词翻译成"剪辑"，其含义非常准确。"剪辑"二字即"剪而辑之"，这既可以像德语那样直接同切断胶片产生联系，又保留了英文和法文中"整合""编辑"的意思。而人们在汉语中使用外来词语"蒙太奇"的时候，主要是指剪辑中那些具有特殊效果的手段，如平行蒙太奇、叙事蒙太奇、隐喻蒙太奇、对比蒙太奇等。剪辑可分为四个层面来认识：

（1）镜头之间的组接。

（2）将若干场面构成段落的剪辑。

（3）作为影片整部结构的剪辑。

（4）画面素材与音频素材相结合的剪辑。

剪辑的本质就是通过主体动作的分解组合来塑造蒙太奇形象。镜头剪辑是为故事情节服务的。通过不同的剪辑方法来完善故事情节，传达故事内容，让观众了解故事梗概。对于一个完整的故事来说，画面剪辑与声音剪辑都是至关重要的，而相应的剪辑技巧和剪辑心理又是剪辑工作者在剪辑过程中所必须具备的能力。动画在制作流程上和电影有所区别，动画的镜头都是按照事前的分镜头脚本制作的，后期剪辑工作很少会推翻原定的分镜头顺序，所以剪辑的主要目的是对已完成的镜头进行取舍，并保证镜头之间可以自然衔接。

（三）视听语言的特征

1.叙述特征

语言本身具有叙述性，而使用视听语言拍摄出的影视作品同样具有叙述性。视听语言（纪录片）是现代传媒中的一种编辑系统，因此同样可以叙述故事、传达思想、表达情绪，起到了和语言相似的作用。

2.规格特征

随着时代不断的发展和变化，观众基于既定的视听习惯，能正确地解读影视作品所传达的信息。而创作者既要正确地传递信息，又要在符合人们基本视听习惯和思维习惯的基础上进行创作。因此，创作者只有使用这些规范性的规则，熟练掌握视听语言的基本技能，并将其进行巧妙地应用，才能更深层次地影响观众。

3.元素特征

视听语言中的元素与语言系统中的元素具有极大的差异性。视听语言中的元素是一种独特的语言，具有不可见、不可触摸的特性，如灯光、音乐、背景、色彩构成、人物等元素。这些元素都能够独立地表达含义。同时，这些元素能相互影响、相互渗透，形成视觉和听觉的信息传达。

4.系统特征

视听语言是视觉与听觉的结合，是两种媒介的结合；也是一门综合的表达艺术，需要各种知识来实现。视听语言包括剧本创意制作、拍摄、后期合成。它涵盖艺术、心理学、节奏、构图、视觉设计等方方面面的知识。所以，视听语言是系统性很强的专业语言系统。

二、影视广告画面

作为视听艺术，画面和声音是影视的两大表现元素。在影视片中，画面是由很多因素构成的，如景深、构图、景别、影调、色彩、运动及表演等，这些因素协调地组合起来，共同表现影视创作者所要传达的信息和美感。本节将重点介绍影响影视画面表现的主要视觉因素及其运用规律。

（一）光线与影调

任何视觉艺术都是光线的艺术。在实际生活中，人们对光线形成了自己独特的体验和感觉，但这些往往不同于科学上对光线的解释。科学上认为物体之所以能被看见，是因为光线照射到物体上发生反射，但实际上人们的感受并不是这样。

创作者对光线艺术性的运用能赋予影视画面以不同的视觉氛围，即画面影调。影调是观众对影视片的第一感觉，是影视片表达的主观情绪。一般分为如下几种类型：

（1）低调。画面以中灰到黑色为主，给人的感觉是昏暗、阴沉、哀伤、忧郁、肃穆等。

（2）极低调。画面主要是大面积的黑色，辅以小面积的亮点，有较强的戏剧性，给人的感觉是神秘、恐怖、刺激等。

（3）高调。画面以中灰到白色为主，给人的感觉是明亮、愉快、舒畅、轻松等。

（4）极高调。画面主要是明亮的浅灰色。在明亮的背景下，空间往往被简化为平面，人和物则被抽象为线条。极高调给人以优美的、简洁的、纯净的、诗化的感受。

（5）小中间调。画面有小面积的明暗对比，比较接近于现实世界的光照效果。

（6）大中间调。画面有大面积的明暗对比，反差较大，能给人以强烈的视觉冲击力。

影调在电视广告中的运用是非常普遍的，且不同类型广告运用不同影调。如在化妆品广告中，一般使用高调和极高调，画面明亮、优美，可以充分展示商品给人的感觉；在汽车等商品广告中，则多用小中间调和大中间调。

图5-3是AKQA为NIKE打造的一条"不停店"广告，该作品中00:20～00:28分采用了低调灰黑色，小面积的红色、黄色、绿色、紫色等作为亮色进行点缀，充满了对比性。

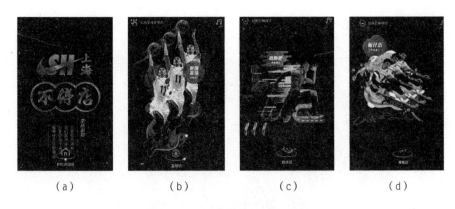

图 5-3 NIKE "不停店" 广告

（二）角度与视点

作为模拟人的视听感知经验的视听语言，摄影机角度是视听语言中重要而常用的表现性元素。

在日常生活中，人们总是以平常的视觉去观察世界。但在某些情况下，如小孩观察大人，学生观察讲台上的老师，总以仰视的角度；反之，大人观察小孩，老师观察学生，路人观察乞丐，通常是俯视的角度。一般来说，仰视能使被观察的对象显得高大、威严，带有景仰、敬畏、害怕的意味；俯视能使被观察的对象显得低矮、渺小，带有怜悯、蔑视、可笑的意味。仰角有利于展现纵向的空间，俯角有利于描述广阔的空间。摄影机镜头是生活观察的延伸，创作者有意识地对其加以利用，可以产生特别的艺术效果。比如，在描述一些大人物的时候，镜头通常以微仰的视角。在广告片中，以微仰角来拍摄商品特写，更能凸显商品包装的美感，也更能提升观众的注意力。有时广告创作者故意以俯角来描述剧中人物，则能表达出特别的幽默感。

所谓影片视点是指摄像机记录剧情发展时所站的立场和角度。视点分为客观视点和主观视点。客观视点是指摄像机站在一般观众的立场上，以旁观者的姿态记录剧情发展；主观视点是指摄像机站在剧中人物的角度来描述情景，从而直接将剧中人物的体验带给观众。客观视点与主观视点交替变换，使观众进入影片所建立的幻觉世界中。主观镜头的运用能够很好地描写剧中人物此时的心理感受，在一些艺术性较强的电影中是比较常见的。例如，联邦快递 "从美国到巴西" 的系列广告中（图 5-4），利用墙色的对比来勾勒美国与巴西的地域特性，使印制广告既写实又富有艺术感，窗体与传递的动作则是对快递业务及运输效率的精准描述。在保证 FedEx 的快递包裹是整幅画面注意力焦点的同时，没有过于出挑。

图 5-4　FedEx"从美国到巴西"创意广告

（三）色彩与色调

色彩是最具有吸引力的视觉元素之一，早在婴儿时期，人们对色彩就有优先感应能力。色彩是依附在形状上的视觉元素，但人们对于色彩的生理、心理感受不尽相同。一般来说，情绪欢快的人容易对色彩起反应，心情郁悒的人则容易对形状起反应。容易对色彩起反应的人在受到刺激时一般很敏感，较容易受到外来影响，情绪不稳定；那些容易对形状起反应的人则大都具有内向的性格，他们对情绪具有强烈的控制能力。也就是说，色彩的经验往往来自情感，形状的体验则偏于理智和控制。

色彩对人们情感的作用是直接的，冷色调（蓝色、绿色）使人平静，暖色调（红色、橙色）使人兴奋。人们对于色彩的心理感觉及联想虽然因个体差异而不同，但总体来看都受到特定文化心理的影响，在相同文化背景中生活的人对同一色彩产生的感觉和联想大致相似。

例如，华为手机为 P40 机型所设计的一则影视广告中，采用了多处明色调与暗色调的对比。该则广告以兔子与小伙伴讲述自己近期经历开始，开场画面以大面积夕阳光照铺开（图 5-5），当兔子描述到黑豹、飞鹰等时，画面骤变，整个画面被大面积的暗色调所充斥（图 5-6）。这种明色调与暗色调的相互交错，将处于"听故事"环境下的观众瞬间带入阴森、恐怖的氛围中，给人以身临其境之感，在展示手机产品功能特性的同时，在某种程度上增加了受众的观影体验。

图 5-5 华为手机广告——明色调

图 5-6 华为手机广告——暗色调

三、影视广告声音

（一）语言

影视声音中的语言是指影视作品中各种角色发出的有声语言。在影视作品中，语言能起到叙述客观事实、交代情节、交流思想、抒发感情、发表议论、增强现实感、刻画人物性格、揭示人物内心世界等作用，特别是能够充分表现画面中蕴含的深层次的思想意义。它和音响、音乐共同构成了影视作品中的声音。各种形式的语言与画面构成的蒙太奇已成为影视艺术的重要表现手段，为影视声音美学开拓了无限广阔的领域。根据影视语言具备的功能，我们可以进一步把语言分为对白、同期声和解说词。

1.对白

在影视剧作品中，对白是声音的主要部分，是各个角色之间进行思想感情交流的重要手段，担任剧情发展的主要任务。对白是由影视作品中的角色扮演者——演员，在影视拍摄现场或后期制作的录音棚内根据剧情内容同步录制的。对白表现影视艺术作品中角色之间的客观交流，从这个意义上讲，它是一种客观性语言。由于这种客观性的语言能被观众在演员进行表演时直接欣赏到，所以又被称为画内语言。从制作层面上讲，客观语言与影视角色的说话表演口型应该完全吻合。

2.同期声

同期声多出现于纪录片和电视专题片中，主要是画面上出现的人物的同步语言，这是有别于"台词"的一种真实声音，它是纪实性风格的一种重要体现。从声画结构看，同期声讲话是一种有声画面，就是说不但可以看到讲述人或被采访对象的画面，而且可以听到讲述人或被采访对象的声音，人物的动作和声音同步出现。作为一种复合形态，它兼有图像与解说的双重功能。

3.解说词

解说词是指附加于影像之上的画外语言，用来解释、抒情、议论、介绍背景、表达作者观点等。它为画面确定意义内涵，是一种主要的叙事因素。

影视作品中的解说词主要有两种：一种是在故事性影片中出现的语言形式，也称旁白。它主要以第一人称出现，对故事中的某个事件、某个人物进行解释和评论；另一种是在纪录片、新闻片、专题片和广告片中出现的议论、评说或提示声。

解说词一般是以解说员播报的语言形式表现出来。一般来说，不同题材的电视作品对解说词的运用有不同的要求。知识性、欣赏性较强的题材更讲究解说词的文学性；纪实性较强的题材则更多地要求解说词的公正和朴实。

选用什么样的解说词，不仅与题材的性质有关，还与创作者的美学情趣、风格爱好、创作观念有着很大的关系。从本质意义上讲，它是作者理性思维的体现，是一种主观性语言，其特点是具有准确的语义性和严密的逻辑性。由于这种主观性语言与出现在画面内的角色的表演只是平行对位的关系，即语言和画面角色口型不用同步，所以又被称为画外语言，简称画外音。

（二）音乐

音乐作为一门独立存在的艺术，到现在已有数千年的历史了。影视音乐是音乐艺术的一个分类，它也是影视声音中的一个重要组成部分。

　　音乐是抽象的概括艺术，它的作用是表达情绪和情感的关系。影视音乐具有一般音乐艺术的共性，善于表现丰富的感情，但由于它是影视声音中的一个重要元素，有其影视艺术方面的属性，必须与影片的思想内容、结构形式和艺术风格协调一致，所以影视音乐在形式上和音乐艺术不完全一样。例如，它在影视艺术作品中往往失去了独立性，不是连续存在的，而是根据影片剧情和画面长度的需要间断出现的，并与语言、音响一起共同构成了影视作品的声音总体形象。另外，影视音乐的运用也不是简单地服从于画面，而是服从于内容的需要，不一定优美的画面就要有优美的音乐，而应该根据内容的需要，该用则用，不该用则坚决不用。

　　影视作品中的音乐分为两种，一种是有声源音乐，一种是无声源音乐。有声源音乐也称客观音乐，即音乐的原始声源出现在画面所表现的事件内容之中，使观众在听到音乐声的同时，看到声源的存在。例如，画面中的人物直接唱出的歌曲，画面中的乐器直接奏出的声音，电视机、收音机和录音机等家用电器正在播放的音乐等。各类音乐会、电视晚会中的音乐节目也属于这一类。但是，有一些影视作品，观众在画面场景中并不能看到音乐的声源，通过演员的表演动作或经过制作者的精心设计和音色处理，使观众感觉到画面场景有具体的音乐声源存在，这也属于有源音乐的范畴。比如，一个饭店的大堂场景中所播放的背景音乐往往会被听者理解为是有源音乐；一个酒吧里的动感舞曲也可以让听者感觉到有源音乐的存在。这是因为这些音乐可以使观众联系自己的生活体验，从而对表现的环境有认同感。有源音乐的使用可以增强影视作品的生活真实感。

　　无声源音乐也称主观音乐，是指从画面上见不到或感受不到有原始声源的音乐。通常是来自画面之外，为烘托画面内容而配置的主题音乐，主要作用在于表达画面内容的情绪，渲染特定的环境气氛，刻画人物内心世界。《泰坦尼克号》（图5-7）是美国1997年出品的影片，由莱昂纳多·迪卡普里奥、凯特·温丝莱特主演，詹姆斯·卡梅隆导演的一部伤感爱情影片。当一对恋人站在船头时，影片的主题音乐《我心依旧》响起，烘托了气氛，表达了一对恋人的浪漫情怀。

图 5-7　电影《泰坦尼克号》剧照

无声源音乐往往也是来自影视作品的作者——导演和作曲家对事件内容的内心感受，根据角色性格的塑造和渲染情绪氛围的需要而精心设计创作出来的。无声源音乐的风格、样式、主题、旋律、节奏和时值的变化大都与画面所表现的内容情绪有关。它起着解释、充实、烘托和评论画面内容的重要艺术作用。

（三）音响

一般来讲，音响是指除语言、音乐之外的影片中其他声音的统称。我们生活的周围环境，每时每刻都在发出各种声响，这些声响如何在影视作品中表现出来，需要进行一定的构思和处理。

通常依据主、客观性，我们把音响分为自然音响和特效拟音音响。

自然音响是指生活环境中自然存在的声音，甚至包括噪音。自然音响同画面结合，能造成真实的环境感觉。通常，在电影的拍摄过程中，由于条件所限，无法记录下当时真实的声响，在后期制作的过程中就需要拟音师对一些声响进行模拟，经处理后与画面进行配合。其中包括各种自然声响，如山崩海啸、火山爆发、风雨交加、电闪雷鸣、虫鸣鸟叫、小桥流水、大河奔流以及气流声等这些自然界中现存的、非人类力量的作用而产生的声音，它主要用来表现影片中事件、故事发生地的环境气氛；还包括动作声响，如脚步声、开关门窗、搬动家具、吃饭时的碗筷声及鸟拍打翅膀声等这些由影视作品中各种角色（人、动物或植物等）进行各种活动时发出的声音。对于电视而言，在摄像机拍摄画面的过程中，与画面同步录制的自然声响主要用于电视新闻、电视专题片和电视纪录片等非虚构性电视作品中。当然，电视专题片在后期制作中有时也采用少量的拟音效果音响。

自然声响是一种客观声音，要求与出现的画面做到同步。

特效拟音音响指那些为了某种特殊效果而加入的音响，多在营造某种意境、气氛或强调时使用。特效音响是一种主观音响，主要表现作者的特殊意图。例如，为了表现比赛场上紧张的气氛，用夸大的心跳声作为音响，更好地体现了那种几乎令人窒息的紧张感。

音响是人类重要的信息源，是我们感知存在、发展变化，并得出结论的依据。我们从打雷这种声响可以感知雨的来临，而从雨点落地声的大小可以判断出雨势的大小；我们从不同的人声可以判别说话人的性别、人数的多少等，同时可以知道说话人的心情如何，是快乐还是哀伤、平静还是慌乱。总之，声音不仅是人们传达信息的重要手段，还具有表情功能。

音响在影视作品中的作用是增加画面叙述内容的生活气息，烘托剧情气氛，扩大观众视野，赋予画面环境以具体的深度和广度。在影视艺术创作中，音响不只是重复画面上已出现的物体的发声情况，还作为剧作元素进入影视声音创作的结构中，成为声音艺术创作的重要手段。

四、蒙太奇艺术

（一）蒙太奇的含义

著名影视剪辑大师傅正义在《影视剪辑编辑艺术》一书中指出："蒙太奇是影视艺术的基本特性，在影视创作中具有极其重要的作用。所谓影视语言，从根本上讲，就是蒙太奇语言。"因此，对蒙太奇艺术的领悟程度直接决定着影视片的艺术效果。

蒙太奇原是建筑学上的一个法语词汇，原意是"安装、组合、构成"，即将各种不同的建筑材料按照一个总的设计蓝图，分别加以处理、组合，安装在一起，构成一个整体建筑物，产生出全新的功能与效用。借用到影视创作中，蒙太奇是指按照原定的创作构思，把摄像机所记录的各种镜头、画面有机地组合起来，使之产生连贯、对比、联想、衬托、悬念及各种节奏等功效，从而组成一部完整的反映生活、表达主题，为广大观众所理解的影视片。

蒙太奇原理是根据日常生活中人们观察事物的规律和经验建立起来的。实质上，它是人们观察事物、认识事物的思维活动在电影、电视中的反映。这种反映是感性的、艺术的，而不是哲思理念。蒙太奇理论产生于无声电影时期，由世界著名导演库里肖夫、爱森斯坦等创立并完善。随着声音和色彩进入电影，新的声画结合的蒙太奇手法、技巧和形式开始出现。电视制作几乎全盘吸收了蒙太奇理论，在电视广告片中，蒙太奇技巧更是被广泛运用。

具体来说，蒙太奇的艺术内涵有以下几个方面：

（1）蒙太奇是影视艺术独特的形象思维方式。蒙太奇来源于人们对现实生活的观察和认识，来源于对现实生活的视听感受和分析思考。蒙太奇开始于影视剧本、拍摄提纲的艺术构思，贯穿影视导演的分镜头、分场处理，完成于影视片的最后剪辑。影视创作者只有熟练地掌握和运用这种形象思维方式和方法，才能精确地表达影视片的思想和内容，生动地描绘人物和场景，敏锐地产生荧幕感，从而保证影视片拍摄成功。

（2）蒙太奇是影视艺术最重要的剪辑技巧手段。高明精湛的蒙太奇剪辑可以使影视片结构独特、叙述流畅、形象优美、节奏准确。

（3）蒙太奇是影视艺术独特的艺术表现方法。这一表现方法主要体现在对影视片的结构手段、叙述方式、节奏韵律的独特处理三个方面。运用蒙太奇的结构手段，可以比较自由地支配影视的时间和空间，可以选择情节、细节以及场面中最重要、最精彩的加以突出表现。蒙太奇的多种叙述方式可以使影视片的内容表现得更加顺畅、生动、简单、精彩。精确把握蒙太奇的节奏，可以大大提高影视片的内在韵味和艺术品位。蒙太奇是影视艺术的语言、文法和修辞手段，它直接关系着镜头语言的运用和视听语言的构成，对影视片的成败起着决定性的作用。

（二）蒙太奇的表现形式

蒙太奇的表现形式实际上就是蒙太奇的镜头组接方式方法。通过对蒙太奇表现形式的运用和处理，形成蒙太奇句子或蒙太奇段落，构成一部以蒙太奇语言表述出来的影视片。在一定意义上讲，蒙太奇的表现形式是蒙太奇语言的具体化、格式化。正确、合理、巧妙地运用蒙太奇的表现形式，对影视艺术创作具有极为重要的实际意义。

蒙太奇作为影视艺术的构成方法，其表现形式多种多样，不胜枚举；其内涵、名称也是各执一词，众说纷纭。法国电影理论家马尔廷提出，不论什么蒙太奇形式，归根到底只有两种形式、两种类型：

叙述的蒙太奇——连续的蒙太奇。

表现的蒙太奇——对列的蒙太奇。

它们同为国际上惯用的影视构成方法，各有其特点，无高下、优劣之分。

1.叙述的蒙太奇

叙述蒙太奇是指将镜头按照时间顺序、生活逻辑和因果关系来分切、排列、组合，以交代情节、展示事件和演绎故事。它强调外在与内在的连续性，着重于情节发展和人物形体、语言、表情以及造型上的连贯。一般又分为以下几种形式：

（1）交叉式蒙太奇。与平行式蒙太奇不同的是，它强调数条情节线索发展时严格的同时性。利用同一时间和不同空间的镜头，交叉地组接起来，以构成两种紧张的气氛和强烈的节奏感，调动观众情绪，增强情节的感染力和冲击力。

（2）错觉式蒙太奇。先故意引导观众猜想到情节的必然发展，接着出现出乎人们意料的结果。这种构成方法可以使剧情发展曲折多变，给人留下深刻、强烈的印象。

（3）直叙式蒙太奇。故事情节按照时间顺序发展，脉络清晰，逻辑连贯，是最基本的叙述方式。伊利雪糕的一则电视广告片的表现（表5-1）即采用这一形式。

表5-1　伊利雪糕电视广告片表现手法

镜　号	景　别	画面描述	广告歌／旁白
1	特写	一只手拉开放满伊利雪糕的冰箱，拿走两支雪糕，放入一张纸牌："每天只吃一支雪糕"	父：乖孩子
2	近景	父子共同分享伊利雪糕	每天只吃一支
3	中景	墙上贴着《乖孩子守则》："每天只吃一支雪糕"	伊利雪糕
4	特写	调皮儿子看爸爸走了，悄悄走过客厅	
5	全景	当打开冰箱，却发现雪糕全不见了	子：哦
6	近景	孩子侧耳："谁在吃雪糕？"	
7	大特写	孩子探头张望：啊？	子：哦？
8	特写	父亲正在吃雪糕，桌子上只剩包装纸	
9	全景	孩子拉着妈妈气势汹汹地问罪	
10	中景	父亲巧辩开脱	父：爸爸长大了呀
11	……	一家人收纳雪糕说广告语	伊利

（4）叫板式蒙太奇。上一个镜头说到什么人和物，下一个镜头就跟着出现这个人和物，如同京剧中的叫板，叫到谁，谁就出场。这种蒙太奇能够收到承上启下、前呼后应、转换自然、紧凑明快的良好效果。广告片中多使用这一表现形式。

（5）平行式蒙太奇。故事情节的发展通过两条或以上线索，在不同时空、同时异地或同时同地并列进展，互相之间既有呼应，又有联系，彼此起着推动、促进、刺激的作用。这种方式有利于删减过程，灵活转换时空，丰富剧情，在故事片中经常被使用。但由于电视广告中的故事一般比较简单，所以较少采用这种方式。

2.表现的蒙太奇

（1）梦幻式蒙太奇。通过精心安排的镜头组接，展示人物的心理活动或精神状态，如梦境、幻觉、想象、思索、闪念、回忆以至潜意识活动，这种构成方法就是梦幻式或心理的蒙太奇。其特点为形象是片段的，叙述是不连贯的，节奏是跳跃的，人物的主观色彩浓重。例如，影片《淘金记》中流浪汉查理（卓别林饰）冻饿之中的梦幻和心理变态；影片《白夜》中主人公的五段遐想、回忆和幻梦；影片《小花》中多次出现的小花与她的哥哥永生的回忆、闪回、梦境和幻觉；影片《堂吉诃德》中不断出现的狂想与幻觉。这种构成方法是影视艺术中心理描写的重要手段，因此在影视创作中，特别是现代电影中运用得非常普遍。

（2）联想式蒙太奇。将内容截然不同的一些镜头画面组接起来，形成一种新的意义，并使观众去推测这一意义的本质，这种剪辑方法即联想的蒙太奇。比如，将一组农民在田地里面朝黄土背朝天不停耕耘的镜头和一组农民家中一家老小吃糠咽菜的镜头交替组接起来，使人们联想到种田人吃不到粮食的悲惨境地，联想到地主老财的残酷剥削。例如，影片《白毛女》中"秋收"这一段落，一组寒鸦盘旋、太阳落山、黄叶飘飞的镜头，与佃户收割、打场、交租的镜头交替组接起来，使观众联想到贫苦农民的悲惨命运。这种构成方法能使观众浮想联翩，是创作者打动、感染、刺激观众的强有力的艺术手段。

（3）对照式蒙太奇。通过镜头之间在内容或形式上的强烈对比，表达创作者的某种寓意、情绪和思想。在影视片里，常看到富与穷的对比、强与弱的对比、文明与粗野的对比、伟大与渺小的对比、进步与落后的对比，等等。这些构成方法就是对照或对比式的蒙太奇。杜甫诗中有这样的名句："朱门酒肉臭，路有冻死骨。"这是诗文中的对比手法，转化为影视的表现手法就是对照式蒙太奇。比如，在影片《一江春水向东流》中，张忠良与王丽珍在重庆跳舞的脚与上海沦陷区日本兵的大马靴叠化的对比镜头；一个小女孩儿领着一个瞎老头在街头卖唱与阔佬在高楼大厦饮酒作乐的对比镜头。这种构成方法有着强烈的艺术震撼力，可以鲜明有力地表达创作者的观点与倾向，因此被广泛采用。

（4）象征式蒙太奇。这种构成方法是按照剧情的发展和情节的需要，利用景物镜头含蓄而形象地表达影视片的主题和人物的思想活动。不同内容的景物镜头或构图相似的画面，能烘托、譬喻、升华人物形象或主题思想，从而起到抒发人物情感和深化主题立意的效果。比如，海洋浪潮象征伟大宽广，山岳峰岭象征雄伟高大，冰河解冻象征春天到来和新生伊始，鲜花象征美好和幸福，红旗象征革命，等等。这种通过镜头的对列进行类比，表达出创作者的寓意的构成方法，就是象征式或比喻的蒙太奇。例如，影片《英雄儿女》中王成握着火箭筒跳入敌群中壮烈牺牲，音乐起，画面出现傲然挺立的青松，象征着英雄人物永垂不朽。这一蒙太奇手法如果运用得当，将具有强烈的情绪感染力和形象表现力，能产生奇妙独特的艺术效果。

从上述各种表现形式中可以看出，叙述的蒙太奇和表现的蒙太奇这两大类型的蒙太奇处理方式各有所长。叙述的蒙太奇适宜于展现故事情节，时序清晰，逻辑顺畅，曲折悠远，起伏跌宕；表现的蒙太奇更适宜于表达情绪、寓意和思想，具有强烈、简洁、新颖的艺术表现力。同时，两者各有其短。如果处置失当，叙述的蒙太奇容易流于平铺直叙、拖沓冗长，表现的蒙太奇则容易产生直露、生硬、晦涩、矫情怪异、不知所云的弊病。一般说来，叙述的蒙太奇是影视片中最基本、最常用的构成方法，但它的"色彩"变化不大，因而显得缺乏创造性。与之相反，表现的蒙太奇富有高度的创造性，是影视艺术中表现内容不可或缺的手段。这种蒙太奇手法是以视觉的隐喻、明喻或象征直接深入事物的核心，常常将事物的本质表现得更为深刻、更富有哲理性。因此，它的艺术效果、艺术魅力十分吸引人，永远不会过时。

第五节　影视广告的前期设置

一、影视广告的主要摄制设备及分类

影视摄影是电影艺术的重要创作手段之一。在实际创作中，电影摄影以客观现实世界为表现对象，依据剧本内容与造型的要求，对画面造型进行艺术处理，运用光学镜头、光线照明以及景别、色彩、运动、构图等艺术造型手段，与电影艺术的其他创作部门共同塑造人物、叙述情节、刻画环境、烘托气氛、揭示主题并创造出综合的银幕形象。而这一过程的实现，需要以相应的摄影装置作为介质，因此在这里简单介绍几种摄影机型号和种类。

（一）8 毫米摄影机

规格为 8 毫米的电影摄影机具有轻巧方便、操作简便等特点，但画面影像质量相对较差，所以 8 毫米电影摄影机主要在业余领域使用，也有人运用 8 毫米摄影机来拍摄教学片等对画面质量要求相对较低的影片。

（二）16 毫米摄影机

在电视录像机发明之前，电视领域的外拍画面主要采用 16 毫米摄影机来拍摄。时至今日，许多科教片、电视领域用的需要高质量画面的电视片（如广告片、音乐电视等）仍然广泛采用 16 毫米摄影机拍摄。

电影故事片领域也时有采用 16 毫米摄影机拍摄的作品。自 20 世纪 90 年代始，电影故事片领域还出现了超 16（Super16）毫米的电影摄影机。这种超 16 毫米体制的摄影机是专为拍摄并最终放大成画面比例为 1∶1.85 的 35 毫米非变形宽银幕（遮幅宽银幕）影片而设计的。

超 16 毫米摄影机与普通 16 毫米摄影机基本相同，只是在片门位置做了改变，将原来 1∶1.33 的画幅比例的片门改进成 1∶1.85 的画幅比例。超 16 毫米摄影机所采用的胶片就是普通的 16 毫米电影胶片，其他方面也与普通 16 毫米摄影机一样。只是在运用广角镜头拍摄画面时，需要特别注意，因为画幅的加宽，容易在画面的四个角形成挡角，影响画面质量。

运用超 16 毫米摄影机拍摄，简化了宽银幕影片的摄制工作，并且 16 毫米摄影机比 35 毫米摄影机更加轻巧灵便。美国电影《离开拉斯维加斯》和我国张艺谋导演的电影《秋菊打官司》都是采用超 16 毫米摄影机来拍摄完成的。

需要说明的是，运用超 16 毫米摄影机拍摄的底片，1∶1.85 画幅比例是通过画面横向扩展到声带位置来获取的。一方面，超 16 毫米摄影机充分地利用了 16 毫米胶片的有效面积；另一方面，因为声带位置被占用，因此超 16 毫米的影片是没有声音的。所以，在实际应用中，要想实现声画一体，超 16 毫米必须扩成 35 毫米，这时的影像效果就基本等同于普通 35 毫米遮幅宽银幕电影。图 5-8 为不同品牌的 16 毫米摄影机。

（a）ARRIFLEX 16SR3 摄影机　　（b）PANAVISION 16 毫米摄影机

图 5-8　各种品牌的 16 毫米摄影机

（三）35 毫米摄影机

35 毫米摄影机是目前电影故事片领域最常见的电影摄影机。采用 35 毫米电影摄影机拍摄的影片的画幅比例有下面几种：

普通 35 毫米电影，画幅比例为 1：1.33 或 1：1.375，这种画幅比例的电影已经很少见了。

遮幅宽银幕 35 毫米电影，画幅比例为 1：1.66 或 1：1.85，1：1.66 画幅比例的遮幅宽银幕电影现在也不常见了。目前，电影领域最常见的画幅比例是 1：1.85。

上述两种画幅形式在实际拍摄时均采用普通 35 毫米摄影机匹配的光学镜头来拍摄。不同画幅的摄影机只是在摄影机片门的画幅比例上有所区别。比如，遮幅宽银幕实际上是将普通 35 毫米的画面上下部分做了遮挡，使原来画幅比例为 1：1.33 的普通 35 毫米电影改进成 1：1.85 的画幅形式，不过这种改进是以牺牲底片上下的有效面积为前提的。因此遮幅宽银幕俗称"假宽银幕"。

此外，还有一种 35 毫米宽银幕电影，其画幅比例为 1：2.35。这种画幅形式的电影在拍摄时需要采用专门拍摄宽银幕用的变形镜头，底片上记录影像的面积与普通 35 毫米的电影一样，只不过底片上所记录的影像已经是变形了的。所以，在放映时也需要采用专门放映宽银幕用的变形镜头才能完成正常放映，使电影画面得到正确的还原。图 5-9 为不同品牌的 35 毫米摄影机。

（a）ARRIFLEX 535B 35 毫米摄影机　　（b）PANAVISION 35 毫米摄影机

图 5-9　不同品牌的 35 毫米摄影机

（四）70 毫米摄影机

目前，一些号称大片的电影故事片或者对画面影像质量要求相对较高的影片经常会采用 70 毫米电影摄影机来拍摄。

70 毫米摄影机所记录的画面影像质量高、画幅宽，可以更充分地展现电影场面恢宏的气势。

上述四种类型的摄影机是以胶片规格和画面的画幅比例来划分的。胶片规格不同，最终在底片上所形成的画面的画幅也会有差别。因而，不同规格的胶片需要采用不同的电影摄影机来拍摄，与其相对应的摄影机的光学镜头也存在很大的不同。

比如，16 毫米摄影机的标准镜头焦距是 25 毫米，35 毫米摄影机的标准镜头焦距是 50 毫米，70 毫米摄影机的标准镜头焦距是 100 毫米。标准镜头焦距的不同导致这一类型摄影机所匹配的镜头系列也具有很大差异，在实际拍摄中需要加以注意。

除了上述的分类之外，电影摄影机按具体拍摄用途分，还可分为特技摄影机、高速摄影机、字幕摄影机、延时摄影机、显微摄影机、水下摄影机和航空摄影机、立体电影摄影机、环幕电影摄影机等。

二、影视广告的辅助摄制设备

在实际拍摄时，为了保持摄影的稳定，或者在运动摄影中保证电影摄影机能按一定路径和速度移动，或者是为了减轻在移动过程中的震动，人们发明了许多摄影机辅助设备。

　　根据结构形式，摄影机的辅助设备大致可分为这么几种：支架、三脚架、移动车、升降机和减震器等。此外，需要说明的是，电视摄像机同样具有这些辅助设备。只要更换相应的托板和云台，这些设备基本上都可以互相通用。

（一）支架

　　现在，各种型号的 8 毫米、16 毫米和 35 毫米摄影机以及电视摄像机基本上都可以采用手持方式拍摄。不过，在实际拍摄中，手持摄影或者以肩膀支持的肩扛摄影都容易造成摄影机或者摄像机的晃动，很难保持机身的平稳。过度的晃动会影响画面质量，影响到视觉效果。特别是在影视摄影中，因为影视银幕画幅更大，所以摄影机的晃动更会影响画面质量。为此，人们专门设计了手持拍摄用的摄影支架。摄影支架可以将摄影机或摄像机的重量分散到身体的其他部位，从而减轻手臂所承受的重量，拍摄起来事半功倍。16 毫米摄影机、35 毫米摄影机、专业级摄像机以及广播级摄像机等具有较大的重量，因此运用手持摄影方式拍摄时，如果采用摄影支架，可以使摄影机或摄像机具有更好的平衡感，所拍摄的画面可以更加稳定。

（二）减震器

　　减震器俗称"斯坦尼康"，是一种依附于摄影师身上的移动拍摄装置。

　　减震器通过专用马甲将减震臂绑在摄影师的身上，马甲可按各种体形而调整，把摄影机的重量平衡分布在人体上的相关部位。减震臂上装有支架，可以承放一定重量的摄影机，通过伸缩钢丝来保持平衡及控制摄影机的升降，恰似绑在身上的小型升降臂。

　　运用"斯坦尼康"拍摄，可以在移动中减震及保持平衡，有效地把摄影机在急剧移动时的震动消除，保证所拍摄图像的稳定性。斯坦尼康一般都通过电视监视器来取景，其监视器一般都采用绿色电视显示器，以便在室外强光下也能监视画面构图，保持拍摄时的水平与稳定。

（三）三脚架

　　三脚架是为了保持拍摄时的稳定而设计的支架，由三根支脚组合而成，在支脚汇聚处装有与摄影机连接的云台装置。

　　一般的影视摄影机用的三脚架有高脚、矮脚之分，而电视摄像机用的三脚架一般只配备一个。

　　三脚架的支脚装有滑槽，可以根据需要进行高度的调节，以适应拍摄需要。一般的三脚架都在云台位置设有可以调节水平的装置，但也有个别型号的三脚架需要通过调节三个支脚的高度来获得水平。

一些三脚架还在三个支脚下面设置有滑轮，在摄影棚或其他平坦地面的场所里可以借此进行移动拍摄。且三个支脚下的橡胶轮的朝向可以自由调整，以便整个三脚架向任一方向移动。

（四）升降机

摄影升降机是专门为拍摄升降镜头设计的一种机械装置，是体积较大的一种摄影移动设备。运用升降机，摄影机可以实现在较大范围内进行水平向、垂直向或者两者结合的移动拍摄。

摄影升降机的结构一般包括底部移动车（或基座）、中心立柱、主回转臂和工作平台等部分。中、小型摄影升降机一般由人力操纵，其底部移动车的结构和摄影移动车相似。中心立柱安装在底部移动车或基座的台面上，它支持主回转臂并可以围绕本身的垂直轴线旋转360度。主回转臂可以围绕与中心立柱交接的水平回转轴在一定角度内上下摆动。在工作平台上装有一块可围绕中心垂直轴线回转360度的底盘，在此底盘上装有摄影云台及供导演、摄影师等使用的座位。工作平台的高度和底部移动车的位置可在拍摄过程中随意调节，从而使电影摄影机完成所需要的运动。现在，一些摄影升降机的摄影机光轴位置可升高到离地面约10多米甚至更高的高度。这种升降机俗称"大炮"，一般都不带工作平台，而是装有电视取景装置和遥控装置，工作人员在地面通过电视取景器来遥控操作升降机的运动方向。

（五）移动车

移动车俗称轨道车，是专门为拍摄移动镜头设计的一种移动工具。

在拍摄移动镜头时，四轮摄影移动车使用最多。简易型摄影移动车主要供外景拍摄使用，本身不带有调节摄影机高度的升降支架，其车子台面是一块平板，工作时根据所需的摄影机高度，在平板上放置不同规格的普通三脚架。移动车均配有轨道，有直轨和弯轨两种。弯轨的设计一般为弧形，一定数量的弯轨可以构成一个正圆形。一些简易型摄影移动车的橡胶轮子为四个，为了与轨道匹配，轮子设有凹形槽，以便固定在轨道上。为了增强移动车的稳定性，有些移动车的轮子增加到八个，两个一组，分为四组，每组的两个轮子安装在一个共同的轮架上。车子移动时，每组的两个轮子顺序地在左右两边的同一根轨道上滚动。现在更有16轮的移动车，每组为四个轮子，可以更为有效地减少轮子与轨道的接触面，有效地降低车子移动时所发出的噪声。此外，还有与升降支架结合的大型摄影移动车，车身上配备有可调节高度的悬臂式或立柱式升降支架及供摄影师使用的座位。升降支架上端可安装供拍摄用的各种云台。这种摄影移动车可分为无轨、有轨和有轨无轨通用三种类型。无轨或通用型摄影移动车在平台地面上既能保证车身做前后移动，又能保证它做横向或斜向移动。根据升降支架的驱动方式，这种摄影移动车可分为机动和手动两类。运用这种辅助设备，可以完成比较复杂的综合运动镜头。

三、影视广告的摄制流程

影视广告摄制是影视广告的具体执行阶段。这是一个多专业分工、大团队合作、紧张繁忙的阶段。一部短短数秒钟的影视广告，从开机到关机常常需要几天或几十天，有时转战几千里，动用人员、调动设备若干，其中各种问题层出不穷。每一个环节都紧密相扣，不能有半点马虎，一处脱节就会引起连锁反应。通常情况下，影视广告摄制流程分为前期筹备、正式摄制和后期制作三个阶段。

（一）前期筹备

前期筹备包括节目构思、确定节目主题、搜集相关资料、制定拍摄方案、组建摄制人员、提出摄制要求、落实摄制计划等。计划是节目的基础，节目的构思越完善，拍摄的条件和困难考虑得越周全，节目制作就会越顺利。

1.节目构思的产生

（1）制作节目的动机。我们制作某一节目的动机可能来自三个方面，即主管部门要求的宣教任务、广大观众要求或欢迎的题目题材、影视制作者自己提出的选题，甚至是三者的结合。影视节目也是商品，节目的制作过程就是制作、组装节目的构成元素，从而生产出最终的产品。所以，一个好节目应该包括社会效益和经济效益两个方面。我们要充分重视影视节目资源的开发。以前，旧的观念是"我播什么你看什么"；现在，新的观念是"你想看什么我就播什么"。因此，节目要经过节目调查—节目策划—节目制播—节目效果—节目调查的过程，要特别加强反馈意识。

（2）对观众的分析。观众的成分和他们对节目的要求是制作人员开始构思节目时就要考虑的重要因素。对于不同的观众，制作人应该采用不同的处理方法。例如，摄制两个音乐节目，一个节目的对象是青少年，另一个节目的对象是成年人。一般情况下，以青年人为对象的节目摄制，用快节奏的编辑和富有动感的拍摄手法比较合适，但这种方法不适合成年人。可见，对观众的分析要依靠收视调查、票房收入以及经验来分析什么是可行的。

（3）供播出的情况。要考虑节目播出的长短、频率、时间，太长的节目容易使观众厌倦，太短的节目可能说不清问题；播出频率高的栏目可以进行连续报道，播出频率低的栏目则不适合进行连续报道，因为观众容易遗忘上期节目；不同的播出时段，观众的收视心理和收视群体不一样；从节目播出的范围来看，只供地方电视台播出，节目内容就要适合当地情况，供各种电视台播出就要使节目内容的适应性更广泛。

（4）研究节目的构思。节目内容要适合影视特点和自己的制作条件。影视节目需要有趣味和感人的画面，这样才能收到良好的效果，所以要尽量寻找具有影视表现形象的内容。另一个问题是要考虑制作设备的能力。想在设备很少的小演播室中制作出大规模的复杂的节目是不可能的，所以必须切实可行。还应考虑节目是否有资助者，资助者是否可以提供足够的经费以及对节目内容是否有要求等。

2.摄制方案的产生

（1）征求各方的意见。包括专家、领导、资助者以及观众。

（2）确定摄制的形式。节目的摄制是在演播室还是现场？直播还是录播？后期编辑还是现场制作？是否需要运用动画特技？影片拍摄是否需要使用大量数字技术？

（3）草拟节目的经费开支和摄制报告。

（二）正式摄制

准备工作结束后，就要进入摄制阶段。不同类型的节目有不同的制作方式。大体要做的工作有指定摄制程序和现场设备、解决节目的技术问题、演员排练、带机彩排、正式录制。

1.摄制程序计划

制定摄制计划表，标明摄制事件的时间表，如摄制的具体日期、时间以及场景。

2.摄制会议

前期摄制阶段要召开一系列的摄制会议，讨论有关的布景设计、节目、演员、灯光、音响等。

3.布置和排演

这个阶段中的具体摄制事项主要由有关的摄制人员去完成，如导演负责演员的排练，音响师负责节目音响的采集，舞美负责布景的建造。在这个阶段要发现问题、解决问题。

4.节目的摄制

直播节目的摄制是同期进行的,摄制人员必须不断迅速地做出决定。但对于预先计划好的节目,要根据计划去完成,并在执行过程中进行必要的修正。

(三)后期制作

摄制工作完成后,后期制作要经过素材审看、素材编辑、制作特技、叠加字幕、录解说词的配音及所需的音乐,将解说词、效果声、音乐进行混录,进行音调、音量等处理。完成后负责人审看并提出意见,然后进行修改,制作播出带,复制存档,直到节目播出,再进行节目的收视调查。

1.编辑工作

先对节目素材进行审看,对整个片子做到心中有数,并做必要的记录。然后,开始进行初编。初编片通过领导、专家等各方面给出评论和建议后,再做进一步的修改,最后做出成品节目。

2.节目的宣传

节目的宣传除了做节目的推销和广告外,还要通过电视台和电影院播发节目的消息和预告。有时,还要制作一个宣传短片,包括节目的标题、播出日期、时间、频道、内容简介等。

3.节目的收视调查

节目的收视调查包括对节目收视率的调查、对节目评价的调查。收视率高,说明节目叫座;节目评价好,说明节目叫好。节目的收视调查可以通过正式的调查公司或自己向观众发调查表,也可以通过观众给电视台打电话、写信等形式来反馈。研究一下各种各样的反馈信息,并注意对节目做出及时的改进。对于电影而言,票房的收入就是对电影最为直接的评价和反馈了。影视制作是一个复杂的过程,节目制作者要熟悉各个工序,根据节目内容、节目规模,具体问题具体分析,使制作的工序更加合理,从而高质量、高效率地制作电影节目。

第六节 影视广告的后期制作

影视广告的后期制作是一个二次创作的过程，相同的画面素材在不同的剪辑师手里会呈现不同的剪辑效果，这一过程实在是充满很多美妙的变化。与前期拍摄一样，为了保证后期制作的质量，并考虑到预算的要求，必须找到一个合适的剪辑机房和声音机房来进行后期制作。机房以前做过的作品、剪辑师的水平、影片的风格都是寻找后期机房时需要考虑的因素。这时，剪辑师很重要，高水平的剪辑师会给出很多好的主意，为片子增色不少；那些低水平的剪辑师实际上只是一个操机员，他们只会操作机器，而对片子没有任何想法，虽然他们价格很低，但最好还是少用，以免影响片子的质量。一般每位导演都会有长期合作的后期机房，他们对什么样的机房能出什么样的片子心里有数，而且对各个机房的价格也很熟悉，所以在后期制作时也是导演负责制。在预算允许的前提下，由导演来确定剪辑机房和声音机房，并由导演来掌控整个后期制作的效果。

从拍摄结束到广告片最终完成的这个过程都属于后期制作过程，它包括胶片冲洗、胶转磁、画面剪辑、电脑合成等诸多环节。除了这些视频部分之外，后期制作还包括音乐、音效、对白、旁白等音频的制作过程。如果你的广告影片不是非常简单，那么后期制作将是一个复杂而且非常耗时的过程，它常常会超过前期拍摄的时间。后期制作的流程一般是胶片冲洗结束后，开始胶转磁，然后剪辑制作人员对所拍摄的素材进行粗编，也就是把前期拍摄的画面素材和对话等首次剪辑合成。粗编完成后，每个画面或声音需要的时间长度就能够准确地确定下来，此后就可以进入精编阶段。精编完成后，进行正式编辑，然后把制作好的音乐、音效、旁白、对话等音频素材，与剪辑好的画面进行合成混录，这样一部广告片就大功告成了。建一个后期剪辑机房需要相当大数额的投资，还要不断追加投资来购置更新和更高级的设备。因此，后期剪辑通常都是租用这些投资不菲的专业机房来进行。机房的租金依其设备和制作水准而收费不一，顶尖级机房的价格比一般的机房常常要高出好几倍。收费方式分包活儿和按工作时间计费两种，可以根据广告片剪辑需要的工作量，选择合适的付费方式。三维动画等电脑制作的影像有时会单独按照画面时长收费，其1秒钟的收费价格会有千元之巨。

现在，随着数字化时代的来临，非线性剪辑开始普及，Avid、Henry、

Flame、Inferno 等数字化剪辑工作站的出现使后期剪辑不再是单纯的画面处理和剪辑，而是要创造全新的画面影像。

一、胶转磁

对画面影像的处理通过两个阶段完成。第一个阶段是胶转磁，把冲洗后的 35 毫米或者 16 毫米胶片转换成录像带信号，在这一过程中可以对色彩进行过滤和调整。第二阶段是在剪辑过程中对画面影像进行进一步的完善。

在广告圈，胶转磁的过程也被称作二次拍摄的过程，其重要程度不言而喻。拍摄完毕的负片经过冲洗后直接进入胶转磁的工序。负片上的影像，由于每个场景在拍摄时灯光、布景等的不同，所以其饱和度和明暗对比会大相径庭。胶转磁的操作师在转磁的过程中可以对色彩进行调整。而且，灰度、色阶的调整对某一色调的突出以及上色等影像的再加工，都可以在这一过程中完成。如果拍摄的背景是蓝幕，在转磁的过程中可以把作为背景的蓝幕"抠掉"（行内称"抠蓝"）。当然在剪辑时也可以进行"抠蓝"，质量和费用这两方面的因素将决定"抠蓝"在哪个阶段进行。

胶转磁的质量取决于操作师本身的水准。操作师的能力和感觉非常重要，因为无论设备多么先进，最后的效果还是由人的头脑和眼睛来决定。在胶转磁时，色彩的还原同时进行，所以摄影师必须在场，他要把转磁后的色彩与拍摄时的色彩进行比对，而且还要就转磁后画面最终所要达到的效果对操作师进行必要的指导。

胶转磁后的录像带是前一阶段所有艰辛劳动的结晶，一定要妥善保管，不能进水、进沙尘，更不能丢失。而冲洗后的胶片也要在听取摄影师的意见后，作为资料长期保存起来。

二、粗编

粗编是把前期拍摄的画面素材按照导演的意图进行首次剪辑。这一过程是为了把握广告片整体的节奏和风格，因此在这一过程中，可以把没有最终完成的电脑合成影像或声音素材也编进去，看看效果如何。总之，粗编是进行正式剪辑以前，参与后期制作的所有工作人员聚集在一起，把握整部片子的节奏，发现问题，并找出解决方案的一个过程。

剪辑一般分为线性和非线性两种方式。线性剪辑是用磁带进行剪辑，是从母带转录成 BETA、VHS、DV 等工作带进行操作。但不要忘记在转录时，母带与工作带上的时码一定要一致，否则进行正式剪辑时，将会因找不到精确的画面位置而苦恼。前面已经讲过，如今基本上不再使用线性剪辑方式，而是使用非线性剪辑方式，即把磁带信号转化成数字化信号，在计算机工作站上使用视频数据进行剪辑。非线性剪辑的优势在于可以随时调阅存在硬盘上的影像和声音，无限制地对画面进行复制，而不会影响完成片的画面质量。以下是进行粗编时的三个步骤：

（一）挑选镜头

（1）按照拍摄时的顺序，把同一个镜头拍摄较好的画面挑选出来。

（2）故事脚本和分镜头脚本中本来没有，而是临场发挥拍摄的镜头，如果认为特别好，也要单独挑选出来。

（3）按照故事板的镜头顺序，对镜头进行剪接。

（4）为电脑合成而拍摄的素材也要按照（1）和（2）进行挑选。

（5）把挑剩下的画面再全部检查一遍，把认为舍弃可惜的镜头单独挑选出来。

（二）剪辑画面

（1）按照故事板先大致进行剪辑，这时可以不考虑广告片30秒或者15秒等最终的时间长度，每个镜头可以留出一定的时间余地。

（2）把握片子的整体节奏，对每个镜头的时间长度进行调整。

（3）把剪辑好的画面配上录制好的对话、旁白进行调整。

（4）把挑选好的音乐编进去与画面配合，调整片子的整体氛围。

（5）尝试进行第二种剪辑方案。

粗编的目的是通过对画面节奏的把握来审看未来完成片的最终效果，通过这一过程寻找和探索更好、更能提升完成片品质的方法，因此这是一个非常重要的程序。另外，粗编还有一个目的，就是把客户审片时可能提出的各种问题在事先就预想到并找出解决的办法，从而节省精编的时间。

如果导演没有时间，粗编一般由助理导演负责。助理导演要认识到，这是表现自己能力的绝好机会，要能够通过自己独立的判断和角度，为导演提供出色的剪辑蓝本。

粗编结束后，各个镜头的时间长度就可以准确地计算出来。这时，画面效果和声音效果的内容和时间长度也确定了下来，要把它们详细地传达给各个制作工种的负责人，以便他们进行具体的操作。

（三）画面制作的准备工作

（1）故事板和镜头时长分配表。

（2）粗编带。

（3）准确标出作业内容的脚本。

（4）文案。

（5）有助于理解最终成片风格的参考资料画面或照片。

（6）企业、产品等的 CI 资料或影像资料。

（7）剪辑作业日程表。

三、计算机影像设计

广告片中的计算机影像设计（CG）与电影所使用的一样，是指高画质CG。CG 把人们想象中的世界用影像表现出来，是在计算机所创造的虚拟摄影环境，创造出模拟真实和能与拍摄素材融合在一起的影像。

CG 制作的具体手法，各个制作公司多少会有些差异。一般制作流程包括建模、确定材质和肌理、动画设计即动作设定以及综合以上工作程序的渲染作业，然后是合成作业，最后是各种影像格式的输出作业。

效果制作通常分为 2D 作业和 3D 作业，广告片制作大部分为 2D 制作。从作业内容看，从调整画面的基础作业到创造新画面素材的作业，再到把多个素材合成起来的作业，以及把影像进行变形处理的作业、改变画面色彩的作业，超越了时间和空间限制，可以创造出没有穷尽的影像世界。

今天，数字化技术为创意人员提供了无限的创意空间，技术的力量已经使"只有想不到的，没有做不到的"这句话成为现实。

四、声音制作

（一）声音制作的准备工作

在进行声音制作之前，需要准备以下事宜：

（1）故事板和镜头时长分配表。

（2）粗编带。

（3）文案。

（4）所需特殊音效部分的时间长度。

（5）所需特殊音乐部分的时间长度。

（6）可供参考的音乐或音效。

（7）剪辑作业日程表。

（二）音乐录音

通常是广告片的画面剪辑完成后，按照成片的长度进行音乐录音。音乐录音的程序是先找到符合广告片风格的作曲家，由作曲家创作出多支符合要求的音乐，然后进行筛选。经过充分讨论确定之后，正式进入录音阶段。有时，也会先完成音乐的制作，然后按照音乐的节奏进行拍摄或剪辑。

因为音乐录音需要演奏人员、歌手和专业的录音机房，因此正式录音之后再进行任何修改，在时间和费用方面都会非常浪费。通常的做法是，先录制一个音乐小样，导演、剪辑师和作曲家等创作人员对录音小样经过充分讨论后，再进行正式的录音。

音乐录音包括广告歌曲、主题音乐、标识音乐、广告口号歌曲等。长期进行广告投放的时候，应在保持统一风格的基础上，按照季节进行编曲。

出于经费上的考虑，一般广告片的音乐是使用一些音乐资料在音乐工作站（MIDI）上合成。这样制作的音乐不但廉价，而且很容易修改，有很多种方案供选择使用。不要小看音乐的作用，它是决定广告片风格的重要因素，而且往往可以改变一支广告片的命运。

（三）混音

混音是在画面剪辑完成的基础上配上音频的过程。混音的英文是 Audio Mixing，意思是把多种音频素材混合在一起，制作成一个完整的作品。混音时要把所需要的音频素材都输入到数字音频工作站中，然后按照节奏、时间、音量、音质等调整平衡，进行混录。

对旁白进行录音，因为要把握配音员的感情和语调是否合适，所以最好在其他工作都完成之后，将其放在最后进行。

采用同期录音拍摄，因为演员有可能在现场的发音不准确，或者台词在拍摄结束后又有修改，这都需要演员在录音机房重新配音。因此，不要忘记事先告诉演员录音的日程安排。

需要跟录音机房确认的事宜：

（1）剪辑完成的不同时间长度版本的素材带。

（2）故事板。

（3）定稿的文案。

（4）同期录音原稿。

（5）音乐、音效、标识歌曲等素材带。

（6）企业名称、产品名称和标识。

（7）配音员、演员到达的时间。

音频部分制作完成之后，录制一个母带，然后转送到视频剪辑室，请其复制演示带、播出带等。

五、精编完成

精编是在粗编的基础上体现导演等创作人员的意见和建议，重新进行剪辑，最终制作出完美的广告片的过程。在精编的过程中，要从众多的画面素材中挑选出最好的，然后把它们和合成的画面、修改过的画面，按照情节展开的顺序进行剪辑。片子基本的风格确定下来以后，为了使画面更有节奏感和张力，各个镜头需要重新分配时长，还要对片子整体的色调和氛围重新进行调整。最终，片子的长度要准确到30秒、15秒、5秒，再配上音乐、对白和旁白，加上字幕，漫长的剪辑过程才算结束了。

精编时需要确认的事项：

（1）是否忠实地反映了故事板的意图。

（2）产品的诉求点是否突出地表现了出来。

（3）需要强调的部分是什么，是否明确地强调出来了。

（4）广告活动的连续性是否体现了出来。

（5）旁白、字幕是否经过客户确认。

（6）确认产品的CI。

（7）有没有必要按照第二个方案再剪辑一个版本。

前面已经说过，在剪辑的过程中，剪辑师的能力和敏锐的感觉是决定广告片质量的重要因素。因为通过高水准的剪辑，能更好地表现出作品的节奏、感染力和冲击力，并突出重点。同时，一个好的剪辑师能减少剪辑时间，节省开支。精编结束之后，进行最后完成阶段的工作——正式编辑。

正式编辑时的准备事项：

（1）胶转磁母带。

（2）精编剪辑磁带。

（3）故事板。

（4）可供进行色调参考的照片或录像带。

（5）音乐或音效的样带。

（6）文案和字幕的定稿。

（7）客户 CI 正本及带有 CI 标志的产品。

音频部分制作完成之后，在剪辑机房把音乐的母带和画面母带合成在一起，制作成最终的完成片，等待广告公司和客户的审看。

经过漫长的十三个篇章的跋涉，我们终于完成了对一支广告片摄制流程的讲述。本书从接单讲起，以接单结束。因为笔者希望所有拍摄的广告片不仅仅是只达到及格的水平，而应该具有显著的市场效果，可以为客户带来实际的收益。

第七节　新媒体广告的多媒体设计

一、新媒体广告的多媒体设计类型

（一）发布类新媒体广告

在新媒体广告中，最具有传统广告特点的新媒体广告是发布类新媒体广告，也就是在受众所关注的特定空间与时间进行产品或品牌的发布，以引起注意、记忆及好感。发布类新媒体广告的呈现方式包括网络上具有显著识别性的广告、户外超大视频广告、楼宇视频广告、车载视频广告等。后三者由于信息面对的仍然是群体性的受众，且受众无法及时地对刊载的广告信息媒体进行互动反馈，因此还需要借助手机、网络进行沟通反馈。前者实际上就是目前最常见的网络广告或者说是狭义的网络广告，狭义的网络广告包括网站中的按钮广告、旗帜广告、电子贺卡、标题广告、商业动画广告、横幅广告等，这些引导性的信息仍具有信息发布的性质。它既具有广告信息的创新性、简短发布性的特点，又具有链接性，还使个体面对终端 PC 机，这就使该广告形式具有即时互动性特点。接受者可以对自身感兴趣的网络广告进行点击，并层层进入，逐渐浏览，还可以转换为其他新媒体广告形式，如品牌网站、网上商店、网络游戏，进行网上互动咨询或游戏娱乐咨询等。

作为最为新兴的广告形式，网络广告近年来获得了快速的发展。人们喜欢网络广告的原因主要是其有图文音像等多方面的功能，比起读图与读书时代的广告增添了许多互动性与趣味性。广告主期待更好的创意以及更新的技术为网络广告增添更丰富的表现力，以取得更加良好的广告效果。当中，视觉创意必然是一个重要的环节。在新时代，将品牌静态展示的传统观念已经无法满足广告主的需求，通过数字技术来呈现动态的、与世界及时代相适应的广告形象才是新媒体时代广告的发展趋势。如今主要的网络广告包括以下几种形式，它们各自对广告设计带来的影响也不同。

1.电子邮件广告——增加广告与受众之间的互动性

在网络世界里，通过新媒体渠道可以广泛传播各地的本土文化以及各种广告信息。随着网络新技术的普及，电子邮件广告也逐渐普及并发展起来。电子邮件广告种类较少，只有两种：一是在邮箱页面出现广告，二是以邮件形式将广告发送到邮箱。现在，广告主越来越注重互动性，认为互动性在广告的传播过程中发挥着很重要的作用，能使受众在轻松的氛围中接受广告所传达出来的信息。与此同时，广告主还很重视链接网页的设计感。电子邮件广告也是这样，它以邮件广告与互动广告相结合的方式给用户带来有趣的体验。

2.富媒体广告——改善广播信息冲击力

在新媒体环境下，传统单一的网络广告制作方法发生了巨大的转变。在互联网初步发展的阶段，由于宽带流量小的原因，网站的内容质量较差，主要以少量低质量的 JPG、GIF 图片以及文本为主。过去人们通常所说的网络广告指的主要是旗帜广告。随着网络基础设计的不断完善和科学技术的进步以及消费市场的成熟，富媒体应运而生。在国内，大部分学者认为，富媒体是具有文字、声音、动画、图像和视频的交互式信息传播方式，而运用这种技术进行设计的广告就叫作富媒体广告。就改善广告信息传播冲击力而言，富媒体广告是一种很有价值的方式。电子邮件、广告网站设计、旗帜广告、插播广告、按钮广告以及弹出式广告都可以采用富媒体技术。

3.搜索引擎广告发布平台——有效传播广告信息

谷歌、雅虎、百度以及新浪等搜索引擎已经成为大众生活的一部分，通过网站推广发布和搜索的广告信息也越来越获得人们的认可。越来越多的网民由于搜索引擎而改变了以往对互联网的使用习惯，不再是被动地接受网络传递过来的信息，而是通过搜索引擎去主动寻找自己想要的信息。这也正是广告主的商机所在。利用网民对关键词的搜索，搜索引擎将网民所需要的信息进行分类，从而将与关键词相关的企业链接显示在页面一侧。在通常情况下会选择纯文本形式，这也促进了广告信息的传播。

（二）暗示类新媒体广告

暗示类新媒体广告指的是充分尊重人们对于新媒体的关注、运用的特点，在不妨碍人们进行相关信息接收的前提下，巧妙地植入产品 / 品牌信息，以对受众进行无意识的熏陶与影响，从而达到在新媒体上进行品牌传播的效果。此类新媒体广告一般按照以下三类较为明显的方式呈现。

1. 博客传播

博客是现代媒体环境下由个人撰写，在网上传播的网络日记。博客传播颠覆了现有的新闻媒体，彻底改变了目前新闻媒体点对面的、单向的垄断或精英传播，形成一个交互的、集市式的，由大众控制的传播时代。任何个人的博客文章都可能通过博客网主页推荐、个人网页链接、博客文章转载、网络搜索、人际交流互动、社区圈子接受、纸媒二次出版等方式获得传播。因此，博客也就必然成为营销的传播工具，直接或间接发布各类个人信息，并且予以答疑咨询，从而实现了企业零成本品牌传播，并引发相应的销售。由于博客的内容必须真实具体，具有可读性和个人色彩，品牌传播的因素可以隐藏其中，因此博客成为暗示类新媒体广告的载体也不足为怪了。

2. 公关新闻

任何新闻稿都是对特定事实的真实反映，品牌的公关活动往往形成一个特定的媒体事件，从而在网络新闻中频频出现，以供浏览者阅读，正面传播品牌信息。例如，奇瑞汽车公司在其第 100 万辆汽车下线时，抓住这是我国自主品牌汽车产量达到 100 万辆的新闻事实，进行相应的公关活动与信息发布，并形成了数百篇新闻稿件发表在报纸、电视、网络上。这一长久的沉淀活动一直在人们的舆论范围之内，使受众接受了它的多个品牌信息，达到了良好的传播效果。

3. 植入式广告

植入式广告的空间是相当广泛的，电影、电视剧、娱乐节目、网络游戏中均可植入。最常见的几种广告信息植入有品牌商品、品牌标志、品牌名称、店面名称、企业吉祥物等。

（三）整合类新媒体广告

整合类新媒体广告是指广告主或品牌主自身所建立的、可向受众提供较全面完整品牌信息的媒体平台。其主要体现形式是企业的品牌网站。企业网站作为企业的自有媒体，是企业进行对外品牌宣传、信息和产品发布的窗口。其主要功能有产品展示、信息发布、互动服务等。产品展示是企业网站的最主要功能，指企业网站向消费者展示企业产品和服务，使消费者了解企业概况。信息发布是指及时更新企业新闻、行业动态、宣传企业，树立正面的企业形象。

互动服务是指企业利用网络平台展开网络营销，利用信息交流功能，开展在线交流、意见反馈等，与消费者进行及时沟通，根据客户需要完善产品及服务，增进企业与消费者的关系。

（四）体验类新媒体广告

要了解体验类新媒体广告，先要了解体验经济。体验经济是从消费者的心理感受出发，为消费者设置特定的体验场景，使消费者具有切实的产品消费体验，以此来促进销售。比如，宜家家居、全聚德烤鸭店、淑女屋、谭木匠、星巴克咖啡厅等各种主题终端层出不穷，它们以其新奇、个性的情景设计和独特生动的氛围刺激消费者的感官，带给消费者与众不同的情感和心理体验，产生了巨大的终端吸引力和消费力。体验类新媒体广告则是利用新媒体广告可以营造虚拟、逼真的消费场景的特点，使消费者能更多地获得广告产品的真切体验，从而导向相应的消费。它一般指设置于品牌终端店的视频、品牌网站上的产品陈列室、网络上的品牌商店以及商业电视频道的专题栏目。比如，在安踏品牌官方网站上，有各种产品的展示、模特穿着效果、设计理念、面料材质说明、标价等构成的体验空间，还设置有互动专区，以便与消费者进行及时的互动沟通，成功地为消费者提供了一个立体的、虚拟性的体验性场景。

二、新媒体环境下互动广告创意设计的基本要素

新媒体的数字化、互动性和时空自由性的三个特征为互动广告设计的蓬勃发展提供了必要的技术支撑，使互动广告创意设计从传统媒体环境下简单的情景互动设计中解放出来，更多地延伸到网络广告这一领域，并在技术上更加依赖计算机系统和数字信息处理技术。在传播机制上，将互动这一环节由传统媒体的单向输出到受众接收再到反馈，变成网络上双向和多向的交互式沟通，凸显了互动的本质意义，提高了传播效果。这种以交互式沟通为本质的互动广告创意设计必须包含以下几个基本要素：

（一）体验式设计

体验是受众在互动过程中呈现的一个主观状态，即不管最后受众是否被广告所影响产生购买行为，他都已经参与了这个过程，并获得了一定的感受。不可否认，受众的体验感越深刻，所获得的印象也就越深，广告效果也就越显著。就像斯科特·麦克凯恩提出的那样："创造一种独特的氛围，用一种令人感到赏心悦目的方式来提供服务，你的顾客为了这种舒适的过程而愿意为之付

费。"这就要求体验式设计应该以受众视角为第一视角，通过创建情景、塑造氛围，使受众能够在这个情景中展开活动，获得感官上的刺激和情感上的体验。在这个活动过程中，要提供给受众足够的信息和逼真的细节。这样，顾客才会在获得主观感受的同时，注意到产品的特性和品质。

（二）人性化设计

传统媒体环境下衍生出的"传者中心论"使信息发布者很难照顾到受众的感受，而新媒体的普及使每一位受众都成了潜在的焦点。由此，当前环境下的广告更多地关注到受众本身的感受和态度。对于互动广告而言，要使受众获得愉悦的体验和美好的感受，就必须在设计过程中充分利用人性化元素，无论是界面设计、活动规则，还是操作流程、情节设计，都要以受众为中心，以他们的可参与性、可操作性和舒适性等因素为基本前提。

（三）个性化设计

在新媒体环境下，互动广告创意的极致就是关注到每一类受众中的每一个独特的个体，从而展开极具个性化诉求的创意。这种个性化往往体现在互动形式的个性化。例如，三星 GALXY 手机在街头展开了一系列个性化的互动设计，即路人只要在各种干扰下盯住屏幕一定时间，即可获得三星手机一部。类似的设计在国外很常见，在人来人往的街心，面对众人的旁观，感应式的互动机器会对你提出各种让你瞠目结舌的个性化要求，如跳舞、跪拜，无不引发众人的好奇和惊叹，在彰显个性化的同时达到了互动广告创意设计的目的。

（四）互动化机制

在进行互动广告设计前，先应确立一套完善的互动机制，具体包括互动目标的确立、互动内容的构想、互动媒介的选择、互动效果的预测等。

1.互动目标的确立

非互动性的广告创意构思一般以单向传播为主，互动广告创意则要改变创意视角，从受众的角度切入，考虑受众在互动的过程中能够注意到或者体验到什么，并以此为目标进行逆向思维的创意。

2.互动内容的构想

这是互动机制中最重要的部分。互动内容的构想直接影响到互动的效果，这就要求在构想互动内容时，必须突出受众最感兴趣的信息，加强互动创意的趣味性、情节性和规则性。

3. 互动媒介的选择

互动媒介的选择即选择何种媒介承载创意以达到最好的传播效果。例如，要想达到及时快捷、受众明确的目的，就可以选择手机媒体；咨询式互动广告适合在数字电视上投放；一些文本链接式的或浮动广告则多选择在网络上投放。

4. 互动效果的预测

在创意进行投放之前，结合目标受众对互动可能引起的反响进行简单的预估，可以参考相关类型的互动广告的效果，也可以在投放之前进行问卷调查，结合客户数据进行系统分析。

（五）震撼力作用

虽然早在 2007 年就有人用 SPT 理论（可搜索性、可参与性和可标签化原则）更新了原有的"ROI"创意评价标准，但在这个充斥着各色广告的今天，互动创意的震撼力和吸引力依然不可或缺。这种震撼力是以往传统互动广告所无法企及的，传统意义上互动广告的新颖性主要依靠视觉来完成，而新媒体环境下的互动广告不仅需要数字技术的支持，还需要受众的视觉、听觉和肢体的参与。这种互动下的震撼力是触及整个身体和思维的，受众会惊讶于互动过程中技术带来的独特体验，会好奇、会思考、会产生喜悦感和紧张感。因此，一则优秀的互动设计应该以完备的技术和适度夸张的表现设计为基础，带给受众前所未有的震撼力。

第六章 新媒体公益广告创意

第一节 当前公益广告创意综述

所谓公益广告，就是指不以营利为目的，以大众或社会所关注的事件为诉求，以艺术的表现手法，通过媒体的发布平台，向社会公众传播有益的社会观念的广告活动。公益广告一直被广泛运用于传达政府意识、疏导社会心理、缓和社会矛盾等方面，同时公益广告在社会教育、文化传播、舆论导向等方面发挥着积极的作用，是推动社会和谐进步的特殊力量。

一、当前公益广告的创意思路总结

公益广告是一种不以营利为目的的广告，它对反映社会问题、引导社会意识有着积极的作用。不同于商业广告花花绿绿般的精彩画面和语言，公益广告往往画面深沉，有时甚至恐怖；语言单调，有时甚至刻板，这样的公益广告虽然都不同程度地起到了宣传、警醒的作用，但是很难和优秀、耐看挂上钩。因此，有学者指出，公益广告创意是一个公益观念能够有效传播的必要手段。也就是说，具有什么样的创意就会产生什么样的宣传效果。

公益广告的创作如同商业广告一样有其自身要遵循的标准。商业广告的创意标准就是要把企业或产品的诉求点传达给受众，使他们或主动或被动，以听觉、视觉等多种感官来感知传达给他们的信息。受众对这一信息记得越牢越久，说明这则商业广告越成功。广告界有一种共识，即好的创意是既能促销又具有艺术性的东西。它是一种独一无二的原则，一种源于生活又能直接打动消费者心灵的创造力。公益广告的创意标准在某些方面要高于商业广告的创意标准。首先，要宣扬积极向上的观点和思想；其次，选题明确，有鲜明的时代特点和时效性；再次，要有倡导性，非强加于人，但是更感人，引起人们深层次的思考；第四，诉求要有针对性，这点和商业广告很相似，即要将诉求点有的、有标的投放，做到有的放矢；最后，每则公益广告都要有特色，不能千篇一律，要做到受众喜欢、口碑相传。

二、公益广告创意的原则

公益广告作品之所以水平有高低、作用有大小，很大程度上是由于最终创意执行层面的区别所致。公益广告创作者为使公益广告真正为社会所认可，必须按照一个"广告人"的标准要求自己，将创意和表现放在极为重要的位置上。由于公益广告在舆论引导、社会服务和精神文明建设中的共同目标，它们在创意方面有以下共同的原则。

（一）针对性原则

任何传播行为都有特定的对象，这些传播对象就是传播学中定义的"受众"。公益广告在大众媒体上广泛传播，其受众并不是"所有人"。不同的媒介或具体媒体有着不同的特点，如电视观众的年龄普遍比网络用户要高，专业刊物的读者大多是具有相应专业背景的人士，广播的听众一般是同一个地区的居民，等等。因此，不同的公益广告必须兼顾不同媒体受众的特点，也必须根据公益广告本身的主题来判断其最能够起到效用的受众群体。如果不对受众群体进行分析，并有针对性地设计创意元素，那么很可能达不到预想中的传播效果。因此，针对性是公益广告创意中的第一大原则。

例如，图6-1是由姚明主演的以保护鲨鱼为主题的公益广告，此片对公益广告的针对性原则进行了很好的诠释。该则广告的氛围是水族馆的高级餐馆，是高端人士享用昂贵佳肴之地。片中的人物形象均为富有人士，再加上姚明本身的名人身份，更加明确了广告所针对的人群，即有能力消费鱼翅的人群。因此，"没有买卖就没有杀害"这句广告语是针对有钱"买卖"鱼翅的广大受众，具有极强的针对性。若该则广告在公交电视进行播放，将无法取得理想效果。这主要是由于公共交通的搭乘者大多无消费鱼翅的能力，这就在无形中削弱了广告的针对性。

（a）　　　　　　　　　　　　　　　（b）

（c）　　　　　　　　　　　　　　　（d）

图6-1　姚明公益广告

部分媒介的主要受众特点和相应的公益广告主题如表6-1所示。

表6-1　部分媒介的主要受众特点和相应的公益广告主题

媒介的类型	主要受众的类型	适合的公益广告主题
新闻型电视频道	中年以上男性、受教育程度较高、信息接收和分辨能力较强、消费水平高	政策宣讲、爱国主义、精神文明、环境保护
娱乐型电视频道	中青年女性和学生、受教育程度低、缺乏信息收集兴趣、消费能力中等偏低	弱势群体关怀、环境保护、群众健康
地方广播	本地居民、年长男性、机动车驾驶员	弱势群体关怀、城市建设、精神文明、交通安全

媒介的类型	主要受众的类型	适合的公益广告主题
时尚杂志	中青年女性、受教育程度较高、信息接收分辨能力强、消费能力较强	弱势群体关怀、社会福利、环境保护
门户网站	中青年男性、受教育程度中等偏上、信息收集能力高、消费能力属于中下等水平	环境保护、社会福利、群众健康

公益广告中的针对性并不是绝对的。由于公益广告本身的覆盖性很强，同一文本在不同媒介中同时使用的可能性较大，因此公益广告的针对性还要与普适性相结合，切忌过分针对某一群体，而使其他可能看到这一作品的受众感觉受到忽视。

（二）人文性原则

目前，对于公益广告的批评主要有两种典型的观点，即"假大空"和"站着说话不腰疼"。对于大多数公益广告而言，缺乏真情实感和缺少对共同情感的调动确实是相当常见的现象。这些问题的出现主要是由于缺乏人文关怀精神。因此，引入人文关怀精神是公益广告创作中必须注意的另一个原则。

所谓人文关怀，简而言之，就是确立人的主体性。人是一个复杂的集合体，一个人的经历、情感、人格等都是他的重要侧面。因此，确立人的主体性就必须对这些元素抱有尊重的态度。具体到公益广告的创作上，则主要是保证情感的真实，维护受众和救助对象的尊严以及选择说话的方式。

1.保证情感的真实

在广告创作中，利用情感元素调动人们注意力的方式称为"感性诉求"。这种诉求方式在公益广告中更加常见。由于不是所有的公益主题都拥有能够量化的价值属性和利益关系，因而使用情感作为主要的诉求方式是大多数公益广告唯一的选择。但是，情感元素的使用必须以真实为前提。如果创作者对所要采用的情感元素缺乏理解和认知，那么在创意中使用的情感很可能会让人感到缺乏真实感，乃至让人无动于衷。

无论在何种媒体上出现，公益广告都是一种短篇幅的作品。因此，在较短的篇幅内对情感进行全面、真实、生动的描绘，比在电影、电视剧中难度更高。不过，纵观优秀的公益广告，其情感调用仍有一些规律可循。

第一，含蓄地使用情感，避免过度煽情。过度煽情是夸张手法在情感使用方面的延续。但是，过于夸张的手法容易使人物和事情丧失真实性。当公益广告中的人物过于完美、过于伟大或经历过于悲惨时，绝大多数受众会感觉假而主动屏蔽公益广告。过于夸张地描绘情感，甚至会让观者产生反感。因此，对情感的描绘应点到为止，避免说教。虽然艺术高于生活，但其源于生活的一面永远不应该被忽视。

第二，避免对人物的过度脸谱化描写。对人物的脸谱化描写是短篇幅作品中摆明主题、突出观点的一种"捷径"。也正因为如此，脸谱化的人物也成为公益广告中最大的俗套来源。人物刻画中的脸谱化实际上是将一个人部分暂时性的情感状态和行为方式常态化，将人物散碎的生活状态集中化。因为作品篇幅有限，这种集中是不能完全避免的，但如果这种手法运用得过频过滥，那么就会让人感到创意的无力。

第三，尝试使用多种手法描摹情感状态。将"感人"仅仅理解为"让人觉得难过、愧疚，让人有掉眼泪的冲动"是对这一概念的狭隘理解。让人在幽默轻松中获得感悟以及让人产生大吃一惊的震惊之感，这些也属于感人的范畴。事实证明，使用对比、幽默等手法，对创意的限制更少，更容易产生良好的效果。

2.维护受众和救助对象的尊严

公益广告必须将人的尊严放在第一位。所谓人的尊严，既包括公益广告作品所要帮助、保护的人的尊严，又包括受众的尊严。如果公益广告想要帮助人，反而使人感到尊严受到了伤害，那么这则广告的真诚性就会受到质疑。如果受众觉得自己的尊严受到了冒犯，那么效果还要更糟——受众会直接抵制这则广告和它所传达的思想。

如何维护帮助对象的尊严？简而言之，就是要将帮助和"施舍"严格区分开来。帮助和施舍客观上都能够使被救助者摆脱困难，但帮助的前提是平等，而施舍的前提是尊卑有别。当一个人需要帮助时，他本身也在努力解决自己的困难，是值得尊敬的；当一个人寻求"施舍"时，他本身已经放弃了自己解决问题的可能。如果一个人有自救的能力而主动寻求别人的施舍，那么这种行为可以被认为是可耻的。因此，将公益广告中需要帮助的人群刻画为"寻求帮助"还是"寻求施舍"，有着本质上的区别。如果将需要帮扶的对象刻画为"寻求施舍"，那么无疑是对他们的一种侮辱。

这一点在扶助弱势群体的公益广告中尤为重要。在创作这一类公益广告时，应当详细地了解他们的生活状态和苦衷，充分描绘他们在解决自身困难方面的努力以及这种努力所不及之处，用这种方式唤起人们的"帮助"之心。公益广告受众的尊严同样需要维护。在很多公益广告中，对不文明行为的揭露、对不健康生活方式的指出，往往在拷问着受众的心。然而，这种拷问必须是善意的。如果揭露成为一种指责，乃至嘲讽、羞辱，那么效果会适得其反。

3. 选择说话的方式

在公益广告中，创作者必须"说话"，即表明主旨，指出问题或提出建议。但是，这种"说话"的方式对公益广告的传达效果有着非常显著的影响。在公益广告中，应当选择建议式或谈心式的表达方式，尽量少使用责问式或指令式的表达方式。人们在日常生活中遭遇责问和指令的情形非常多见，因而绝大多数人对这种方式非常反感。选择良性的、温和的说话方式，本身就是对受众的一种人文关怀，让人们在日常工作之余，能够对生活有更加深刻、生动的理解。以上原则主要是在公益广告创作中应当遵守的前提性、宏观性原则。具体到每一条公益广告的创作，还应当考虑与刊播媒体的适应性，以及各种创意元素的具体使用。这些内容将在后面各节中详细介绍。

（三）劝服性原则

公益广告在劝服性方面同商业广告如出一辙。在商业广告中，推广性的内容必须对产品的价值和实用价值进行承诺，才能够赢得消费者的青睐。在公益广告方面，一则能够产生良好效果的公益广告必须努力将一种观念或行为方式"推销"给广大受众，否则将处于一种让人不知所云的尴尬状态。

若要使公益广告作品具备强有力的劝服性，必须注意两点：一是要对所持有的价值观进行准确的定位和充分的体现，二是要对主题或倡议的合理性和可行性进行阐释。价值观是哲学上的重要概念，是指一个人对周围的客观事物（包括人、事、物）的意义、重要性的总评价和总看法，既表现为价值取向、价值追求，凝结为一定的价值目标，又表现为价值尺度和准则，成为人们判断事物有无价值及价值大小的评价标准。由于价值是一个人对客观事物和自己进行评判的主要准绳，因而价值观实际上是一个人对自身进行的一种定位和描述。价值观是在一个人逐渐成长的过程中形成的，其形成的基础乃是"认同"。也就是说，任何人都很难对自己的价值观进行否定和改变，而更倾向于对别人的价值观进行批判，这也就是价值观的稳定性。当一个人面对一种观点时，一般都会用自己的价值观对该观点是否属于"我能接受的范围"进行评判，而后才会决定是否接受。

图 6-2 是下岗再就业主题广告《从头再来》的截图，该广告是 20 世纪末

国企体制改革时期的经典作品。它之所以能够得到千千万万劳动者的共鸣，很大程度上是因为体现了这一代人共同的价值观：为家庭的幸福，也为国家的强盛而工作。因此，当社会需要他们分担责任时，这种共同的价值观使受众感到一种无形的集体力量，在最无助的时候得到了组织的关注，从而体验到一种被"召唤"的感觉。

图6-2 下岗再就业主题广告《从头再来》

因此，一则公益广告要使受众接受自己的观点，就必须体现出能够使其接受的价值取向。如果不对自身的价值观进行展示，则很难受到人们的注意，也就无法使受众进一步思考以至接受公益广告提出的建议。

三、当前公益广告创意具体内容的总结

公益广告的创意方式多种多样，有研究者提出公益广告的创意应当是"思""情""趣""美""理"不同程度地互相交织、糅合。笔者认为除去这些创意上的具体方法，好的创意离不开时代特征和目标群体，尤其是公益广告更是应该跟上时代的步伐，反映现代社会所产生的现象和主题，公益广告应用于社会，植根于大众，这样才能发挥公益广告的导向作用。

举例来说，从最早的"节约用水"的公益广告到后来的"预防艾滋"公益广告，再到现在的"粉红丝带、低碳环保"的公益广告，都是在时代不断的发展中，对当时大众最关注的社会问题的启发和倡导。同样，公益广告的创意也随着时代、媒体、科技的发展而不断突破。从最初的条幅、大字报到平面招贴画，再由平面公益广告到电视公益广告，由电视公益广告到新媒体公益广告，这些都给公益广告创意以新的契机和发展空间。图6-3为怀化学院美术与设

计艺术学院视觉传达教研室所拍摄制作的系列公益广告视频。

视频提取码：vxx5

图6-3 新媒体公益广告

（一）公益广告的语言方法

公益广告创作中离不开广告语的创作。如果说创意是广告的灵魂，那么一句好的广告语可以说是拯救一则具体广告的灵丹妙药。因为广告语中所要体现的信息是多样的，如企业策略、广告诉求、受众情感、语言艺术等，将这些内容浓缩、提炼出一句广告语对语言的要求是非常高的。

因此，对公益广告语言的研究也有其各自的研究针对性。例如，有针对广告文案翻译的研究，有针对广告文案中语文资源应用的研究，有针对广告文案的趋势和走向的研究，有针对目标受众喜欢的语言的研究，等等。笔者认为，不论对公益广告创意语言进行怎样的预测和研究，都要结合实际，结合所在的环境和社会背景，因为即使是公益广告的语言也不是孤立存在的。

（二）公益广告的设计方法

在广告界有这样一种说法："好的创意加上好的设计可以出一个成功的广告，平庸的创意加上好的设计也可以约等于一个好广告，只有平庸的创意加上平庸的设计等于平庸的广告。"这就意味着只要有好的设计，就有三分之二的机会能够有一个好的广告。虽然设计有时无法与策略和文案上升到同样的高度，只是一个纯粹的执行者，但是依然不能否定视觉是最重要的感觉器官，视觉上的享受是任何感觉系统都不能替代的。因此，如何做好设计，运用好的设计方法是值得认真对待和研究的问题。而且随着科技的不断发展，我们的设计也从最初的手绘过渡到了今天的电脑设计，这些都给公益广告设计以质的飞跃。

在新媒体传播下的现代社会，如何利用新媒体发布形式与设计创意的完美结合又成了一项新的研究课题。如今，新媒介已影响到人们的生活和思维方式、人类社会的结构以及文化的走向等方方面面，这种显著的变化是任何人都不能视而不见的。笔者认为，我们更应该积极地去拥抱和探索这种变化，以及这种变化所带来的种种现象和问题，这才是正确而积极的态度。

四、未来公益广告创意的多元化趋势

一位广告大师曾说："广告之所以可以称其为广告，正是因为它具有可传播性；如果没有传播，那广告也就不是广告了。"由此可见，传播方式对广告的重要性。

广告的传播方式也经历了发展变化，从传统媒体时代的平面化、被动性到新媒体时代的动态化、互动性、主动性，每一次变化无不带来一次公益广告创意的革命。如今，新媒体传播方式逐渐从幕后走到幕前，大有取代传统媒体的趋势，这些传播方式的发展变化使公益广告呈现出了多学科融合和多元化融合的趋势。"Flash 可动技术""触摸式人机交互技术""互联网实时下载更新功能"等这些新媒体所展现出的特点也逐渐被应用于公益广告的设计和制作中，这对公益广告的创作来说，既是机遇，又是挑战。

值得一提的是，在新媒体传播环境下，公益广告创意更重视对互动性的发掘，让受众真正参与进来，实现公益广告的终极目的——启发式接受，并形成了公益广告以人为出发点、为人所创造、通过人为载体传播、使人最终受益的岛型循环方式。

第二节　新媒体环境下公益广告的特点和优势

在欧美国家，公益广告的起步相对较早，最早出现于 20 世纪 40 年代初的美国，广告主多数是国际性的组织、机构以及企业。由于起步较早等原因，

到今天，欧美国家的公益广告已发展得较为成熟。在美国，公益广告也被称为"公共服务广告"，制作目的在于体现社会问题，潜移默化地影响社会公众的态度和观念，以增进他们对社会问题的关注。有国外学者提出了"思想广告"的概念，认为近年来非营利组织的广告宣传活动日趋频繁，一些曾用于商业广告中的宣传营销技巧也会被这些组织进行广告宣传时所借鉴，被用于达成商业目的的宣传营销技巧也经过加工改造用于转变思想，服务于社会。由此可见，思想广告也就是我们如今所说的公益广告。

随着新媒体技术的迅速发展，广告产业有了更加广阔的发展空间。公益广告是广告的一种特殊形式，是一种不以营利为目的、以社会公众为传播对象、传播社会观念和公益理念的广告活动。当前，在新媒体日益蓬勃发展的大环境下，公益广告要想有更好的发展，必须利用好新兴媒体，在创意、表现方式、传播方式上进行革新。只有这样，才能更好地生存和发展，获得最佳的社会功效。

与传统媒体中的公益广告相比，利用新媒体作为传播媒介的公益广告在各个方面都有比较大的改变。以往传统媒体中的公益广告多选取"环境保护""节约用水"等与人们日常生活相关的题材，题材范围并不广泛、新颖，久而久之，对受众的感染力和触动性也会逐步减弱。如果公益广告不能结合当今的社会主义核心价值观，那么其功能和效用也会随之减弱，甚至影响对整个社会文明的推动。因此，新媒体环境下的公益广告在设计、制作以及传播的过程中，更多地结合当今社会的主流价值观，选题更为广泛、深刻，与当下的社会文明、道德观念相契合，已成为推动社会进步的有效力量。

一、新媒体环境下公益广告的特点

（一）广告传播主体"专项化"

公益广告的主体是指广告信息传播过程中的发出者，即广告活动的提议者、策划者、创意者和实施者。广告主体主要包括广告主、广告经营者、广告发布者。公益广告是一种非营利性的、面向社会传播正确道德观念的广告活动。公益广告是公益事业、公益宣传的一部分，政府、公益组织作为广告的发起者而成为传播主体，同时企业经常以自主制作传播或资金支持等方式参与其中。传统媒体中公益广告的主体通常都是政府与公共媒体，规模较小的组织或个人较难参与其中，而且大部分的公益广告题材和内容与普通民众所关注的尖锐社会问题、矛盾的联系比较少，并且受制于传统媒体的单向传播方式，受众通常很难参与到社会公益的推广中，这在一定程度上制约着传播效果。

新媒体环境下，公益广告的主体仍然以政府和公共媒体为主，政府机构和公共服务机构负有管理社会、服务公众、传播社会精神文明理念等职责，对于宣传国家政策法规、处理社会事务、提供公共服务负有不可推卸的责任。近年来，国家把公益广告融入了制度建设、政策保障之中。比如，国家广播电视总局等机构设立了公益广告项目部门专项基金。又如，2016年，政府公布的《广告产业发展"十三五"规划》中明确提出了要建立完善公益广告可持续发展机制，依法建立专门的公益广告基金以及在综合性公益基金下的公益广告专项基金，积极推进政府的公益广告服务，为企业投入广告资金制定税收鼓励政策。这也反映出政府不仅要在公益广告传播中发挥主体作用，还要与企业、社会组织、媒体乃至个人一起共同促进公益广告事业的可持续发展。在公益广告活动中，大众传媒机构常常要义务提供发布公益广告所需要的版面、播出时间等。版面、时间是大众媒介的主要资源，免费发布公益广告必然也会相应减少媒介机构的收入，牺牲一定的经济利益，但是仍然有不少媒体机构出于法定义务、责任意识和公益自觉承担着公益广告的传播活动。

新媒体的发展给公益广告注入了新的活力，也衍生出更加多元化的"广告主体"，促使公益广告的传播方式发生了巨大改变，广告主体有了"个人化"的新特征。由于数字技术、互联网的普及与发展，公益广告在制作上更加简易，素材更为丰富，传播方式上也更为便捷，发布者可以随时随地在电脑、手机等新媒体上进行发布，并且可以借助新的媒介终端与受众进行互动交流，传播的范围也更加广阔。公益广告的制作与传播活动不再局限于政府和公共媒体，还可以被广告主设计成一款小游戏、一个H5页面或者是一个App，在表现手法上更加灵活多变，而且个人可以很便捷地通过新的媒介平台展现自己的构思，主动参与到传播社会公益的行动中，为社会公益行动凝聚个人的力量，从而推进社会道德和精神文明建设的发展。

（二）广告传播媒介"融合化"

传统媒介环境下公益广告传播所利用的都是单一的媒介，如电视、广播、报纸、户外广告牌、墙体等，传播模式较为单一且互相之间无关联，难以形成系统、连贯的传播活动。数字技术的日益发展改变了这种环境，多种原本单一的媒介和新兴媒介之间可以进行相互渗透、融合，过去单一媒介所提供的信息现在可以通过多种媒介来获取，形成了新的媒介生态环境。

利用互联网和数字技术进行制作和传播的公益广告不仅传播渠道更加多

元化，在创制和媒介使用中所花费的费用也更少。例如，计算机媒体中的公益广告无论是文字、图像抑或视频等形式，同样可以通过互联网技术上传至移动客户端媒体，可以说数字科技的发展使不同形式的公益广告可以在不同的媒体上进行传播。当前，各种各样的社交网络媒体不断涌现，如微博、微信、网络论坛等，这些社交媒体之间也可以进行信息的传播，公益广告也因而可以在不同的媒体区域中进行传播和反馈活动。新兴媒介之间的融合也带动了传统媒体转型，如传统的报刊、广播利用数字技术开发了电子报、手机广播等新的媒介形式，传统广播电台通过互联网技术派生出了网络电台、手机电台等，公益广告亦可在其中进行有效传播。

互联网支持很多的传播工具和技术手段，新媒体的服务平台大致可分为信息型、交流型，或者两者兼有。信息型平台，如新浪网、新华网、凤凰网等门户网站，不间断地为受众提供新闻信息或资讯；交流型平台，如QQ、微信、微博等，这类型的平台主要以提供用户之间的互动交流为主，在沟通中传递信息；两者兼有的平台，如大型的网络论坛、社区，其中不仅仅有新闻、资讯信息，还为用户提供交流互动的区域。在这样一个大的媒介环境中，广告信息得以实现精准投放、灵活传播以及循环交流，也使公益广告"活"了起来。

二、新媒体环境下公益广告的优势

新媒体有着自身的特点和优势，在新媒体中进行传播的公益广告与传统媒体中的公益广告相比，也自然而然地发挥着天然优势。

（一）媒体投放渠道的合理使用

新媒体技术的日益发展、成熟带来的是传播平台的多元化以及更加多样的传播方式。例如，手机、移动数字电视等都可以是公益广告新的传播媒介，其中主要依托计算机的宽带网络媒体依然是新媒体环境下公益广告传播的主要方式。网络中的公益广告表现形式丰富多样，既有文字、声音、图片等传统媒体常常使用的表现形式，又有微电影、Flash动画等。只不过制作这种类型的公益广告过程相对复杂，制作成本相对比较高，发布后不易修改或撤销，因此要求对投放渠道有比较准确的选择。对于利用新媒体进行传播的公益广告来说，只有选择合适的传播渠道，才能达到更好的传播效果。

近年来，以视频形式出现的公益广告越来越吸引着受众的兴趣，也受到了越来越多的关注，引发诸多反响。随着社会精神文明建设的加强、国家对教育事业的大力扶持，人们的思想观念、行为准则等也在逐步发生着变化。生活水平提高了，人们的素质和精神文明水平也提高了，公益事业、公益广告在大众的观念中不再仅仅是政府的责任和工作，越来越多的人开始有意识地参与到公益活动中，由网络用户自主制作、传播的公益视频也日益增多，不少网站还专门开设了公益相关板块，供用户上传、浏览、分析公益广告视频。通过这些新媒体网络平台，对公益广告的相关视频进行把控，不受时空限制，用户可以在任意时间段进行反复观看，成本相对于电视、广播、报纸等传统媒体较为低廉。这种合理配置资源的方式成为新媒体环境下公益广告的优势之一，为公益广告实现更优质、高效的传播提供了良好的平台。

（二）传受双方的交互性

传者和受者是广告传播活动中的两个要素。通常情况下，在公益广告的传播中，从选题、创意到制作、传播过程，目的往往是注重所需要传播的公益理念，而很少对受众的接触情况、思考情况进行审视或反思。这时候新媒体在公益广告中的运用打破了这一单向传播的格局，借助新媒体与互联网进行传播的公益广告使受众在浏览和思考所接触到的广告信息的同时，可以将自己的想法、观念利用互联网络等渠道进行发布、反馈或者进一步传播。公益广告的发布者也能对自己的广告进行评估、完善等，具有很强的互动性。这种交互性也使广告传播中的传受双方有了互动、交流的可能，突破了传统媒体中公益广告的传播者与受众之间缺少互动、交流渠道的难点。具体来说，人们可以利用网络，根据自己的需求自主查询、浏览公益信息。在这种情况下，受众对信息的接收具有自主性，更契合公益广告中所传播的理念，在一定程度上提升了大众对公益广告、公益活动乃至公益事业的兴趣，从而带动更多的人参与其中。在使用互联网的过程中，用户的上网痕迹可以通过技术手段被记录、分析，传播者发布公益广告或者公益网站有多少浏览量都可以被记录和分析，为公益广告或者公益网站内容、形式的改进和传播策略的调整提供了可借鉴和参考的数据。总之，新媒体公益广告能将所要表达的内容与理念进行放大、拓展和丰富，让受众全方位地了解发布者的意图，并且与之进行沟通交流，在发布者与受众持续互动的过程中，传播效益和影响范围都会得到成倍提升。

（三）传播平台的多元化与可操控性

传统媒体的传播平台较为单一，并且相互之间关联性不强，这在一定程度上制约着公益广告传播的多元化。新媒体环境下的公益广告是一种利用互联网新兴媒体平台进行传播的广告。这种新型公益广告与传统媒体中的公益广告相比，不但传播的速度非常快，而且影响力日渐加深，更加受到人们的关注。在现代社会中，由于移动 4G/5G、无线网络技术的迅速普及，信号几乎覆盖全球各个城镇、乡村，手机媒体、数字报刊、数字广播、数字电视、新型户外广告设施等逐渐成为公益广告新的传播媒介，并且越来越受广告发布者的青睐，公益广告所能利用的传播平台越来越多。新媒体环境下的公益广告不但所能利用的传播平台更加多元化，而且传播方式日渐变得多元化。例如，出现了互联网微博公益广告、微电影公益广告、H5 公益广告、VR 公益广告、动画公益广告、数字电视公益广告、微信公益广告等多种形式。公益广告借助多种多样的传播平台，从创意制作、媒体投放到传播效果的测评都更加便捷。

传统媒体中的公益广告在传播形式上比较单一，使得在广告目标受众的选择、效果评估等的过程中困难重重，且受制于广告的版面或者播出时间段、播出次数、媒介渠道等因素，传播活动在时间和空间上常常受到一定的限制，因此想要达到公益广告受众范围最大化的需求是比较难的。而利用新兴媒介传播公益广告可以解决这一问题。众多的信息网站、新闻网站、移动网络终端等可以通过计算机、手机、平板电脑、户外视频等传递公益广告。这些新兴媒介的特点和优势可以突破时空和传播模式的限制。在空间上，新媒体可以利用宽带网络、移动 4G/5G 网络、无线网络等，使世界各个角落的人们浏览到公益广告；在时间上，在新媒体中所传播的信息能够在任意时间进行，并且有些媒体对受众的反馈也可以提供相应的渠道，有利于对公益广告的效果进行测评，因此具有传统媒体无法比拟的可操控性。

（四）受众群体的广泛化与针对性

公益广告的目标是帮助大众树立正确的世界观、人生观、价值观，引导他们的行为准则，从而提升整个社会的道德风气，助力精神文明建设。这种潜移默化的影响不局限于某一群体、地区或者城市，面对的是整个人类社会，因此争取对受众宣教范围的最大化是十分必要的。社会教育性也是新媒体环境下公益广告的本质目标，通过新的媒介渠道，在向人们传递信息、弘扬正确的道德观念、助力全社会的精神文明建设时，能起到更深刻、更生动的传播效果，使受众在浏览公益广告时产生更加深刻的切身体会，从而潜移默化地影响受众的观念。此外，要在传播范围上达到更加广泛的覆盖，才能从根本上提升公益广告的影响力，因此新媒体环境下的公益广告更应该为社会道德传播的推进创造更为广阔的传播空间。

互联网服务越来越与人们的生活、工作、娱乐、消费需求紧密联系起来，并且现在的智能手机能让用户享受随时随地上网的便利服务，所以用户的很多碎片时间都常常离不开网络，使用计算机和手机上网的用户逐步共同构建了数字社区、数字社会，数字媒介也已然成为公益广告传播的新平台。庞大的"网民"集群使他们在浏览公益广告之后，不仅能与广告主进行互动、沟通，还能与关系网络中的其他人进行分享、交流，从而提升了公益广告的影响力。

广告的传播还需要在面对受众时能够进行有针对性的细分，制作或选择不同的传播内容、传播渠道、传播策略等。新媒体在数据搜集、整合上有着突出优势，能为公益广告的传播方式提供技术支撑。例如，现在，网络运营商还可以借助相关技术手段将广告送到特定的目标受众的联网设备中。在公益广告发布者精准传递信息的同时，受众能避免无用、不感兴趣的广告的泛滥，这有利于公益广告效益的最大化，避免资源、财力的浪费。例如，关于禁烟类的公益广告，可以有针对性地发送给男性以及大学生的网络用户；关于优生优育类的公益广告，可以针对中青年群体进行宣传；关于慈善类的公益广告，就可以选择经济基础较好、社会地位较高的受众进行发送；等等。结合大数据分析受众，根据受众使用媒介的习惯使公益广告的投放更加精准化、更加贴近受众，从而优化公益理念的传播效果。

第三节　新媒体公益广告创意和表现

一、新媒体环境下公益广告的创意

创意是一种广告术语，既有名词属性，又有动词属性。作名词讲，创意是指具有创造性的想法或构思，"有创意"常常意为独具匠心、新奇巧妙的构思；作为动词讲，创意是指进行具有创造性思维或策划，从而制作广告文案的过程。不论作为名词还是动词，创意的核心都是要实现好的"创造"，从而更好地达到广告效果。就如广告领域的学者所言："广告创意是为了达成传播附加值而进行的概念突破和表现创新。"

不同的媒介拥有不同的传播特性和各自的传播方式。报纸、杂志等纸质媒介所具有的是文字、图片等静态传播符号，特点是便于受众保存且可以反复浏览；广播是一种以有声语言为主体的传播新闻，传播速度快，但是信息转瞬即逝，难以反复收听信息；电视是集视觉、听觉于一体的媒介，可以综合多种传播符号进行信息的传递，与纸质媒介和广播媒介相比，更具直观、生动的特点，但是同广播一样，也是稍纵即逝；其他媒介（如户外的灯箱、交通工具车体等）多以文字、图像作为传播符号，既有固定性，又有流动性。

媒介的不同特征和传播方式在创意方面也对公益广告有所牵制。纸质媒介没有承载声音的能力，受制于版面，也不太适合刊载故事情节式的公益广告；广播媒介不能承载图像，创意只能局限于用声音表述；电视媒介可以声画合一，动态的画面也适合叙述故事，但是受制于时间要求，广告内容、表现形式就只能更为精简；灯箱、车体等户外媒介虽然比较醒目，但是图像缺乏动态感。互联网作为媒介，集传统媒介的优点于一体，不受时间、空间上的限制，公益广告可长可短、动静皆宜。除此之外，互联网还具有传统媒介所不具备的交互性，利用新媒体的特点和技术手段，能够直接与受众进行互动，使受众从互动、参与、体验的切身感受中更加深入地理解公益广告的诉求。随着数字信息技术的发展，越来越多的公益广告在和设计上出现了新的突破。

例如，英国一个无偿献血的公益广告路牌通过虚拟献血活动动态地展示了捐赠后血液的转化过程。只要路过的人们用移动设备打开路牌中的网站链接，就可以进行虚拟献血。随着越来越多的人们加入，屏幕上血袋里的血液就会不断增多；随着血液的增多，屏幕上原本瘦弱的青年面色便会逐渐红润起来，看着越来越健康。这个广告牌正是利用了新媒体技术把图像由静态转变为动态，使受众获得直观感受，从而加深想要传播的公益理念，达到更好的传播效果。

二、新媒体环境下公益广告的表现形式

（一）文字表现形式

在传统媒体中，早期的公益广告往往以纯文字的形式出现，如设立在户外的警示牌、标语栏、广告横幅或者公交车体等上面常常可以看到公益广告，这也是户外公益广告最常用的形式之一。这种公益广告的广告主体就是文字本身，由于这种表现形式比较单一，因此文字样式、投放位置和语言内容等方面必须突出、醒目，才能最大限度地达到传播效果。虽然能否抓住人们的眼球、引起他们的注意由文字样式、投放位置和语言内容等所决定，但是想要最大限度地取得好的传播效果，不能局限于这几个方面，还要不断推陈出新，选择多样化的媒介进行投放。传统媒介中有不少使用文字这种表现形式的公益广告，并且已经有很多年的历史，因此难免造成受众的审美疲劳，使其过眼即忘。新媒体的出现和广泛应用给这种简洁的表现形式带来了新的活力，运用数字化的

科技手段对传统的广告形式进行加工和优化，可以让人耳目一新。另外，与传统媒体中所发布的公益广告相比，新媒体环境下的公益广告的文字更加美观且有动感，制作过程也更加简便，只需要掌握相应的软件操作即可。广告设计人员在计算机上针对所要传播的广告内容进行设计、色彩搭配、字体处理、文字循环滚动等工作后，就可以通过新媒体进行传播了。例如，根据不同新媒体的特点，对文字的样式、背景图案、颜色等进行美化加工，再利用数字化技术进行处理。这样，不仅操作更加便捷，还能取得更好的广告效果。

（二）图像表现形式

数字图像处理技术的出现和发展为公益广告的制作提供了更为先进的技术支持。利用计算机，就可以任意选用自己的创作素材或者从互联网中搜索、选取素材，进行设计和创作。公益广告的制作者在设计、制作的过程中，可以把脑海中抽象的创意变为可视的形象，无论平面图形还是立体造型，无论简单的图像还是复杂的图像，只要利用好图形图像处理技术，就能非常快捷地完成设计制作。

新媒体环境下的公益广告更需要借助数字技术不断实现形式上的创新、内容上的创新，让受众在信息接收过程中获得新的体验。充分利用新兴媒介还能让公益广告的传播效果得到有效提升。例如，英国某购物中心的一个LED公益广告——Looking For You，前来购物的人们会得到一张公益传单，当他们拿着传单走到这个广告牌下的时候，他们的传单会被识别，广告牌上的小狗便会与他们进行互动、随着他们来回走动等。这则公益广告就是借助数字技术所实现的，通过与顾客的互动来引导人们关爱流浪动物，鼓励人们领养它们。公益组织Women's Aid在国际妇女节上推出的一个户外公益广告也利用了数字技术，通过一个遭受家庭暴力的女人脸部的动态变化给受众带来直观的视觉冲击力，从而引导人们关注和重视家庭暴力问题。这种公益广告的表现方式不仅强化了所要传递的公益理念，还改变了传统媒体中公益广告单向传播的模式，与受众产生互动，借助数字科技提高了公益广告的创作质量和传播效果，推动了社会文明的进步。

（三）声音表现形式

用声音作为表现形式的公益广告往往通过声音媒介来传递公益理念。在传统媒体中，这种表现形式的公益广告常常是通过广播的形式进行传播的，受众依靠听觉接收广告信息。在制作广播广告的过程中，要考虑的不仅是内容中能够表现的语言意义，还要搭配合适的语境。例如，选择什么样的背景音乐与广告内容更加匹配，更能调动受众的情绪，以达到更好的效果。但是，由于渠道单一，表现方式受限比较大，因此也有一定的弊端，如缺少画面感、发展空间不大等，导致广播公益广告发展前景并不乐观。

新媒体的出现和发展为以声音为表现形式的公益广告提供了更新的传播平台。随着现代化数字媒体的普遍应用，公益广告的制作可以通过数字音频处理软件进行操作，广告语、背景音乐、人物对话等都可以进行一体化制作，省去了过去单一录制的烦琐过程，不但公益广告的制作更加便捷，而且由于数字音频媒介的广泛使用，公益广告的宣传力度得到了提升。通过使用数字化音频技术，可以将不同音色的声音进行糅合、美化，在声音变得更加悦耳的同时，让受众仿佛身临其境。新媒体环境下以声音为表现形式的公益广告的时效性比传统媒体中的公益广告也有很大的提升，几乎可以同时使所要传播的内容送达到使用不同媒介的受众那里。例如，《中国梦》系列公益广告之一是由故宫博物院院长介绍博物馆的现状与发展，其中有这样一段："中国梦的实现也需要文化实力的进步，而对文化遗产的保护尤为重要。在我看来，文物都是有尊严的，文物工作者更应该心存敬畏。我的梦想是要把一个壮美的紫禁城完整地交给下一个六百年。旁白：中国梦，腾飞的梦；中国梦，你我的梦。"

（四）H5 表现形式

H5 是 HTML5 的缩写，HTML 全称为 Hyper Text Mark-up Language，中文译为"超文本标记语言"。HTML 是一种创建网页的方式，是网页的开发端和接收端约定如何标记标题、正文、图片、文字样式等页面内容的一整套规范。数字 5 则是指 HTML 的第五次重大技术修改，其标准规范于 2014 年 10 月最终制定并在全球推行。

传统广告的传播一般都是由点到面的传播，H5 广告可实现点到点的定向传播，也可实现点到面、面到面的扩散传播。在传统媒体中，往往是借助受众的视觉和听觉感官来完成广告信息的传播过程，而 H5 形式的广告可以通过受众的多个感官来进行信息传播，使受众主动参与其中并最终实现多对多的传播模式。如今，有许多 H5 形式的公益广告涌现，在使受众耳目一新的同时，最大限度地加快了公益理念的传播速度。例如，腾讯新闻的"迎国庆换新颜"，这是在国庆前夕突然爆火的一个现象级 H5 作品，可以给自己的微信头像右下角加上一面小国旗。虽然是一个用过的招式，但是因为人们开始纷纷@微信官方要国旗，一时之间引起了人们的争相模仿，参与人次超过 3 亿。

H5 广告通过良好的互动性吸引了受众的关注，突破了屏幕浏览的界限，通过图像的绘制、屏幕擦除、重力感应、3D 交互等数字技术手段增强了互动传播效果，使 H5 广告突破了屏幕的界限，融入了受众的体感交互。借助 H5 形式进行公益广告的传播也在很大程度上强化了公益理念，增强了传播效果，拓展了传播范围。

（五）视频表现形式

与文字形式、声音形式的公益广告相比，以视频形式展现的公益广告在表现手法上更加丰富多彩，更具感染力，因此在传播上更具优势。传统视频表现形式的公益广告大多是以电视作为传播媒介，借助电视的信息传播方式，将公益广告以视觉画面和连续的影像形式展示给受众。当前环境下，随着数字科技和新媒体技术的发展、成熟，这一类型的公益广告有了更加广阔的发展平台。

视频类公益广告是运用动态视频影像符号进行传播的。它的传播载体包括电视、计算机、手机等各种支持播放视频的终端。这类公益广告如果利用新兴媒体进行传播，与传统媒体中的公益广告相比，仍然不失公益性、教育性和人文关怀，同时具备自身新的优势和特点。

1.视觉综合性

视频类的公益广告借助新媒体技术和数字技术，可综合文字、图片、声音、Flash 动画等丰富多样的表现形式来突出公益理念。

2.超时空性

传统媒体上的公益广告在播出、刊载时往往会受到版面、时间段等的影响，尤其在传播空间、时间上受到较大限制，效果也会受到这些因素的影响。而利用新媒体作为传播平台的视频类公益广告在空间上通过互联网络连接着世界各地的受众，不受版面、时段的影响；在时间上，借助网络媒介进行传播的视频类公益广告可以全天候不间断地进行传播，受众可以在任意时间反复进行观看。

3.互联网的开放性

受众在接收信息时有一定的自主选择性，因此视频类公益广告在创意设计时，也更加注重如何吸引受众的注意力，回归受众本位。这也是与传统公益广告"强制灌输式"的一个较大的区别。

4.传受双方的交互性

互动性是新媒体的特点之一。视频类的公益广告借助互联网平台进行传播时，在将广告信息传递给受众的同时，可以建立一条受众反馈的渠道，如弹幕、评论、点赞、转发等，加入与受众进行互动沟通的元素。通过这条渠道，公益广告的发布者可以对广告的传播效果进行评估。有些作品甚至可以是"半成品"，需要受众的参与、反馈来完成整个广告作品。例如，拖动鼠标丢下烟头会点燃草木，点击开关才能关闭正在滴水的水管，等等。通过直接参与，受众能够更加直观地感受到所要传达的公益理念，从而取得更好的传播效果。

5. 娱乐性

在传统媒体中，广告活动缺少互动性，但是在网络媒体中，视频形式的公益广告借助数字技术、新媒体技术有了全新的表现方式，无论是拖动鼠标丢下烟头点燃草木，还是点击开关才能关闭正在滴水的水管，都能在受众参与互动的过程中实现寓教于乐，使受众在娱乐中接受所要传达的公益理念。

（六）虚拟现实（VR）表现形式

虚拟现实是以计算机技术为核心，结合计算机图形学、人机交互技术、传感技术、人工智能、计算机仿真、计算机网络、并行处理与高性能计算等技术和领域，在一定范围内生成与真实环境在视觉、听觉、触觉等方面高度近似的数字化环境，使用户借助必要的装备与数字化环境中的对象进行交互，相互影响，以产生亲临对应真实环境的感觉和体验。

VR 技术的出现给人们创造了全新的感知事物方式。借助 VR 技术进行传播的公益广告让受众对画面产生了强烈的"进入感"。通过使受众沉浸于虚拟现实的方式，受众在 VR 技术所塑造的"画面场景"中可以有更为真实的体验；通过强烈的视觉冲击，受众可以对所要传递的公益理念有更为深刻的感受。

例如，哈根达斯推出了一个 VR 广告的预告片，这也是这家公司第一个 VR 项目。这个 VR 广告的主题为"保护野生蜜蜂"。故事片以一只蜜蜂的口吻进行叙述，而观众可以通过逼真的 VR 视角，身临其境地跟着嗡嗡的蜜蜂飞过花丛（图 6-4）。实际上，"帮助蜜蜂"是这个品牌很早就推出的一项宣传活动。哈根达斯告诉人们，由于气候、环境的变化以及人类活动的影响，大量野生蜜蜂消失的现象已在美国出现。哈根达斯解释称，由于美国三分之一的食品供应包括各类蔬果，需要靠蜜蜂传播花粉，因而这一情况影响了食品行业。将 VR 与公益主题联系起来是警示人类保护野生蜜蜂的好方法，同时可以提升消费者对品牌的印象，与消费者产生积极的互动。

（a）　　　　　　　　　　　（b）

图 6-4　哈根达斯公益广告

第四节　新媒体环境下不同传播方式的公益广告

新媒体环境下公益广告的传播方式和平台多种多样，笔者将新媒体环境下的公益广告按媒介类型分为如下四种：利用互联网媒体进行传播的、利用移动互联网媒体进行传播的、利用数字电视媒体进行传播的以及利用户外媒体进行传播的公益广告。这些媒介既相互独立，又可以实现信息交流互通，共同建构出了新媒体环境下公益广告新的传播方式。

一、互联网媒体公益广告

（一）互联网公益广告概述

公益广告在我国虽然已有较长一段时间的发展历史，但是绝大部分是利用主流媒体进行传播，由政府部门主导，公众难以参与其中，长期以来这种模式逐渐根深蒂固，互联网媒体的出现，也在一定程度上打破了这种模式。

随着信息技术的飞速发展，互联网将信息传播带入了网络时代，从 1995年起，互联网技术的广泛应用使这种传播媒介迅速崛起，互联网也逐步成为一个具有挑战性和革命性的商业平台。互联网公益广告采用先进的数字技术、多媒体技术进行创制，借助互联网进行传播，具有良好的交互功能，是一种促进社会精神文化建设的广告形式。它具有网络广告的特征，将公益宣传与互联网这种具有即时性、互动性、全球性等特点的超媒体相结合，以传播公益事业、助力提高社会精神文明建设的广告活动。

（二）互联网公益广告的特点

相比传统媒体中的公益广告，利用互联网进行传播的公益广告拥有自身的特点。

1.覆盖面广，不受时空限制

广告在互联网中的传播范围相比传统媒体要广阔许多，通过互联网技术，可以把公益广告传递到世界各个国家上亿的用户面前，同时，公益广告在传播过程中也不受制于时效影响，实现了每时每刻不间断地传播到世界各个角落，具有灵活的实时性。而传统媒体中的公益广告往往不得不局限于某些特定的时间和受众。

2.声色并茂，表现形式丰富多样

互联网公益广告具有互动性的特征，提升了网络中公益广告的传播效果，而网络技术的支持又使得公益广告在表现形式上更加丰富多样，包括动态影像、文字、声音、动画、虚拟现实等等，根据创意的需要可以对这些形式进行任意的组合创作，有些互联网公益广告应用动画技术，也增强了公益广告的趣味性和画面的可视性，运用丰富的艺术表现方式，制作出表现形式更为新颖丰富、理念更为深刻的公益广告，从而加深受众的情感共鸣。

3.广告效果的可测评性

通过传统媒体进行传播的公益广告，想要对广告的传播效果进行测评是比较困难的，发布者很难准确地对公益广告受众接收情况进行测量和评估，更难以了解公益广告所产生的影响。而利用互联网进行传播的公益广告，虽然目前也不可能完全解决准确测评的问题，但是通过表单、实时投票系统、在线收视率、网站访问人数以及电子问卷等等方面，还是可以较为直接地了解受众接收的情况，然后根据结果可以及时对传播策略进行调整，有利于正确评估公益广告的效果，为公益广告的发展提供方向。

4.低成本

互联网利用数字技术完成信息的传播，互联网中的公益广告也是数字化信息的广告，在创制上更为便捷、周期短，费用上也大大低于在传统媒体上发布的公益广告。在广告发布后，依然可以后期进行修改、更新等。

（三）我国互联网公益广告的现状

在我国，互联网公益广告虽然出现得相对较晚，但越来越受到重视，部分相关网站和单位通过网络媒体组织公益活动，产生了良好的影响。例如，在

2016年暑假期间，千华网发起了一项为加强鞍山市青少年网络文化建设的公益活动，目的是引导鞍山市的青少年践行社会主义核心价值观，利用千华网的全媒体平台来进行爱国主义教育，传播中华优秀文化等的传播。通过千华网发布的线上以及线下的活动，同时利用网站的电脑终端、手机客户端、微信公众号等平台，发布和推广本次活动，青少年可以通过这些媒介终端参与到公益活动中，亲身体验本地新闻从采访、编辑、制作到最后播出的过程中去，既在人际交流、文字表达、组织协调等方面得到了锻炼，也对社会实践和公益活动有了切身体会，引发了良好的社会效应。现如今也有很多的网络公益平台进行扶贫、助学、环保等等的公益宣传，推出公益项目，逐渐成为公益事业的重要载体。

在互联网技术的支持下，用户生成内容（UGC，User Generated Content）这种功能为公益广告的传播提供了更加广阔的平台。其中较为常见的方式是用户将自己或其他组织、媒体等制作好的视频，通过互联网自发地进行上传并分享至视频网站，借助视频网站和与其相链接的社交网站，实现"病毒式"的传播（Viral Communication），这种通过吸引用户主动参与其中的传播方式，提升了受众对公益广告传播活动的参与度。

新媒体环境中多种多样的公益广告，在互联网中进行传播的公益广告是较早出现的，这类公益广告以宽带互联网为传播渠道，借助计算机媒介进行传播。近年来，我国互联网公益广告逐渐发展、成熟，例如，我国网信办与中国网络电视台、新浪网、中国网、光明网、中国青年网、人民网、中国新闻网、新华网、腾讯网等多家网络媒体共同举办了"2015年中国好网民"公益广告征集大赛，征集的公益广告有图片和视频类的表现形式，大赛为期三个月，受到国内外各界的广泛关注。活动期间主办方共受到了多个国家的参赛作品五千余件，以视频类作品居多，还有不少网友喜爱的"flash"动画形式的公益广告，而且作者大多还是青、少年群体，这次大赛反响良好，同时，这些由网络媒体举办的公益广告活动也将受到更多公众的支持和关心，带动网络媒体公益广告良性发展。

在以受众为中心的传播时代，互联网作为新兴媒体的出现和发展拓展了公益广告传播的广度和深度，为社会公益事业提供了一种全新的传播方式。网络公益广告有着客观的发展前景和很大的潜力。互联网公益广告的发展对公益广告的前进有着不可小觑的影响力，通过无处不在的互联互联网，引发公众对公益行为的关心以及参与，从而带动良好的社会风气，传播优秀文化和道德理念。

二、手机媒体公益广告

（一）手机公益广告的概述

手机公益广告依托手机媒介，定向投放和病毒式传播让公益广告更有针对性和影响力，同时通过调动受众的各种感官与公益广告交互沟通，更能深刻地影响受众的公益认知和行为。在快速变革的社会中，人们的生活方式和价值观常受到冲击，而公益广告有着塑造社会精神文化的功能，能引导公众正确的认知和行为方式，促进社会和谐发展。手机公益广告作为广告发展的新趋势，具有更广泛且深刻地改善社会文化和行为的意义。目前手机商业广告的发展已形成规模，而手机公益广告在理论和创作方面都较为滞后，因此手机公益广告的研究和创作具有很大的价值。

（二）手机公益广告的优势

1.受众细分，针对性强

现在通信运营商通常可以借助相关技术手段，使广告可以直接送达目标受众的手机上，广告主在精准传递广告信息的同时，受众可以避免无用广告信息的泛滥，有利于达到公益广告的效益最大化。

2.伴随性强，影响持久

手机是随身携带的具有个性化特点的电子工具。随着社会的发展，手机逐渐成为人们必需的工具。人们不仅利用手机通信，还将手机作为娱乐工具。因此，可以认为这种广告媒介对用户施加的是全天候的广告覆盖，黏性特征比较明显，这是任何一种传统的广告媒体都无法比拟的。对于广告发布方而言，可以随时将广告信息传递给用户，对其实施长期的公益培育和引导。例如，杭州缘悦科技公司为光明乳业定做了一款名为"鼠太郎传说"的手机游戏，用户可以自由地下载该游戏。用户在运行该游戏时，光明乳业的标志都显示在游戏中，而且游戏中的奶瓶上镶嵌有"光明乳业"的字样。对于用户来说，在闲暇时间玩游戏时，可以对该牛奶的品牌形成很好的认知。这种游戏和广告结合的形式在保证游戏娱乐性的同时，还可以起到推广企业品牌的目的。

3.成本较低，广告主大众化

随着计算机技术、互联网技术以及手机软件技术的日趋成熟，设计和制作公益广告的门槛越来越低，成本也越来越低，这在一定程度上促进了广告主进行公益宣传的积极性，增加了公益广告宣传的频率。另外，得益于成本的降低，公益广告的传播者不再局限于政府或企业，一些民间的公益组织、传统制造企业甚至热心于公益事业的个人也可以加入发布、传播公益广告的行列中，带动更多的人关注和参与公益活动，营造良好的社会氛围。

（三）手机公益广告的主要类型

随着移动 4G/5G 网络的发展和普及，在手机媒体中，各种手机软件日益增多且功能越来越强大，各种新型传播形态的公益广告也应运而生，在微博、微信、博客、论坛中传播，种类丰富而且各具特色。其中发展较好的有微博公益广告和微电影公益广告，下面着重叙述这两种。

1. 手机微博公益广告

近年来，随着互联网技术和大众传播格局的变化，在现实生活和网络虚拟社区中，广大群众媒介接触的渠道与方式都已经发生了翻天覆地的变化。在互联网和移动互联网冲击下，传统媒体的受众群体已被分流，电子化、碎片化、多媒体、生活化的趋势愈加显著。新媒体以其交互性、非强迫性、多元性、时空广泛性等特征弥补了传统媒体公益宣传存在的一些缺陷，而微博这个基于用户关系信息分享、传播以及获取的平台以 140 字左右的文字更新信息，并实现即时分享的社交化媒体，日益成为中国网民获取信息的主要来源。

公益广告是一种不以营利为目的，采用艺术性的表现手法，向社会公众传播有益的社会观念与伦理道德的广告活动。借助手机微博平台发布的公益广告通常既具有互联网广告的特点，又兼具公益性，可以在扶贫赈灾、寻亲筹款、抵制暴力、救助生命等公益行为中发挥不可小觑的作用。

例如，一场从上而下的全民公益"冰桶挑战"声势浩大地在社交媒体上兴起。冰桶挑战从名人之间的挑战迅速扩展到媒体、企业等，越来越多的人参与其中。该挑战既让更多的人了解了 ALS 肌萎缩侧索硬化症，又让这个游戏变得有意义，利用新媒体创意公益慈善活动。统计数据显示，从 7 月 29 日至 8 月 18 日，冰桶挑战为美国 ALS 协会增加了 307 598 名新的捐赠者，连同之前的捐赠者，一共为协会带来 1 560 万美元的捐款，远超去年同时间段的 180 万美元。中国慈善机构 5 天以来受捐 2 679 178 元，超过去年全年的社会捐款。一个有趣的冰桶挑战游戏就让民间慈善变得如此温暖，如此有影响力。冰桶挑战，这样一个小小的创意策划引起了这么多关注，获得了成功，使民间慈善活动在新媒体互联网思维下变得如此有趣、有意义。

手机微博公益广告的发展势头良好，许许多多的微博用户通过广泛覆盖的移动互联网参与到公益广告的传播中，增强了社会公民对公益事业的责任感、使命感，促进了公益理念的传递。

2.手机微电影公益广告

微电影广告是跨电影和广告两个不同领域的结晶，这样的跨界性意味着具有极大的研究价值。

微电影广告是新媒体下出现的衍生物，与传统广告相比，微电影广告时间短，费用低，制作更加容易，并通过微博、网页等平台的推动，取得了很好的传播效果。微电影广告可以实现精准的定位，它的主要传播媒体是网络，而网络的受众是青年人，因此要充分把握青年群体猎奇的心理，制作出富有创意的微电影广告。

一则好的公益广告能够深入人的心灵，对受众产生潜移默化的影响。微电影作为新媒体时代新传播的产物，能够成为公益广告"随风潜入夜，润物细无声"的最佳载体。一则好的公益广告借助微电影，通过手机、平板电脑、计算机悄悄地潜入人们的接触范围，人们观看之后的转发又使公益广告广泛传播，不露声息地触及更多的心灵。微电影相对于传统媒体有着更强的个人主动性和个体参与性，更加容易获得个体的认同和关注。公益微电影可在短时间内演绎出一个完整的故事，赢得受众心理上的认同和情感上的共鸣。微电影公益传播相对于传统的公益传播更具人情味，更容易发挥情感的力量，做到以情感人、以情动人。例如，公益微电影《假如失去三天光明》中，韩红以黑布蒙眼的方式和藏区视力障碍的孩子一起生活了三天，既体验到了他们生活中的种种不便，又体会到了他们用心感悟世界的坚强。《开包子铺的爸爸》则是"带着眼泪的温情"，小男孩和捡破烂的外婆相依为命。外婆病重，孩子在包子铺偷了个包子给外婆吃，包子铺老板不仅帮孩子解围，还把身上的钱当工资给了孩子，从此开始了对孩子的帮助。小男孩长大后又想方设法地找到了"开包子铺的爸爸"。这种"带着眼泪的温情"用满满的社会正能量带给人们温暖的影响和深刻的思考。

由此可见，公益微电影的出现和发展改变了大众对传统媒体公益广告的认知，通过手机媒体进行传播的微电影公益广告在创意方式、表现形式以及传播方式上都激发了公益广告的活力，随着数字技术、多媒体技术的日益进步，通过移动电话进行传播的微电影公益广告也将有更好的发展前景。

3.手机短信公益广告

近年来，手机短信开始承担作为一个信息传播媒介所肩负的社会责任，为公益广告提供了一个全新的传播平台。作为一种媒体，手机短信不仅影响着政治经济，还影响着人们的生活方式和思维方式，所以它必须承担作为一个信息传播媒介所肩负的维护公共利益的社会责任。手机短信正悄然改变着人们的生活，且已成为构建新的媒介文化景观的重要力量。2014 年 8 月 10 日 12 时 39 分在云南省昭通市鲁甸县（北纬 27.0 度，东经 103.4 度）发生 3.5 级地震，震源深度 9 千米。随后，全国各地支援人员不断前往搭救、献爱心。相关部门也利用短信平台公开筹集善款，并发送一些短信祝福语。

手机短信平台是一种传播公益广告的新兴媒体，手机短信公益广告主要以倡导和维护公共生活秩序与公共道德准则为内容，以影响公众对社会问题的看法和态度，改变公众行为和做法。人们借助现代传媒发布公益广告以表达对公益事业、人类自身生存危机、人与自然的和谐发展等方面的关注。

三、数字电视媒体公益广告

（一）数字电视概述

数字电视又称为数位电视或数码电视，是指从演播室到发射、传输、接收的所有环节都是使用数字电视信号，或对此系统所有的信号传播都是通过由 0、1 数字串所构成的二进制数字流来传播的电视类型。与模拟电视相比，其信号损失小，接收效果好。

（二）数字电视媒体公益广告的特点

数字电视新媒体广告是依托传统电视媒体，通过数字电视机顶盒实现的，突破传统电视频道时间分割的限制，以文字、图片、视频、音频等多种媒体形式呈现的新型广告直投资源。与传统电视公益广告相比，数字电视媒体的公益广告具有以下特点：

1.受众广泛

电视公益广告面对的是社会公众，而不是针对某一个特殊群体，可以说电视公益广告拥有最广泛的广告受众。公益广告与商业广告不同，它不是单一地宣传某一产品或企业，而是服务于整体社会大众的。公益广告的内容大都是具有社会性的题材，解决的是公众的社会问题，更容易引起共鸣且深入人心。例如，图 6-5 展示的是 2001 年我国以"思想道德"为主题的公益广告——《给妈妈洗脚》，此片以温情的拍摄手法、细腻的镜头语言将"为妈妈洗脚"这一敬老爱幼的标志性行为演绎得催人泪下。画面表现母亲给儿子洗完脚后，又帮奶奶洗脚；儿子受到感染，端着一盆洗脚水走向母亲，要给母亲洗脚。广告语"其实父母是孩子最好的老师"提醒人们勿忘传承中华美德。

（a）　　　　　　　　　　　（b）

图 6-5　《给妈妈洗脚》公益广告截图

2. 编排灵活

数字电视媒体中的广告不受制于时段，可以依据发布者的需求进行灵活调控。

3. 利他主义的自觉性

公益广告展现了利他主义精神，是无私奉献、助人为乐精神的集中体现，彰显了人类的仁爱、正义和责任感，是社会伦理道德趋于和谐的标志。

4. 权威性

数字电视新媒体平台权威性比较高，也在一定程度上增强了广告的说服性。例如，黑龙江广播电视台 2017 年播放了接力爱·向暖而行——第四届中俄博览会国际油画展万人徒步公益活动，2019 年举办了 2018 年"感动龙江"年度人物（群体）颁奖仪式和《等你爱我（关注全省农村留守儿童）》等几大活动，不但出色地完成了宣传报道的职责，树立了良好的社会形象，开创了经营创收新途径，而且传递了温暖，激励了人心，倡导了健康的生活方式，更好地实现了公益广告的社会功能。

电视公益广告关注和解决的是人与自然、人与社会的和谐发展，它既反映了社会发展的水平，又推动了社会发展的进程。电视公益广告以其深刻的理念、浓郁的情感、生动的方式及形象化、个性化的特点，对现实中的弊病和不良风气进行规劝和引导，纠正错误，调节关系，影响舆论，维护正常社会秩序，促进社会健康、有序运转。它为整个社会经济的发展提供了良好的人文氛围。当前，数字电视技术还处在完善的过程中，数字电视媒体的公益广告也处在起步阶段，在人们的日常生活中，数字电视公益广告是比较常见的，如商场建筑上的 LED 显示屏、公交车上的移动数字电视等都是数字电视的形式之一。数字电视通过新的媒介技术使公益广告更加生动形象，在满足受众视听需要的同时，为公益广告活动提供了新的发展平台。

四、户外新媒体公益广告

（一）户外公益广告概述

户外公益广告包含于整个公益广告范畴之中，是公益广告的一种特殊表现方式。本书所研究的城市户外公益广告是指在城市中露天或公共场所户外利用建筑物、构筑物、道路、广场绿地等市政设施以及其他户外载体，以广告牌、电子显示屏、电子翻版装置、灯箱等形式设置或发布的，以艺术性的表现向受众传播社会公众服务内容的广告。户外公益广告不仅需要表现公益广告所传达的内容，还构成了城市的一部分，主要指作为城市整体环境的一部分，且与城市文化和形象密切相关的户外公益广告形式。因此，这里的户外公益广告范围不包括未设构架的悬挂、张贴或手写广告，在居民小区内等室外空间设置的广告（如小区公告栏），以及室内公共空间的广告，等等。

（二）户外公益广告的作用

户外公益广告是构建户外广告的一部分，也是城市建设的独特体现。

户外公益广告是美化城市的一个有效形式，设置在户外的优秀公益广告以其独特的艺术表现力装点着城市的各个角落。每一幅户外公益广告都具有深刻含义，为观者带来视觉的享受和心灵的震撼，创造了城市中一道不可或缺的独特的风景线。同时，公益广告中所体现的人文主义精神、道德观等通过户外广告这样一个有着广大受众和社会性质的载体广泛传播，成为一个城市持续发展的内在动力和精神支撑。

户外公益广告一般不具有强制性，它以视觉传达的方式影响着人们的行为方式与思维方式，以其高品位的思想性和艺术性来引导人们更新观念。所以从根本意义上说，户外公益广告引导着大众的价值取向。

同时，户外公益广告所表达的内容也代表了一个城市的精神风貌，向人们展示了一个城市的文化积淀。因此，优秀的户外公益广告不仅有利于塑造城市的对外形象，对市民的文化道德修养更起着潜移默化的巨大作用。

随着媒介智能化进程的日渐加快，越来越多的户外媒介选择运用先进的媒介技术、数字技术等实现智能化、数字化，使户外广告更具有吸引力。动态化展示与科学技术相结合的公益广告逐渐吸引了越来越多的受众驻足观看。例如，西班牙每月都有将近 400 名儿童患上哮喘病，西班牙交通总局与奥美广告公司合作了一则公益广告作品，该广告是在马德里市区内的一个交通要道上安置了一个装有二氧化碳传感器的广告牌，当来往的车辆所排放出的二氧化碳浓度达到一定数值时，广告牌上的男孩就会不停地捂嘴"咳嗽"，随之显示出了广告语：并不是所有交通道路的受害者都是遭遇了意外。这种具有视觉冲击力的新颖设计让人们直观地看到了汽车尾气给少年儿童所带来的伤害，从而达到了增强他们环保意识的目的。

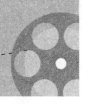

第七章　新媒体商业广告创意

第一节　商业广告发展综述

一、商业广告概论

（一）商业广告的概念

在东方和西方，广告几乎是同时出现的，但现代商业广告发源于西方国家。18世纪，科学技术的进步促进了商业活动的高速发展，从此，"广告"这个名称才开始广泛应用。"广告是有计划地通过媒体向所选定的消费对象宣传有关商品或劳务的优点和特色，以引起消费者注意，说服消费者购买使用其产品的宣传方式，是有关经济信息的大众传播活动。"广告包括商业和非商业两种形式，其狭义的解释仅指"商业广告"。商业广告是通过对商品的宣传，使受众对某种产品产生认同感并产生消费行为，从而达到树立企业形象和商业盈利的目的。商业广告可以更加直观地将产品推到消费者面前，从而使某种产品或理念形象而真实地展现出来。它可以运用摄影、绘画、多媒体等方式生动地表现出产品的形态、功能、理念、质地、用途等，是通过各种媒体形式所表现出来的传播商业信息的作品，如电视广告、户外广告等。商业广告由广告商提供资金，根据其提出所要宣传的信息和目的、要求等进行设计制作和发布。广告设计公司在接受委托之后，需要根据产品的功能、用途等进行定位，构思出广告创意，通过相关人员对广告信息进行组织并提炼加工，最终转换成广告语、图片、音乐、剧本等。经过组合修改形成视、听觉的或其他形式的广告作品得到广告主的认可之后通过媒体进行发布，将商业广告信息传递给受众，促使目标受众关注这些广告，记住广告信息，从而实现企业形象的塑造和产品理念的传达，给受众以逼真的现实感并增强受众对品牌的认知度，激发其购买欲望。

（二）商业广告的构成要素

商业广告活动过程就是商业活动和信息活动过程。古代商人做买卖时的吆喝可视为现代的商业广告，也就是说，广告主和信息结合在一起发生作用的过程就是商业广告的活动过程。中华人民共和国成立后，随着社会主义市场经济体制改革的不断深入，市场经济逐步占据主导地位，社会分工日益细化，衍生出一系列新颖的信息传播技术，商业广告活动要素也随之发生积极的转变。现代商业广告除传统广告主和信息两大要素之外，还包括商业广告经营者、传播媒介以及商业广告活动经费在内的三大要素。现对这五大要素进行详细说明。

1. 商业广告主

商业广告主就是经有关行政部门批准或法律允许的，从事商品交易活动，发布商业广告的企事业法人、团体或自然人。也就是说，判断是否是商业广告主有两个标准：首先，要看是否是从事商品交易活动。在新闻报道、文学作品、摄影、美术、电影、电视中，某些企业或产品的信息常被提到，但这并不是从事商品交易活动。虽然传递出的信息在客观上促进了商品交易活动，但其仍不是商业广告主，不能成为商业广告要素。其次，从事商品交易活动的企事业法人、团体或个人发出的商业广告不在相关部门批准的经营范围内，或者发出的商业广告是法律所禁止的，其仍然不能成为商业广告主。

2. 商业信息

商业信息是指商业广告传播的内容。在市场经济条件下，不但物质可以作为商品，而且劳动力、科学技术、文化艺术、文教卫生等都可以作为商品进行交换。可以说，商业信息是指在市场上进行等价有偿交换活动的一切信息。

商品信息本来是指与产品性能、质量、价格、用途、服务项目等有关的信息，但有些商业广告的内容与此无关。例如，有些商品广告内容只有企业名称、商品品牌和商品商标；有些公益活动，企业或商品品牌、商标以赞助的名义出现。这些内容是否属于商品信息？笔者认为是商品信息，而且是更高级的商品信息。因为只有在消费者心目中享有很高的知名度，才无须宣传企业和商品的信誉。通过这样的宣传，便可达到巩固与提高企业和商品知名度的目标。

3.商业广告经营者

在市场经济比较发达的国家，商业广告活动早已实行了代理制度，即商业广告主委托商业广告经营者办理有关商业广告策划、设计、制作、寻找发布媒介、评价商业广告效果等全部事宜。我国采用的则是双轨制，商业广告主既可以请商业广告公司代理商业广告业务，又可以自行同传播媒介办理商业广告业务。究其原因，主要有以下两方面：一方面，我国现阶段市场经济未达到发达标准；另一方面，我国现有商业广告公司的能力以及条件差异较大。如果强制推行商业广告代理制，那么有可能影响我国商业广告业的健康发展。

4.传播媒介

当今的商品交换活动已经没有地域甚至国界限制。要想将商业广告的信息以最快的速度传播给受众，就必须将现代化的媒介作为传播手段，否则无法实现精准、快速的传播。商业广告的传播媒介，如电视、广播、报刊、杂志等，也是商业广告的要素。

5.商业广告活动经费

商业广告活动经费包括商业广告代理费、商业广告制作费、租用传播媒体费等。商业广告活动经费属于销售商品必要的花费，还属于扩大企业、商品品牌知名度，提高商誉的投资。无论花费还是投资，商业广告活动经费始终是商业广告中的基础要素。

（三）商业广告的定位

在商业广告中，消费定位是商业广告设计过程中的基础与前提。而商业广告的定位就是指一种商品在市场中对消费群体和商品本身诉求点的一种具有指向性的设计，它包括消费者的定位和商品诉求点的定位。对于消费者的定位，其主要解决的是商业广告诉求对象的问题；对于商品诉求点的定位，主要是解决商品卖点的确定问题。要解决好商品诉求点的定位问题，在商品特征的选择和确定时，必然会涉及商业广告的主题。也就是说，商业广告需要利用商品的某些特征来满足受众的消费心理，从而实现广告的目标。商品特征是多方面的，其中作为商品诉求点的特征往往是最具优势的特征，也是区别于其他商品的最本质特征。只有突出这些特征，才能触动消费者的消费心理。

（四）商业广告的原则

1.真实性原则

真实性是现代商业广告设计的显著特点。现代商业广告设计要求主题明确，版面有条理，使受众能快速准确地获得所需要的信息，并且记忆深刻，最终达到刺激消费的目的。商业广告与纯艺术最大的区别在于艺术家追求的是精神世界，而设计师追求的是为社会大众服务。

2.艺术性原则

艺术性是人的天性，充满艺术性的作品易让人驻足欣赏，人类天生对充满艺术性的事物有着特殊的亲切感。现代商业广告的首要目的是把内容表述清楚，运用各种排版方式和韵律节奏，使画面具有艺术性。而艺术性中往往又有趣味性作为点缀，能使呆板的画面充满生动的气息，颇具幽默感。趣味性的表现手法能使画面表现得更细腻，缓解沉重画面所带来的压抑感，展现画面诙谐幽默的一面。图7-1为一张诙谐幽默且充满艺术感的内裤海报，设计师通过充满艺术的想象力将商品最优质的属性展现给了消费者，提升了消费者对商品的信任度，刺激了消费者的购买欲望。

图7-1　内裤海报

3.创意性原则

创意包含两方面：一是指创意本身，也就是有好的想法、点子；二是指实现创意的技术方法与途径。创意打破了原状，增添了色彩，改变了人们原有的认知，增加了商品价值，也展示了广告设计师的聪明与智慧。科学技术的飞速发展改变了人们实现创意的媒介，传统媒介以传统印刷、喷绘为主，而近几年VR、全息投影、AR、3D触摸等技术的出现使现代商业广告的表现形式越来越多样化。设计师是信息的创造者、传递者、扩散者，必须跟上时代的步伐，将新技术融入现代商业广告中，开启虚拟影像、虚拟现实的新大门。创意性是现代商业广告的灵魂和制胜法宝。创意作品的产生需要设计师充满艺术性的想象，运用图形、色彩、文字等元素进行巧妙的构思与排版，使人们在欣赏设计作品的过程中享受并发现设计师所要表达的信息，欣然接受并产生购买欲，从而达到刺激消费的最终目的。

二、新媒体商业广告的特征

（一）文化性特征

如今的商业广告不再仅限于各种产品或服务的商业信息的阐述，更加注重对文化的传播。设计师通过商业广告可以将一些时尚文化、传统文化以及文化景观展现在受众面前，从而在文化传播与商业广告之间建立起联系。这样的商业广告可赋予产品一种文化价值，从而使商品具有强烈的文化吸引力。受众一旦对商业广告中的文化产生认同感，就会对广告中所宣传的商品产生兴趣，进而产生购买行为。每逢西方情人节与圣诞节到来之际，我们都能感受到浓郁的节日气氛，而这是商业广告中文化传播的力量造成的。商家通过对西方文化和传统习俗的传播，促使消费者接受这种新奇的异域文化，最终形成对相关产品的消费行为。如今，西方的情人节、圣诞节等外来节日备受年轻人的青睐。而过去不曾听过的"光棍节"如今竟然也被商家渲染出了浓郁的节日气氛，从而通过文化氛围的营造，促成了淘宝网在 2019 年"双十一"期间 2 684 亿的成交额。由此不难看出，商业广告中所体现出来的价值观念、生活方式等都会对现代人的生活产生巨大的影响，使受众通过对文化的认同发展到对文化产品的认同。

（二）互动性特征

在"互联网＋"时代，商业广告被赋予了互动性特点，尤其是依托现代移动终端设备，商业广告的互动性得到了进一步增强，增强了用户黏性，在一定程度上促进了商品的销售。目前，已实现并推广的点击、重力感应、摇一摇等各类互动形式大大丰富了商业广告的展示形式。

以往传统广告的投放方式多以诉说为主，受众以一种被动的方式去接受广告。新媒体背景下的商业广告大大提高了受众的参与度，使广告以一种更舒服与多样性的形式呈现给受众。而受众的参与可以有效地提高传播效果。广告主运用小游戏、虚拟现实等互动性较强的形式吸引受众的目光，让受众在互动娱乐中接收广告讯息，从而增加了受众对广告中品牌的好感度。同时，移动终端跨屏互动更为方便，广告可以通过社会化媒体转发产生病毒式营销的效果。

（三）时代性特征

时代性特征是每一个商业广告都应该具备的，它是商业广告的核心部分。商业广告中时代特征的体现要依靠独特的创意，做到与众不同。独具创意的商业广告会使人产生独特的感受，而这种独特的感受正是一种时代气息的体现。富有时代感的商业广告其实是一件精彩的艺术品，是设计师智慧的结晶，而这种成功的艺术品不仅是用来宣传广告信息的工具，更是引领时尚的风向标。因此，通过独具创意的商业广告可以促进时代性特征的形成。

商业广告信息在传播中所体现出来的这种时代的社会特征与时代精神就是商业广告的时代性特征。商业广告从出现的那天起，随着历史的变迁，记载着自己独特的时代性特征。例如，产生于 20 世纪 30 年代上海的月份牌广告就是极富时代感的典型代表。早期的月份牌广告主要选取的是历史典故、戏曲人物、民间传说、时装美女等方面的题材，直至民国元年起，随着中外工商企业竞争的日益激烈，月份牌广告的题材选择反而越趋向单纯化，发展到了巅峰时期，选材主要以时装美女为核心，并逐渐形成了名媛闺秀、豪华都市的形象定位。在月份牌画的边上通常绘有花纹式边框，并印着广告语或厂商名称。月份牌是东西方文化融合的产物，也是我国 20 世纪商业广告设计上最具时代感和影响力的一种形式，形成了自己独有的艺术风格，具有浓厚的时代气息。在那个时代，它代表中国的时尚并产生了巨大的影响力，直至今日这些作品还是老上海最具特色的符号，是时代经典的缩影。

（四）精准性特征

精准性特征主要针对的是商业广告的投放，新媒体在大数据的指导下无疑将移动互联网商业广告的精准性发挥到了极致。新媒体商业广告打破了传统广告依靠"摊大饼"似的覆盖模式和重复投放为主要手段的局限性，精准的广告投放既提高了商业广告的效果，又在一定程度上降低了商业广告的投放成本。

手机等移动终端具有相对私有性，这标志着每一个终端背后都精确指向一个明确的个体。美国媒介理论专家保罗·莱文森在《手机：挡不住的呼唤》中指出："正是手机的出现把人们从某一单一固定的信息交流形式中解放出来，不再受时空的限制。"加之大数据时代的到来，数据逐渐透明化，通过移动应用和内置广告，不仅可以抓住用户的标准信息，如手机型号、操作系统等，还能获取应用安装列表、媒体使用频率、购物浏览偏好、活动范围等非准确信息。新媒体商业广告可以以此类大数据为支撑条件，制定更加个性化的商业广告，以真正实现广告的"精准传播"。

（五）个性化特征

近年来，由于现代信息、交通、科技等的发展，东西方文化的交流越来越频繁，在我国的年轻人中形成了一种个性张扬的观念与意识，从而促进了消费群体的分化。因而，现代商业广告中对消费定位和个性化的研究已经成为一个紧迫的课题。

商业广告是针对特定消费人群的广告形式，所以从消费层次上看，一般情况下人的消费需求可以分为三个层次：第一层次主要是为解决温饱等基本问题，满足人们的生存需求；第二层次是对共性的追求，包括流行、模范，满足安全和社会需求；第三层次是对个性的追求，满足人们消费需求的差异。在商业化广告中，必须体现出产品的品牌文化、类别和消费定位。而个性化的设计并不是哗众取宠，所以在对商业广告进行个性化设计的同时，要把握好"个性"的度。我们要清醒地认识到，在商业广告的设计中，个性最终的归结点仍是共性，而不是一味地强调个性，最终导致其经不住市场的考验。在能够把握好度的前提下，我们可以进行多个方面考虑，既要针对特定人群进行个性化设计，不断给受众以新奇之感，又要平衡其个性让大部分目标受众所接受，从而通过个性化的融合使商业广告具有多样性的发展，打破那些人们所熟知而又一成不变的东西。

三、商业广告的功能及作用

（一）商业广告的功能

1.信息传播功能

商业广告凭借覆盖面很广的传播媒体和先进的传播手段，能及时有效地传播各种商业信息，使市场上的供需得以平衡。在市场经济下，信息运动就像人体血液流动一样，整个经济生活都需要信息运动维持。所以，市场经济越活跃，商业广告越发达。在商品经济发达的国家，企业几乎每天都要做商业广告，人们几乎每天都要接收商业广告。正是靠商业广告沟通了供需之间的联系，才维持和发展了商品经济，满足了人们日益提高的物质和文化生活需要。

2.引导消费功能

人们的消费总要受传统的习惯影响。商业广告利用先进的传播技术制作许多丰富多彩、引人入胜的内容，宣传新的商品和消费办法，影响和改变消费者固有的消费习惯，推动新的消费思想和消费观念的产生和发展。在市场经济条件下，消费决定了生产。只有消费思想和观念不断更新，市场新的需求不断形成，商品经济才能不断发展。另外，商业广告通过对商品的性能、质量、用途、售后服务等一系列的介绍和宣传，使消费者对商品产生信任，促进销售，加速了市场流通。

3.促进竞争功能

商业广告总是直接或间接地突出广告主及其产品的相对优势，提高广告主的市场竞争力。广告主为了扩大这种优势，必然要加强企业管理，降低成本，提高产品质量。这种优势固然是广告主吸引顾客、促进销售的优势。但是，这种优势是公开传播的，它不仅刺激广大消费者，而且刺激同行业的广大竞争对手。所以，竞争对手不可能熟视无睹、坐以待毙，必然要采取相应的措施，创造自己更大的优势。如果创造不出更大的优势，就没有了顾客，失去了市场，最终会导致破产倒闭；如果创造出了更大的优势，就抵消了市场上原有的优势，成为市场上新的相对优势。

（二）商业广告的作用

1.对产品销售的催化作用

大量实践证明，在市场经济的发展阶段，商业广告拉动着市场消费的方向，它是一种催化剂，对商品的销售额起着极强的催化作用。商业广告以鲜明的色彩、充满视觉性的形象、富于诱惑性的广告语渗透进了人们的生活，激起了人们的消费欲望，而广大的商家通过这种强大的广告攻势迅速确立了自己的品牌地位，在消费者心目中树立了良好的品牌形象，使消费者对其形成了较强的信任度和忠诚度。一旦广大消费者在选择消费目标时犹豫、观望的心理防线被某个品牌广告攻破，心灵被广告的内容和情节感染，就可能去购买相关商品，这个商家也就可能获得利润。比如，联想电脑在前几年推出的黑猩猩与婴儿的广告就深深地触动了广大消费者的心灵。该广告通过清朗的画面色彩及精彩的镜头语言展现了猩猩与婴儿充满惊奇、稚气的神情和动作，充分展现了在未来的社会中人与动物以科技为媒介来传情互动、彼此交流的无限想象魅力，从而将"人类失去联想，世界将会怎样"这一联想品牌思想体现得淋漓尽致。

又如作为拥有三十多年历史的老品牌，南方黑芝麻可谓家喻户晓。20世纪90年代那个经典的叫卖广告更是让南方黑芝麻糊走进了千家万户。2014年，南方黑芝麻糊经典的"叫卖篇"广告重现荧幕，在社交网络上引发热议和怀旧风潮。片尾沿用了当年的"一股浓香，一缕温暖"广告语，更是勾起了很多80后、90后的童年记忆。

图7-2为南方黑芝麻糊广告，麻石小巷，黄昏，挑担的母女走进幽深的陋巷，布油灯悬在担子上，晃晃悠悠。小男孩挤出深宅，吸着飘出的香气，伴着木笈声、叫卖声和民谣似的音乐。画外音："小时候，一听见芝麻糊的叫卖声，我就再也坐不住了。"小男孩儿搓着小手，神情迫不及待，大锅里浓稠的芝麻糊翻滚。大铜勺提得老高，往碗里倒芝麻糊。小男孩埋头猛吃，碗几乎盖住了脸。研芝麻的小姑娘新奇地看着他站在大人的背后。小男孩大模大样地将碗舔得干干净净，小姑娘捂着嘴笑。卖芝麻糊的母亲爱怜地又给他添了一勺，亲切地抹去他脸上的残糊。小男孩儿抬头，露出羞涩的、感激的表情。画外音："一缕浓香，一缕温暖。"古朴的街景、旧日的穿着、橘红色的马灯、熟悉的叫卖声共同构成了一幅立体的画面。

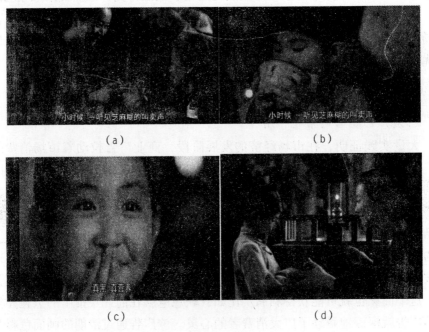

图7-2　南方黑芝麻糊广告

"黑芝麻糊咧，一股浓香，一缕温暖——南方黑芝麻糊"这段经典广告曾获得全国性广告设计大奖。它的定位就是情感销售：受众与广告之间产生联动效应，并对该产品产生认同感、亲切感和温馨感。由此触发人们购买产品的欲望，并实施到商店去购买该商品的行动。可以说，南方黑芝麻糊广告片利用了人们的怀旧心理，调动了人们的怀旧情愫，广告宣传取得了巨大的成功，也由此获得了极高的品牌知名度。

还有华为手机早年间先后找过五位代言人，但真正让其畅销全球的是斯嘉丽·约翰逊。华为邀请斯嘉丽·约翰逊代言华为 P9 系列，凭借其饰演的"寡妇"角色在全球的影响力，使华为手机畅销海内外。

上述这些案例无不说明了优秀广告的催化作用，所以说广告是任何一种商品进入市场流通的必经之路，要想获得显著的市场反应，有效的广告运作方式必不可缺。

2.对思想行为的引领作用

商业广告所表达的内容近乎完美，它宣传了人们在生活方面所要求的质量、美感、品位、个性。在现代社会中，年青一代的思想日趋开放，呈现多元化趋势，他们追求新生事物，追求品质享受，追求生活中新的感觉与形式，在思想行为方面正不断地接受着商业广告中信息的引导。一项对内地数省大中型城市中青少年消费思想方式的调查显示，在 12 ～ 24 岁青少年中，有 90% 的人表示消费方向和追求方向以电视广告为向导。商业广告竭尽所能地诠释商品的品牌形象，推广商品所具有的时尚文化和现代潮流感。例如，"vivo"手机广告系列就是不断地推陈出新，不断地创新手机的时尚理念、个性色彩，以吸引消费者。许多年轻人在衣着打扮、行为方式上以广告为目标，构筑了自我消费的选择准则，即时捕捉代表时尚品质前进方向的信息，消费品牌商品。因为从他们的角度看，这是一种时尚文化，是有品位的象征。许多儿童更是如此，对于广告特别是电视中食品玩具类广告的商品名称、情节、广告语有着强烈的好奇心与模仿性。而商家为了吸引更多的消费者，就不断通过电视广告媒体来制造更多的时尚流行元素，不断满足儿童、青少年的猎奇心理，以引导消费方向。

第二节　新媒体对商业广告的影响

新媒体的发展为商业广告提供了更快捷、更方便的平台，手机和电脑等移动设备便于人们快速浏览信息，并快速传播，因此传播速度较快。我们身边也不断出现新媒体信息，如楼道里、电梯间、火车站、公交站、医院、酒店等地点都有新媒体信息的身影。手机电视的普及让商业广告无处不在。在早期的时候，街头叫卖、实物交换等一些有特点的声音成为早期广告的一种形式。后期计算机的使用、电脑软件的使用（如 Photoshop，CorelDRAW）使图片更加真实和立体，可以满足不同的广告设计，不但让商业广告融入我们的生活，而且可以让更多的人了解广告中宣传的商品，使广告更加生动。一些虚拟技术使消费者集视觉、听觉于一体，产生了购买欲望。传统的商业广告传播模式单一，在新媒体技术的支持和影响下，这种尴尬的局面完全被打破。例如，商业式 TVC 广告的主要目的是为企业获取更多的利润，传递企业信息或产品信息，从而引起受众群体的注意，让受众群体产生购买的欲望。

一、数字技术对商业广告的影响

2018 年春节前，一则名为《三分钟》的苹果手机广告刷爆了微信朋友圈（图 7-3）。这则广告全程用手机拍摄，宣传方式则借助社交媒体，随后引发用户病毒式的主动传播，广告获得了成功的投放效果。的确，随着数字技术的不断发展，广告拍摄与发布的运作模式以及广告产业的发展模式都同步发生着变化，而这则广告中手机拍摄剪辑技术仅是数字技术发展的一个缩影，数字技术对广告发展的影响远远不止于此。

（a）

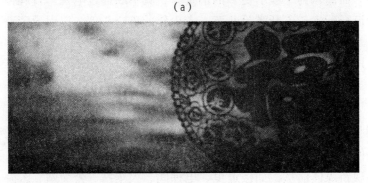

（b）

（c）

图7-3　苹果手机广告影片《三分钟》截图

　　数字技术可以理解为与电子计算机相生相伴的一项科学技术。它是借助一些设备将所需信息进行运算、加工、存储、传送、传播和还原的一种技术。也有一些学者将数字技术理解为一种系统，指出数字技术是一个面向组织或个人生产、存储、分析和发布数据、信息、应用和服务的强有力的系统。当下我们提及最多的关于数字技术的两个关键词是云计算和大数据。

　　云计算最重要的特征是它可以及时主动地获取服务和信息。一方面，云计算可以提供按需式的自助服务，即用户可以选择任何平台，如通过智能手机、笔记本电脑等自主选择存储需求和数据整理。无论组织还是个人，技术供应商都可以将存储、处理、记忆、宽带、网络、虚拟机这些资源整合起来，为不同的用户提供不同的服务；另一方面，云计算具有高度的灵活性。虽然云计算根据服务对象的不同，可以分为私有云、公共云、混合云和社区云，但云资源都可以按照用户的需求进行快速扩张或收缩，用户和组织不会被困在IT投资中。

　　大数据是数字技术的另一个关键词，相较云技术更多的是数据与信息的存储，大数据强调的是海量数据的归纳与分析。举个简单的例子，对于广告公司而言，其可以通过云技术将消费者的商品购买记录与社交媒体发布信息关联起来，分析数据与消费者行为之间的关系，然后进行大数据分析，不仅要知道消费者买了些什么，更重要的是发现消费者为什么买。

（一）数字技术对商业广告发展的影响

　　从数字技术对广告理论研究的影响方面来看，最大的改变在于广告学的研究方法和研究思维。随着数字技术的快速发展，广告学的研究越来越依赖定量研究，被分析的样本数值总是定量的。同时，将定量数据和定性信息结合起来，往往在研究中会用定量数据表达主观性的看法，然而，依赖大数据分析的定量研究多是探索变量之间的相关性研究，有时无法说明研究对象的因果关系。同时，传统的广告研究多是基于假说，然后验证其合理性，但随着数字技术的发展，有时大数据研究可能与现有理论无关。正如库克耶指出的："我们不再那样需要通过对一种现象提出有效的实质性假设来认识我们的这个世界了。"另外，更重要的是，数字技术的发展改变了人们的思维方式。数字技术先改变了广告的生产方式，使广告制作进入了 AR 时代，用户对广告的体验感更强，物质产品的生产次于信息产品的加工。对广告研究来说，大数据使我们从注重因果关系的串联思维转变为注重相关关系的并联思维。

（二）数字技术对商业广告创作的影响

商业广告更具社交性、现实性和艺术性。首先，广告的社交性即广告主与用户的互动不断增强。例如，智能电视让用户可以在广告时即时评论和互动，"摇一摇"或是"扫一扫"可以让用户在观看广告的同时增加乐趣，提升对广告的兴趣和了解。图 7-4 为"造物者——非遗竹编公益广告"，通过运用手机扫描图片下方的二维码，输入视频提取密码，便可观赏该则广告内容。其次，广告更具现实性，是指广告创作借助 VR 技术等手段，将那些曾经只能在宗教或大自然中出现的虚拟世界、无限制交流的美好图景展现出来。数字技术让广告创作"完成了不可能的任务"。最后，数字技术使广告更具艺术性。艺术性就是更富有美感，简单到美图、P 图等技术的应用，复杂到广告场景天马行空的想象，都是艺术性的体现。

视频提取码：r2yr

图 7-4　造物者——非遗竹编公益广告

（三）数字技术对商业广告产业的影响

广告产业的发展越来越依赖以计算机技术为优势的互联网公司。例如，当一个网页拥有者想要在他的主页发布一条广告，腾讯会从数据库中查出这个网页上都放过哪些内容，然后使用大数据去寻找与网页内容相关的广告。在匹配成功后，网页上的广告就出现在网页广告编辑区域内。莫斯可说过："商业力量之所以深化和拓展数字化的进程，是因为数字化能够使它们在传播领域扩张商品的形式。"数字技术的进步使媒体发布的内容得到评估，监测愈发准确，广告得以精准投放。

二、双向互动对商业广告传播的影响

传统媒体广告以"推"为主，为大多数人服务，自然不能面面俱到。由于广告的单向传播性，消费者只能处于被动接收的状态，无法预料能从广告中得到什么或体验到什么。消费者在这种单向沟通的过程中取得"主动"的最好武器最多不过是手中用来更换频道的遥控器而已。

　　人作为世界上最原始的信息传播载体，本身有声音、动作、表情，可以说是最好、最智能的诉说媒介。如果说新媒体广告更多是通过创意使受众直接体验到产品或者广告的主题，那么参与型创意更多地强调受众的直接参与。在这里，受众既是广告的观赏者，又是广告创作的主体，可以直接参与到广告的创作之中，充分发挥自身的媒介功能。换言之，新媒体广告更多的是通过巧妙构思，使受众融入广告本身的表达中，使受众自然地成为广告的组成部分和进一步传播的载体。这种设计思维实际上是一种设计的开放性和设计作品的不完整性相结合的产物。从下面的例子中可以看出，这几则广告的设计者在设计的过程中故意留下了一定的创造空间，对于传统平面广告而言，这种空间会造成作品的不完整，但对于情景互动式创意平面广告来说，这种设计恰到好处。

　　以 YouTube 为例，它是全球最大的视频浏览、上传、分享网站，其核心价值是把内容交给受众。在这个世界里，受众把自己感兴趣的内容上传到个人网络空间，与别人分享。这种分享不仅是视觉上的沟通与传播，还包括一种参与，借助 YouTube 提供的工具与软件，按照自己的方式重新剪辑、创造。因为有了更多联系，广告与受众紧密地联系在了一起。在我国的优酷视频中，不仅可以上传、下载视频，还能与好友分享，喜欢就"挖"它，不喜欢就"埋了"它，控制权完全交给了用户。

　　科技改变了广告的游戏规则，随着人们社会活动空间的不断扩大，个性极度张扬，导致传媒市场由"媒体本位"进入"受众本位"。消费者开始意识到自己有权力决定从广告中得到什么。搜索引擎之所以受欢迎，就是因为它们是消费者执行"主动权"的有力武器。在广告传播的各个环节中，消费者都越来越趋于主导地位。今天，消费者不再被动地接收信息，而开始利用各种渠道，让世界知道他们的感受并掌握信息的主动权，这就意味着广告必须与新技术、新观念结合，创造出一个极具互动性的平台。新媒体的出现不可逆转地改变了消费者的媒体习惯，在消费者和广告之间建立了一种联系。这种联系是建立在对话的基础上，而不是宣传，因为宣传的根基正在瓦解，对话的时代已经来临。

三、新技术对商业广告创意的影响

　　技术的变革对传统广告创意的影响是不言而喻的。今天，简单的说教演绎方式已无法再引起消费者的关注，就像美国互联网行业专家所说的："我们已经厌倦了 20 世纪那种作为信息被动接收者的模式，我们正向一种新文化转换，更多的资源将被分享，更加互动。"同时，消费群体的不断分化使广告创意必须明确目标，未来的广告将朝着非大众化与互动性的方向发展。如果广告没有考虑到受众的个性化需求与参与，目光仍停留于线上或线下，将会逐渐失去这个市场。现代商业广告设计的社会环境是一个不断变化的环境，变化是人类不断前进发展的源泉，也是现代商业广告创新设计的基础。变化为现代商业广告带来了新的生机及创新的表现形式。只有与时俱进，不断创新和丰富创作的内容和形式，才能利用商业广告设计的艺术表现形式多角度、多元化地展现时代风貌，从而满足社会发展的需求。现代商业广告是以全新的视角去观察和思考事物，以独特的形式表现事物，集艺术性、启发性、娱乐性和功能性于一身，能多领域、多种方式传播，激发人们的创意与灵感。

创意是广告的灵魂，必须依附实体才能展示出其魅力。如果没有有效执行，创意便会贬值。就如同木桶理论，创意的价值一直贯穿于品牌推广活动的始终，其价值的实现依赖各个环节的有效实施、承接，其中任何一个环节出现短板，都会影响创意价值的最大化。对技术的掌控，同样不可或缺。创意必须与科技结合，把技术因素融入作品中，不仅提供产品信息，还要致力于推动健康、可持续的生活方式。此次研究以全息影像技术为例，分析其对商业广告的影响。

近年来，随着全息技术的不断完善和设备普及程度的提高，商业广告设计与全息影像技术这种形式上的创新结合给广告界注入了新的活力。

第一，由于目前全息影像技术在相对比较封闭和黑暗的空间里展示具有无可比拟的优势，故能带给观者一种身临其境、生动逼真的全新形式体验。

第二，全息影像技术可以实现多变性和动态性的广告效果，在技术设备允许的条件下将广告内容投射在不同的空间位置，这种新的形式会带给观众前所未有的虚拟互动性和奇妙感受。

第三，将全息影像技术与多种新媒体技术再次结合加入现代商业广告创作中，如交互感应技术和光感技术，不仅可以让观众在面对商业广告时具备更多的选择权，还可以增强商业广告的立体感，丰富设计内容。

梅赛德斯奔驰公司在2016年制作了一张全息海报（图7-5），该海报介绍了行车驾驶过程中会出现的盲点与所带来的危害，从而为公司新推出的一套可预防此危害的系统做了很好的宣传。这样的海报更加直观且具有创新的表现形式，能迅速引起人们关注，最终起到刺激消费的目的。

（a）

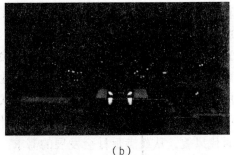
（b）

图 7-5　梅赛德斯奔驰全息广告

　　面对受众的可控性与可选择性，创意比以往任何时候都更具挑战性。新的创意思考要尽可能地把被动观看变为主动参与，把创意当作在纷繁数字世界中前进的罗盘，改变强硬的姿态，通过互动体验去倾听、理解消费者想什么、要什么，尽可能地善用媒体，借助新技术、新工具，发挥媒体优势，促进广告创意升级，使广告与消费者之间建立起牢固的情感纽带，从而实现商业广告的目标。

第三节　商业广告的新媒体利用研究

一、新媒体广告与传统媒体广告的对比

（一）经营理念对比

　　以往传统媒体的广告经营是根据其受众的数量来确定价格的：针对报纸、杂志等纸质媒体，在广告招商时，广告主会要求其提供一个发行量的数据；针对电视广播，广告主要求告知其收视率或收听率的数据。这种广告经营方式实际上体现了一个经营理念，即以受众的数量为广告资源定价。这种理念单纯地认为，媒体受众群体量大，投放在媒体上的广告看到的人数就多，效果就会更好。进入大数据时代，广告主已经不满足于只看受众量，因为这种经营理念逐渐暴露出一个弊端，那就是数量不等于质量。因此，媒体广告经营部门不仅要向广告主告知自身的受众量，更要向其说明自己的受众是一个怎样的群体，其行为方式有什么特点。只有提供这些详细数据，才能让广告主打消疑虑，放心

地选择投放广告的媒体。在大数据时代，新媒体借助互联网技术，对其受众行为数据进行挖掘和分析，给受众贴上不同的标签。这些数据相较传统媒体提供的受众量来说，对于广告主有着更大的吸引力和广告价值。这也是进入大数据时代后，传统媒体广告营收下降、新媒体广告营收增长的重要原因之一。

（二）广告资源对比

传统媒体以往的广告投放都是以媒体为中心。比如，一些纸质媒体会通过出售版面来投放广告，一些广电类节目会出售时间段来投放广告。传统媒体的广告经营都遵循固定的安排，以媒体生产者为核心，受众处于被动的地位，只能被动接受，不能改变其顺序。因此，投放的广告被安排在纸媒的不同版面或者电视的不同时段，占据固定的空间和时间，由此而定的广告价格也不一样。

进入大数据时代，这种情况发生了转变。在手机等移动互联网终端同步传播新闻时，媒体不再占据主动的地位，受众也不再是被动的接受者，而是可以按照自己的想法和喜好，选择阅读和观看。比如，一些发布新闻的移动互联网客户端中一则新闻的阅读量与它的发布位置没有必然联系，受众感兴趣才会点进去看，不感兴趣则会直接跳过。电视媒体与互联网的联合使电视节目在互联网上也可以播放，这就变成了网络节目。在互联网中，节目的播放顺序以及前进、后退、变快、变慢甚至跳过全部掌握在受众手中。在这种情况下，根据广告版面和广告时段来确定广告投放价格的方式就失去了其科学性。

大数据时代，传统的广告定价方式被改变，究其原因是受众不再通过原来的固有方式来获取信息，在大数据时代，受众有了更加多元化的选择，并不是说信息不再吸引受众，而是面对信息，受众有了更多的主动权和选择权。新媒体在大数据时代通过新技术能够掌握受众更多的信息，在各种移动终端和平台收集受众各方面的数据。通过数据挖掘和分析能够得出个性化和分众化的特点，由此可从中获取规律和经验，让广告效益达到最大化。

（三）广告效果对比

大数据带给媒体行业的广告经营最直接的作用就是影响到其广告效果。这也是直接影响广告营收的最重要原因。传统媒体的广告效果测评主要根据两个方面来确定：一是广告的传播效果；二是广告的经济效果。在广告的传播效果方面，最常用的测评方法就是调查问卷法。运用这种方法，先要确定调查对象，将目标广告可以发送到的群体作为对象，然后设计问题，发放问卷，回收问卷，根据调查问卷得来的数据进行分析，最后判断广告的传播效果。这种方法有一定的合理性，但是调查问卷需要一个过程，当广告主得到最后结果时，广告已经投放了一段时间或者已经投放完成，因此无论最后效果是好或坏，之前的投入都已经收不回来或者无法改变。

此外，传统的问卷调查测评方法还有诸多弊端。比如，问卷调查不能实现或者很难实现把全体对象都调查一遍，而且回收的问卷并不是全部都有价值。如果调查时抽样人数太少，其结果不具备说服力；如果抽样人数太多，其调查成本又会太高，并且在现实生活中，大部分人对问卷调查的填写具有排斥性。随着人们生活节奏的加快和事不关己心态的加深，或者有时调查问卷的问题太多，设计有些不合理，受众往往没有认真填写的耐心。新媒体通过大数据技术解决了这一难题。它能够实现对全体样本的调查，而且通过大数据的调查具有持续性和主动性，不再像传统调查问卷那样需要受众被动地填写与回答，因此它得到的数据不带有受众的排斥或其他情绪因素，更具有真实性和可信度。

关于测定广告的经济效果，传统媒体常用的方法是对广告主在投放广告之前、投放过程中、投放之后给出的财务指标进行对比，再排除干扰因素，最后确定广告实际的经济效果。广告经济效果的测评同样在时效性方面较差，等到最后结果出来时，已经来不及根据数据改变或者撤销之前投放的广告，因为广告已经投放完成，也无法精准地测评广告的经济效果。而新媒体的广告经济效果测评就精准且及时得多。大数据技术可以及时获取受众对一则新闻的阅读量以及一条视频的播放量，受众由此有没有产生购买行为，又购买了哪些商品，都可以被大数据记录下来。如果发现哪个广告投放后没有达到预期效果，没有带来有效的购买或者消费行为，也能够及时调整方案。因此大数据技术使新媒体对广告投放具有准确的指导作用，其时效性和效果远远超过传统媒体。

（四）设计理念对比

1.传统媒体广告以"说服"为主

在广告的传播过程中，广告主和消费者都想拥有主动权，企业需要"推"广产品，尽可能多地把产品卖出去，所以希望能够主动选择合适的消费群体。而传统媒体广告上百年来的发展恰恰满足了广告客户这方面的需求，企业通过购买媒体时间或版面，通过消费者的视觉和听觉，传递品牌信息。所以，传统媒体广告讲究的是好的产品诉求，在传播中的作用是说服。品牌通过传统媒体广告传播的意义在于把商业信息或其他品牌信息在内容的表述中实现逆向强制传递，这就决定了传统媒体广告创意的基本形态是追求强烈、出人意料和与众不同效果的同时，引起消费者最大限度的关注。

广告最早是站在企业的立场上进行创意表达，以产品为中心，以产品特征作为广告诉求点。如 20 世纪的广告先驱使用的战略之一就是理由文案，其核心是突出产品的购买理由，这种方法被许多人称为硬性推销。随着社会生产力的不断提高，产品越来越丰富，产品之间的差异也越来越难以分辨，大批的广告人意识到广告创意并不能完全依附在产品上，而应该发挥自身的主观能动性。因此，广告设计从生产者本位转向了广告人本位，广告以广告人为中心，从创意和策划的角度张扬广告人的创造精神。大卫·奥格威提出了"品牌形象论"。他认为，广告的目的就是提醒、强化消费者对品牌的认知、感受和记忆，广告应通过精美的图片和文案构思吸引消费者的注意力。李奥·贝纳则强调寻找"产品与生俱来的戏剧性"，通过对产品的深入了解，把握消费者的心理，强调以过目不忘的图形和标志塑造品牌形象。到了 20 世纪 80 年代，广告人意识到人们并不会细读广告，只是匆匆一瞥，乔治·路易斯的简单化理论为广告创意引入了全新的视觉体验。广告以图像为中心，更加简洁化、符号化。之后的广告更加注重视觉效果而超越了对产品功能的介绍。通过以上分析可以看出，传统媒体广告经历了以产品为中心到以广告人为中心的过程，虽然试图改变强硬的姿态，但仍以说服的方式进行宣传，且以平面为主，由广告主一方独自完成创意。

2. 新媒体广告以"沟通"为主

20 世纪 70 年代，由艾·里斯和杰克·特劳特提出的定位理论使广告关注的中心真正从生产者、广告人转向了消费者。如果说 20 世纪 80 年代是"品牌时代"，90 年代是"电子时代"，那么我们今天所处的时代就是"以人为本"的时代。互联网的出现使消费者突然发现自己能更主动地去接触自己喜爱的品牌，过去以媒体为中心的广告传播变成以消费者为中心，一直处于被动状态的消费者成了广告的一部分，并逐渐成为高度卷入的参与者。在这个全新的数字环境下，消费者在互动媒体上花费的时间越来越多，已从过去的被动接受变为主动搜寻，对广告的判断力、筛选力越来越强。如果说传统媒体广告的座右铭是"消费者请注意"，那么新媒体广告的格言就是"请消费者注意"。随着广告量的激增，瞬间的创意已不足以成为影响消费者的利器，如何让一个广告主动与消费者产生关联就变得相当重要，广告策略已从消极、被动地适应消费者转向积极、主动地与消费者交流、沟通。

技术的发展改变了游戏的规则，消费者拥有主动权。马克·图索尔认为，广告不仅仅是广告，更是一种活动、一种给消费者的体验，创意的效果最终会成为改变的动力。广告行业的未来将是关于"行动"而非"广告"。所谓"行动"，是指一个以人为中心的品牌姿态、想法或体验，是一个能够在人与人以及人与品牌之间建立起牢固纽带的具体动作。新媒体赋予人们前所未有的力量，创意人人得而乐之，可以改造信息，可以自娱自乐，也可以另指苍穹。新媒体广告的创意思考是尽可能地把被动观看变为主动参与，结合品牌或产品的特点，多角度、高参与性地与消费者进行互动。

有效的广告不是如何使用更多的信息轰炸，而是用技术赋予其真正的价值。广告创意可以是颠覆传统媒体或巧借环境，也可以发挥多媒体的优势，让消费者主动走近创意、体验产品、寻找答案。未来，广告精英可能不再是主角，而是幕后制作人，与品牌携手共同创造一个开放的沟通平台，帮助消费者表达，让广告创意从独角戏变成全民参与的生活大戏。

二、商业广告的新媒体利用优势

（一）形式多样性

在数字化席卷全球的今天，各种媒体如雨后春笋般出现在人们的视野中，在技术的支撑下，新媒体平台上的内容形式包括图片、文字、声音、视频等，极大地丰富了视觉传达的表现手段。互联网广告几乎融合了传统广告的所有特征，以文字链接、载入广告、专题频道、在线直播等多样化的形式为广告提供了广阔的表现空间；富媒体广告具有动画、声音、视频和交互的特点，通过鼠标点击还可以改变广告效果，在娱乐中吸引用户主动参与，有效降低消费者对广告的反感和排斥；数字交互广告采用高品质的液晶机，集声音、多画面、全视角、无线遥控为一体，使本身制作精美的广告更加美观地跃入人们的眼帘；户外电子广告所承载的动态画面、变幻内容、逼真声效在降低审美疲劳的同时，全面提升了关注度。同时，广告媒体配套软件的使用更让人印象深刻，视频、声频以及个性化的播放时间最大限度地满足了客户的需求，使产品更加深入人心。新媒体多样化的表现形式扩展了广告创意的表现空间，从视觉、听觉、互动形式上把丰富的信息符号传递给消费者，使产品在消费者内心烙下的印记更长久。

（二）精准定位性

伴随着数字化技术的不断发展，精准的信息导向和广告模式进入人们的视野当中，因此新媒体成为商业广告界的宠儿。新媒体在此过程中最大的特点就是对产品的广告受众进行精准的定位，以此让广告的播放更有针对性。例如，在百度TV的广告中，主要是通过对网站内容上的调查和阅读环境的分析，找到自己的目标人群，然后把广告投放到相应的网页上。这种广告思维比传统的广告形式更具有创意性，也具有非常强的互动性。在搜索引擎下，如果网友输入了户外、摇滚等词汇，那么就会给他们推广关于吉普车的广告。这些用关联词来进行广告播放的形式能够让广告的有效性更高。精准的人群定位让商业广告的形式也发生了变化，人们更乐于接受这样的推广形式。

（三）参与互动性

在当前的经济发展过程中，商业广告开始向着娱乐化方向以及体验方向上发展，给人们一种享受的感觉，人们也乐于在这种广告中享受生活。互动性作为新媒体的一个重要特征，在传播的过程中，信息在发布者和接收者两端平等地交流，从而形成了一种更为直接的沟通模式。我们用手机看电视、读新闻、发消息，或在网络社区讨论问题，这种互动性是传统媒体所不具备的。通过数字技术，新媒体使广告"摇身一变"，成为可以参与的游戏，在交流互动中将品牌及产品信息渗透其间，使消费者自然地接受，从而彻底摆脱了"强制"性的传统广告传播模式。

新媒体的互动性使其成为广告传播的最佳媒体选择，在双向的交流中，消费者充分地融入广告活动中，信息随着消费者的行为而变化。在好奇、新鲜感的心态驱使下，人们主动寻找、接收讯息，这种生动而富有趣味的过程会给消费者留下深刻的印象。新媒体之所以引人注目，是因为它的互动性所产生的乐趣和互动接触。但在多数情况下互动并不那么容易做到，双向的互动远远不止按下一个按钮或更换频道那么简单，而是要使消费者进入广告活动的情节中，参与到广告创作的情景中，与广告人一起完成一个整体的创意。

第四节　商业广告的新媒体创意设计策略研究

一、新媒体商业广告创意概述

（一）新媒体背景下商业广告的传播特点

平面商业广告是一种信息传递艺术，按现代传播学的观点，它是大众传播的一个重要分支。海报是常见的商业广告形式之一。海报又称招贴，是广告媒介的一种，是用造型艺术手段表现广告主题，并张贴于公共场所的广告形式。海报画面较大，又张贴在显著的位置，可以在较大空间范围吸引大众的注意，因此在宣传媒介中占有很重要的位置。海报曾经作为宣传思想的政治工具，或者联系商品与消费者的桥梁，发挥了重要的作用。

平面商业广告作为产品视觉信息传递的媒介，是一种文字语言与视觉形象的结合物。无论视觉形象是抽象的，还是具象的，平面商业广告都意在创造一种能够迅速传递的印象，取得瞬间的效应，使观者过目难忘。要想达到这一目的，设计师必须追求广告的艺术处理、创意和表现力。借助电脑设计的强大手段，平面图形、摄影、手绘、漫画等不同风格的媒体都可以在平面商业广告中相互融合或"拼贴"，成为企业展示产品和形象的最有力手段。现代广告除了以往惯用的摄影、写实绘画外，平面拼贴、超现实主义手法、抽象漫画等也都备受设计师的青睐。比如，国外一组名为《脆弱的人类》的交通意识的广告通过电脑的巧妙变形与合成，使观众看到了交通事故的残酷，感叹人类的身体是多么的脆弱。

广告是一门综合学科，它包括各种不同媒体手段的结合，其中数字媒体艺术是广告具有表现力的核心要素之一。数字媒体艺术在平面商业广告中有着广泛的应用，无论户外海报招贴、灯箱展示还是网络媒体，Photoshop、Illustrator等软件都是最常用的设计工具。通过这些软件实现的三维数字动画广告片是目前平面商业广告的主体。微软公司通过视频合成与轨道叠加做成了公益广告片，同样的设计素材也转换成了纸媒广告。这样可以一举两得，不仅节约了广告成本，还使同样的广告诉求能够同期出现在不同媒体上，达到吸引公众注意力的目的。

（二）新媒体引领商业广告不断改革创新

现代平面商业广告的发展历史也是媒体不断推陈出新、多样化发展的历史。平面商业广告传播手段（广告媒体的发展）与科技进步息息相关，每一次科技变革和技术创新都可能催生一种新型广告媒体或者间接促进其他媒体广告的发展。比如，无线电技术的发明促使广播媒体产生，使广播成为继报纸、期刊之后的第三个大众传播媒体；电视媒体的产生不仅使电视成为20世纪最具影响力的大众媒体，还成为第二次世界大战后世界广告业发展的直接动力。

值得一提的是，新媒体的层出不穷并不意味着传统广告媒体的消失，它们通过与新技术的结合反而会得到更好的发展。电视产生之初，曾经有人提出广播将会消亡；网络产生后，也有人认为传统媒体会大大受到冲击，甚至被取代。然而，我们看到的是传统媒体在不断创新中与新媒体共存，未来的媒体将呈现多样化的发展趋势。

二、商业广告创意设计的标准

虽然我们对创意的"非常规性"做了许多阐述，但是我们不得不再次申明：广告作业是一种"遵命"创作活动，广告创意是一种纪律性很强的工作，并非像一般人理解的那样"天马行空"。下面这些条件可以看作选择和评估广告创意的依据。

第一，广告创意必须建立在大量事实的基础上。所有的创意人员都要了解消费者对自己产品和竞争对手产品的看法；了解消费者在购买时会考虑产品的哪些属性、特点以及使用情况等；了解竞争对手在他们的广告活动中如何介绍自己的产品；了解某个产品属性或使用情况是否被竞争对手的广告所遗漏等。这些资料与信息和创意本身并不是一回事，但它们可以为创意提供极有价值的情报。

第二，创意设计要符合营销战略并具有良好的视觉表现。一般要考虑创意是否与已有的市场营销战略（包括广告战略）相符，能否在可支出的媒介经费内完成预期的效果，会不会使消费者按预定方式行动，是否符合公司的形象。除此之外，还要考虑广告创意是否符合目标市场细分，是否与目标受众的问题与语言相吻合，其宣传对象是否与广告主预定的对象一致，是否具有抓住目标市场注意力的魅力，等等。

第三，创意目的要明确。如果不了解广告活动的目标是什么，便不可能产生好的创意，也很难按传播效益来衡量某个广告创意。美国广告创意专家大卫·都茨特别提出，为提高广告创意水平所能做的最有价值的事情便是简明扼要地锁定广告意欲向目标受众传达的内容。人们常常从三个方面评估创意目标：目标的长期性与短期性矛盾、目标的层系特征、整体传播反应与具体传播反应的矛盾。目标的长期性与短期性矛盾是指广告创意人员在强调传播时的重心主要集中在短期目标上，但当他们强调销售时又强调长期性。他们明白即使广告可以在短期内产生传播效果，但要影响销售需要较长的时间。过分强调市场营销目标会导致广告创意人员急于在一条广告中塞进尽可能多的承诺，而不太顾及广告更大的营销目标，不太顾及广告在更大的市场营销计划中的传播作用。目标的层系特征主要是指广告创意目标可以区分低度参与目标层系、认知层系、信任层系、行动层系等。与此相对应，广告创意的目的就是引起感知、增强理解、建立信任、催人行动等。而总目标与具体目标又进一步说明，仅有这些层系目标还不够，周密的广告目标还必须具体说明预定反应的确切情况并能以某种方式测定出总目标的效益。

由于创意具有很强的变异性和复杂性，即使上面都做到了，也要秉持"根植和服务于大众（广告受众）"，创意表现应与设计规则紧密结合，通过简洁明快的视觉传达来表现广告诉求。

三、商业广告的新媒体创意设计策略

（一）形象化创意设计

广告是以一种消费者熟知的形式把握其内心世界，使品牌与消费者产生共鸣的场景和意境，从而打动消费者。形象化是艺术创作中表现思想情感的一种方法，它以塑造可感性、鲜明性、生动性的艺术形象为目标，让人仿佛身临其境。在形象广告中，我们不是在接受说教，而是在体验生活或沉浸于娱乐休闲的同时获得了信息。形象化广告将抽象的信息巧妙地具象化，在人们的惊鸿一瞥中实现信息的传递与接受，不仅能超越时代、民族的层层界限，更能穿透思想、语言和文化的隔膜，借助电脑和专业软件尽情地挥洒自己的聪明才智，实现奇思妙想。

基于形象化、感性化的商业广告更注重情绪和感受的传达而非信息和语言的说教。中国传统美学讲究以形写神，有生命力的广告同样如此。广告创意应学会以形象化的手法表达内容，打开想象的大门，从表象、意象、联想中获取创作素材，打破束缚思想的枷锁，突破从众的思维定式，从产品或品牌本身出发，探寻消费者的思想与品牌的连接点，并将之巧妙地结合在一起。优秀的广告应使人们在视觉或情感上以形象化的方式牢牢地记住品牌或产品而非语言，能用画面表现的就不要再用语言来解释，语言应赋予广告画面以外的意义。

《偷窥者》是美国家庭影院频道的多媒体广告，获奖无数。该广告就充分地利用了人们"偷窥"的原始欲望，以纽约为故事背景，拍摄了一套剧情短片，让人们看尽纽约人生活的千姿百态。访问 HBO Voyeur 网站，它会让你象征性地透过窗台上的望远镜，去窥视对面公寓大楼内的各个角落，鼠标点击哪个窗户，墙体就会被去除，可以清楚地看到所有被挡在墙后不断进行的恩怨纠葛和人际关系。四个楼层八个故事，这些看似彼此陌生的人们在生活中却彼此影响，交织出了暴力、谋杀、浪漫、婚姻和不忠的故事，以形象化的视觉一一呈现，由于只能看到动作而听不到声音，更加剧了观众深入了解的欲望。最具创意的则是投影在曼哈顿市区大楼外墙上与实物等大的短片，给观众造成了一个大楼墙体已被拆除的假象，貌似是楼内真实人物的真实生活，使户外观看者成了不折不扣的偷窥者。而观众"凝视"作品就已经成为故事的一部分。这样，使广告与商业达到了完美的结合，有效地推动了 HBO 在线品牌的发展。

（二）故事性创意设计

在各种广告充斥消费者视野的今天，如果想赢得消费者的注意力，就必须让广告有足够的吸引力，那些平庸而晦涩的方法已不再奏效，诉说一个有关品牌的动人故事是最好的途径之一。故事可以改善并加强人与品牌的关系，当创意人员把广告的各个环节演绎成精彩的故事，使消费者在富有情节的故事情景中获得愉快的体验时，品牌信息不仅具有可读性，更易进入消费者的心里。故事类的广告虽然放弃了商业广告的利益点，但在表现的深度和广度上远远大于理性诉求。因为故事中蕴含人生的经历、情感和哲理，从中人们得以体悟、认识和思考，尤其它所具备的情感丰富性、深刻性都对人们的内心世界产生了强烈的冲击。人人都爱听故事，作为微型剧的广告不仅要有美轮美奂的视觉效果，更要富于情感，以磁铁般的吸引力带动人们去亲身体验，使人们在体验中获得信息，产生共鸣。消费者的洞察力是找到好故事的源泉，广告要想打动人心，必须从"心"入手，用既定的情节或生活片段将品牌与消费者联系起来，使消费者融入故事情节中。要讲好故事，首先要确定自己品牌的定位与特性，让故事依据行业背景，充满激情。其次，就是要明白大众对一个品牌的期望并不只限于功能的需求，要懂得用情感打动消费者，以相关性、原创性、表达力及影响力得到投资回报。在充满理性的广告世界里，把那些听起来刺耳的理性诉求转变成易于接受的感性诉求，利用质朴而强烈的情感力量，使广告脱颖而出，扎根于人们的脑海中。

故事之所以能够充分调动起读者的情绪，主要是因为其具有很强的代入感，碧桂园在"抖音"短视频平台所投放的故事性广告就是此类广告设计的代表。"每一次过年回家，看到父母在出站口远远地迎接，就有一种错觉，他们好像一直就在车站等着，等了整整一年。像小时候绞尽脑汁跟他们要礼物一样，我也想方设法地给他们留下美好的记忆，但我发现买来填补的东西并不能填充他们的遗憾……家园，团圆，碧桂园。"这段为碧桂园做广告的故事文案并没有多么深奥的长句，也没有华丽辞藻的堆砌，有的只是一个普通人以第一视角的内心独白，而正是这种平凡却又独到的故事广告直击抖音观看者内心的"痛点"。

（三）娱乐性创意设计

如果说 19 世纪的营销是"想"出来的，20 世纪的营销是"做"出来的，那么 21 世纪的营销就是"玩"出来的。年轻人更喜欢新奇有趣的东西，而不是被干扰，在这个娱乐至上的时代，广告正从建立品牌知名度的传统广告时代步入以消费者的参与度、互动度及个人喜好为考量的时代。娱乐是一种感性活动，不是抽象的玄想和演绎，它通过直接诉诸感官，使人获得全身心的愉悦。在这个产品高度同质化的时代，人们更需要的是感觉，有趣味、技术含量高的娱乐广告更容易吸引消费者参与其中。通过虚拟的体验，消费者可以主动开动大脑，接受广告的指引，以更有效地与品牌互动。

娱乐性的广告可以通过以下几种方式进行：一是把品牌或产品信息嵌入娱乐活动中。如果活动的内容或主题与产品信息产生联系，就能有效地引起消费者对产品的联想。二是把产品或相关信息作为道具或工具置入游戏中。把产品作为游戏的一部分，通过反复使用，加深消费者的记忆和认知。三是在活动中展示产品，通过虚拟空间的体验，提高产品信息的直接使用性。通过高度的参与、幽默的表达、虚拟的体验和立体化的交流减少受众对传统广告的反感和抵触，以一种非广告的形式接触消费者，使他们在体验中愉悦地接受广告信息。

第五节　新媒体商业广告创意设计及发展趋势

一、中外商业广告差异与分析

由于各国的经济体制与社会体制不同，以及各民族的文化、风俗等不同，各国的商业广告普遍存在差异性。比如我国广告与外国广告在整体风格、广告创意、广告语等方面就有些差距。中国广告起步晚、起点低，最初的广告创意也就是单纯地推销产品或服务，而没有太多地表达企业今后可以给消费者带来的长远利益。所以说，中国的广告在很多方面做得还是很有局限的。图 7-6 是国产大宝 SOD 蜜护肤品广告，画面中的中国人一副庄重、含蓄的表情，虽明确表达了品牌的形象，但缺乏人与产品的自然融合，显得有些严谨，缺乏朝气，没有体现出时代的青春活力。

　　一些发达的西方国家比较开放，以自我为中心，所以西方广告基本采用
"本土化"创意。图 7-7 是巴黎欧莱雅的经典广告图片。画面创意在色彩与人
物神态上的搭配彰显出独特的魅力，对消费者有着强烈的吸引力。该广告借
助画面人物丰富的贵气表情，表现出浪漫、高贵、典雅、开朗、奔放的艺术风
格，符合人性的需要，提高了产品的阶层属性，从而引起了消费者注意，激发
了其购买欲望。

图 7-6　大宝 SOD 蜜广告

图 7-7　巴黎欧莱雅广告

　　优秀的广告经常做很多定量的市场调研，希望获得确切有用的信息而做
出有效的商业广告宣传。大多数广告在市场调研上，缺少时时监控变化，只习
惯于抓住商品的某一特点，然后将这一特点用非常实在、非常直接的方式展现
出来，很难超越商品的具体属性，也很难给受众带来轻松感与愉悦感。例如，
化妆品的广告少不了美女的镜头，先展示使用前与使用后的鲜明对比，最后完
全展示漂亮迷人的面容。国外的优秀广告作品一般能跳出商品，只为推销做广
告，不拘泥于商品，站在科学与艺术的角度进行宣传。在广告语言上，我国也
比较含蓄，一些西方国家的广告语言则相对比较直接，热情奔放。

　　不过，在改革开放的推动下，我国的广告事业突飞猛进，一些大型的外
国广告公司也陆续进入中国市场，使中国广告行业风生水起，走向正轨。

二、国外商业广告发展趋势

（一）体验经济需求旺盛

　　体验经济占据了 2017 年众多头条，消费者在消费过程中越来越重视体
验，商家在提供服务的时候也越来越重视体验式的服务。事实上，2017 年更
多的公司在根据消费者的兴趣、爱好提供个性化服务。例如，（1）Amazon 的

智能音箱 Alexa 可以根据消费者之前收听的歌曲推荐歌单；（2）Airbnb 超级房东除了住宿外，还提供任何酒店都没有的礼宾服务；（3）宜家购买了跑腿网站 TaskRabbit，可以帮助消费者上门组装家具。

据相关专家预测，随着消费者越来越希望品牌能够更好地利用数据提供即时服务，并且适应千变万化的需求。未来体验经济将会变得更加普及，越来越优质的服务将成为消费者的基本需求。

（二）活动遍及全球

20 世纪 80 年代以后，世界开始进入信息时代。广告业作为信息传播的重要产业，进入了一个新的发展时期。从世界广告业的发展情况看，广告业普遍呈现出新特点和新趋势。

现代工业的发展使社会化大生产达到空前规模，跨国公司和国际贸易使全球经济活动的联系更加紧密，市场国际化与经济全球化趋势日益显著。广告正是伴随着这种趋势而国际化的，国际广告业务越来越多，国际性或泛地区性媒介日益引起以世界市场为目标的跨国公司的兴趣，国际广告投入日益增加，国际性广告组织也应运而生，并在协调各国广告业发展方面发挥了重要作用。

（三）服务日趋多元化

信息技术和计算机在市场调研、贸易媒介和企业管理方面的广泛应用大大提高了广告工作效率，有力地促进了广告业的发展。如今，广告公司已经发展成为一种集多种职能于一身的综合性信息服务机构，为企业提供从市场调研、新产品开发、广告策划到售后信息分析的整体策划服务，使广告服务成了企业发展不可或缺的组成部分。

（四）人工智能逐渐实践化

人工智能技术的应用正在逐步实践化，主要体现在实时翻译软件、产品定制化推荐、高级图像搜索、数据分析预测技术、自动化等技术在市场上的应用。根据 Vanson Bourne 的研究，80% 的广告主目前正在使用不同形式的 AI 技术（如机器学习、深度学习等），42% 的广告主认为有极大的空间去应用和实践 AI 技术，同时 91% 的广告主认为，缺少基础的 IT 设施（占 40%）和人才（占 34%）是 AI 技术实践面临的最大阻碍。2018 年，一些基础的 AI 技术还有待继续探索，同时 AI 技术被认为将会参与到更多战略性的实施和应用中，尤其是在应对消费者即时服务的需求方面，AI 技术被期待可以提供更灵活、浸入式的消费体验，包括 VR 在购物中的应用、灵活的价格策略、自动化语言识别、数字分销等。

三、国内商业广告发展趋势

在互联网背景下，国内越来越多的企业通过新媒体拓展业务和传播品牌，伴随着传统媒体以及传统户外广告的规模性缩减，新媒体商业广告在整体广告市场中所占的份额正在逐年攀升。

随着社交环境趋于成熟及新社交工具的应用，线上线下融合日益紧密，社交新品牌和基于个性化内容、KOL等的小微经济逐渐繁荣，涌现出一批颇为可观的小微品牌，成为商业广告主阵容的新增量。这不但弥补了大中型企业广告预算缩减带来的广告增量减速，而且为商业广告的持续增长提供了可能。

成长于社交环境下的社交品牌和小微品牌对当下媒体的环境非常熟悉，热衷于投入新兴的广告，这带来了两方面的变化。一方面，百度、腾讯、阿里等传统广告业务增速放缓；另一方面，抖音、快手、拼多多、美团及腾讯、阿里自我迭代后，在信息流、社交广告等新兴广告领域快速增长。在整体经济下滑的趋势下，新媒体商业广告呈现出品牌广告主投放增速下滑甚至负增长，但小微企业、新社交品牌的广告投入带动了新媒体商业广告收入总量的稳步增长。

红人带货等营销手段不仅把传播与销售捆绑在同一环节，还颠覆了消费者的消费认知和消费习惯。互联网营销创新不仅改变着原有的营销习惯，还开始引领全球互联网的变革趋势。我国互联网巨头已不满足于国内发展，开始积极拓展海外业务。斗鱼启动赴美上市，月活跃用户近1.6亿；阿里巴巴国际站推出"数字化出海计划"，涵盖"人货场"数字化、交易履约数字化和信用体系数字化三个方面。中国互联网走向世界已势不可当，如何利用海外平台获得有效用户，实现流量变现，成为广告主面临的新课题。

全球性的宏观经济结构调整虽然造成大中型企业和国际品牌纷纷缩减广告预算，但也进一步刺激了互联网营销创新和产业升级。国内商业广告主应努力适应不断变化的情况，增强市场竞争力。为加快这一目标的实现，可尝试以下几种发展途径。

（一）吸收并融合国际优秀设计

第二次世界大战以后，西欧部分国家经济的复苏和商业的快速发展促进了现代广告设计的进步。形成于20世纪50年代的"瑞士平面设计风格"由于其简单、明确，传达功能准确，因此在全世界范围内快速地传播开来，成为当时国际上非常流行的一种设计风格，又被称为"国际主义平面设计风格"。国际主义平面设计风格主要是力求形成一种简洁，并具有高度理性化、系统化的设计风格。这种风格通常运用方格网作为设计的基础，在方格网上将各种元素进行编排。图片、文字等元素都采取非对称的形式，因此排版具有简洁、明确的视觉效果。这对信息的国际化传播是十分有益的。正因如此，这种风格在全球范围内得以迅速普及。直至今日，国际主义平面设计风格在世界各地的设计之中仍然经久不衰。因为其简单明确、易于传播等特点非常符合全球化的传播标准，所以我们要在商业广告的设计中学习并且融合这种能够将杂乱的信息提炼得更为简洁明了的设计思想。在商业广告的设计上，国际化的设计还表现在对一些国际理性元素的融入上，其中包括一些通用性的图形和符号，这些都是我们需要去接纳并且吸收的元素。需要注意的是，虽然外来文化的融合在现代设计中发挥着不可估量的作用，但是外来的文化元素与我国受众的文化背景有着很大的差异，会导致推广上的一些缺陷。为解决这一问题，我们必须将外来文化与本土文化进行一个合理的融合，使其能够符合受众的心理需求和审美需求。对外来文化进行扬弃和发展，形成自己独特的设计风格和设计语言，使其既具有民族性又具有世界性，从而形成使本土和非本土的受众都能理解和接受的设计风格。

（二）营造艺术化的现代商业广告

1.表现形式的艺术化

现代商业广告的艺术化策略受社会政治、经济、文化的影响，政治繁荣、经济进步、文化纷呈能够对艺术的创造起到良好的促进作用。从现代商业广告的表现形式来看，它经历了以人为媒介、以纸为媒介、以电子为媒介、以有声电视为媒介、以互动网络为媒介的历程，实现了由单一的声音、文字到图片、视频的转变，也实现了由黑白到色彩斑斓的转变。以形式转变为带动，商业广告现在更是向多元化、理念化、功利化的方向发展，唤醒了消费者对这一产品的购买欲望。

例如，康师傅凉茶的广告的使用媒介是有声电视以及受年轻人青睐的网络媒体，文字设计得较为简单，重点突出了凉茶的绿色品质以及清爽可口的特殊性，主打亲民的品牌特征，整体的广告风格偏柔和、温馨。又如，格力空调的广告同样是选用电视这个主流媒体，语言精练，突出其科技的先进性，并强调中国制造的独特之处。整体内容是通过展示空调的实物以及相关的数据进行体现，色调偏向明艳，风格较为大气。

当下还有一种运用较为广泛的广告表现形式，即带入故事情节，以情动人。例如，百事可乐的广告将"把乐带回家"作为故事的中心，以节日情怀以及浓浓的家庭亲情为出发点，借助春节阖家团圆的生活情境，带给人更多的情感互动，从而体现百事可乐的情怀理念。

此外，通过独特的创意达到商业广告最终目的的广告也不计其数。例如，脉动饮品的广告出人意料地设置了斜行，突出了产品功能性饮料的特质，引发观众的好奇心，从而促使其对产品产生购买的欲望。

2. 表现手段的艺术化

（1）广告与文学。文学是基础学科，广告是一门应用学科，他们就如一对母子，母亲为儿子成长、成熟提供基础。广告需要广告语，而广告语绝不可能只是几个汉字的堆积，这时文学就有了用武之地。文学中有幽默、知性、浪漫，广告所需要的元素都尽在其中。广告需要意境，文学就提供给广告意境；广告需要内涵，文学就给广告创造新的内涵。可以说，广告失去了文学就会变得苍白、贫乏。

例如，澳门回归电视公益广告文案。这则广告文案引用了周敦颐的千古名篇《爱莲说》中的句子。众所周知，莲花是澳门特别行政区的区花，广告的表达主题是要赞扬澳门的气质和神韵，这种诗意的言说经过广告编码之后，莲花就成了"中国文化"与"现代都市气息"的代言品。因此，通过广告传播后，当受众再次面对莲花时，它就已经具备了象征意义，而不仅仅是一种花。表面上看，这则广告是在赞美莲花的美丽，实际上是广告制作者巧妙地借用古代名句赞扬了澳门的气质和神韵。这样的广告文案不但容易记忆，而且因为诗性表达使广告文本具有了较强的文学性，使受众在接受广告信息的同时，获得了审美愉悦。

语言和文字既可以描写，又可以抒情；既可以叙述，又可以说明；既可以摹写外部情状，又可以深入内部揭示人的心灵世界，从而具有极大的灵活性和表现力。广告艺术借助语言艺术的表现功能描绘商品形象，抒发审美情感，生动、具体地介绍商品特色及有关商品的知识，还可以直接作用于人们的想象，引发人们的联想，因此广告语言艺术非常注意使用拟人、象征、夸张、比喻等手法，以增强广告的艺术色彩，提高广告的审美效应。

（2）广告与绘画。绘画在广告特别是平面广告中占据着特殊的地位。人们一般通过视觉获得信息，因此广告往往借鉴绘画的构图、色彩、线条等方面的多种处理手法，通过绚丽多彩的画面把欣赏者引入自己的艺术天地。

例如，在立邦漆的一则广告中，各种肤色的孩子在一间房子里玩耍嬉戏，他们在家里房间的墙上自由地绘画。小孩子的年龄和天性决定了他们画不出什么有价值的艺术品，仅仅是随意的涂鸦，但这在足以表达油漆的好效果的同时，增加了天真烂漫的孩子在墙上的绘画作品，整则广告立刻就变得更加具有艺术效果，在让观众心情愉悦的同时，忍不住买回立邦漆在自己家的墙上试一试。

（3）广告与音乐。音乐能够给人以听觉上的美好感受，符合广告主题的音乐更能够打动人心。在现在这个多媒体迅速发展的时代，因为人们对广告的要求越来越高，传统的广告已不能满足人们的需求。而音乐可以细腻地刻画人的各种情感，并且音乐有不同的主题和类型，因此不同的音乐可以服务于不同的广告主题，并能够更加凸显和深化广告的主题。音乐选得符合广告主题就会有事半功倍的效果，更容易打动消费者的心，在某种程度上也可以与消费者产生共鸣，架起一座情感交流的桥梁。在日常生活中不难看出，好的广告音乐会长久地留在人们的心中，受到消费者的喜爱，增加消费者对产品的好感度，从而促进消费者消费。例如，当年由宋慧乔出演的 OPPO 音乐手机广告开始就是一曲轻快唯美的音乐，给人一种放松愉悦的感觉，仿佛跟随广告主人公一起走入大草坪中沐浴阳光。因此，这一广告也让当年的 OPPO 音乐手机大卖。

（三）社交营销＋直播电商，重构广告传播生态链

2020 年伊始，国内被"新冠"疫情阴影所笼罩，整个国家发展瞬间停止，一切商业经济活动被按下暂停键，全国各地的购物中心、商场相继停业，而在这一背景下，国内零售行业的新概念、新模式层出不穷。商场纷纷推出直播带货、线上直购、建群卖货等方式，让消费者"在家也能逛商场"。

比如，银泰百货联合淘宝邀请了近千名导购在家直播卖货，实现了无接触购物。雅诗兰黛、良品铺子、幸福西饼、太平鸟、林清轩等品牌企业也迅速启动或者加大直播带货业务，加强与线上消费者的沟通互动，积极寻找新的销售途径以挽回损失。除了直播手段外，微信群、朋友圈等线上私域流量也成了营销阵地，取得了裂变及快速传播的效果。由此我们可以看出，通过在线直播、私域流量促成直接的销售转化是低成本又精准有效的营销手段。

疫情让社会的运转模式和人们的行为模式及产品产生一些改变。此次疫情或将成为零售进化变革的"催化剂"。虽然线上购物早已成为人们的习惯，但疫情之下，这个习惯还会被深度挖掘。直播、视频卖货、短视频商业已步入常规态。

总体来看，疫情可能对零售、餐饮、交通等人群聚集性行业带来直接冲击，经济面临较大下行压力，而对线上业务影响较小，短视频、游戏、直播、远程办公、线上教育、VR 实景等产业可能迎来更多的发展机会。对于广告行业来说，5G 技术、品效合一、短视频直播、私域流量等新名词纷纷出现，广告业迎来了更多的挑战和机遇。

第八章 新媒体广告发展展望

在全球范围内，新媒体广告的产生与发展离不开广告传播基础理论的支撑，离不开新的媒介环境的孕育。自互联网诞生之日，不同学科与新兴媒介环境不断交融，催生出新的营销理论、新的经营管理理论、新的媒介传播理论等，不同领域的新兴理论对新媒介环境下的广告产业具有较大的推动作用，值得人们给予更多的关注。

第一节 新媒体广告新理念

一、蓝海战略

"蓝海"战略管理思想起源于 20 世纪 90 年代末。1997 年，法国欧洲工商管理学院的 W. 钱·金（W.Chan Kim）和勒妮·莫博涅（Renee Mauborgne）两位教授在《哈佛商业评论》上发表了《价值创新》一文，首次提出企业战略行动的"价值创新"理论。两人针对 20 世纪 80 年代至 21 世纪初凭借非竞争手段获胜的来自 30 多个产业的 150 多个企业案例进行了长达 15 年的探索研究，从而对"价值创新战略（value innovation strategy）"不断更新与完善，也由此建立了全新的战略理论体系和分析工具，即"蓝海战略（Blue Ocean Strategy）"。2005 年初，两位教授合著的《蓝海战略》一书出版，正式提出了"蓝海战略"这一概念。"蓝海战略"提出企业要把重点由超越竞争对手转移到为买方提供价值飞跃上，以此来摆脱血腥的"红海"竞争，开辟全新的市场空间。"蓝海战略"概念的提出在战略管理学界与企业界中都取得了强烈反响，标志着战略管理领域从结构主义观点到重建主义观点的范式性转变。

（一）基本含义

蓝海战略就是企业突破红海的残酷竞争，不把主要精力放在打败竞争对手上，而主要放在全力为买方与企业自身创造价值飞跃上，并由此开创新的"无人竞争"的市场空间，彻底甩脱竞争，开创属于自己的一片"蓝海"。这是一种企业通过开创新的、未被竞争对手重视的市场领域以达到扩张目的的战略。蓝海战略要求企业把视线从市场的供给一方转向需求一方，从与对手的竞争转向为买方提供价值的飞跃。通过跨越现有竞争边界看市场以及将不同市场的买方价值元素筛选与重新排序，企业就能重建市场和产业边界，开启巨大的潜在需求，从而摆脱"红海"的血腥竞争，开创"蓝海"，实现同时追求"差异化"和"成本领先"。

（二）构思方法

如何构思蓝海战略呢？构思蓝海的战略布局需要回答四个问题：第一，哪些被产业认定为理所当然的元素需要剔除？要剔除产业中企业竞争攀比的元素，这些元素不再具有价值，却经常被认为理所当然。第二，哪些元素的含量应该被减少到产业标准之下？这个问题促使做出决定，看看现有产品或服务是否在功能上设计过度，目的只为打败竞争对手。第三，哪些元素的含量应该被增加到产业标准之上？这个问题促使去发掘产业中消费者不得不做出的妥协。第四，哪些产业从未有过的元素需要创造？这个问题可以帮助企业发现买方价值的新源泉，以创造新需求，改变产业战略定价标准。

（三）实施原则

"蓝海战略"的设计和贯彻要以下列六项原则为基础（表8—1），以确保企业在此六项原则的引导下规避各种风险。

表8-1　蓝海战略的六项原则

制订战略的原则	降低相应的风险
重建市场边界	降低搜寻风险
注重全局而非数字	降低计划风险
超越现有需求	降低规模风险
遵循合理的战略顺序	降低商业模式风险

续　表

制订战略的原则	降低相应的风险
克服关键组织障碍	降低组织风险
将战略执行建成战略的一部分	降低管理风险

1.重建市场边界

（1）产业。需要跨越传统产业看市场。在传统市场竞争中，以绝大部分企业的共有特点来划定边界，企业的最终目的是成为其中的最优。蓝海战略认为，企业的竞争对手不仅来自产业内部，还来自其替代品甚至服务。

（2）战略集团。需要跨越产业内部不同的战略集团看市场。传统的战略集团概念成为企业发展的绊脚石，企业都力求能在其内部达到最优。但蓝海战略认为，企业应当打开眼界，真正找到左右消费者最终选择的要素。

（3）买方群体。需要重新定义产业的买方群体。在传统竞争思维中，企业只关心单纯的买方，也就是直接的消费者，而不会去了解产品和服务的最终使用者。蓝海战略则认为，买方不单单指购买者，还囊括最终使用商品或者服务的人以及会影响到的人们。这三方面的人共同构成了买方链。

（4）产品或服务范围。需要跨越互补性产品和服务看市场。传统竞争思想认为，企业给产品或者服务界定范围都是通过类似的方法。蓝海战略认为，互补性产品和服务中包含着没有被发掘出来的客户需求。最简便的办法就是企业对客户在使用产品前、中、后的不同需求进行分析。例如，某客车公司得知市政府关心的不是公交车的车体价格，而是车的维修维护费，所以该客车公司使用了更加昂贵的车身材料。这样，既提高了公交车的价格，又降低了维修养护的成本，因此达到了客车公司和市政府的双赢。

（5）功能情感导向。需要跨越针对卖方的产业功能和情感导向。蓝海战略认为，市场调研得到的结果往往都是从产业教育中得来的。这里边的功能与情感导向是长久以来固化在产业本身的。企业一旦打破已有的功能和情感导向，就可以开拓出新的市场。比如，如果在情感层面进行竞争，是否可以去除某些元素，使其产品或服务更加功能化？反过来也是如此。

（6）时间。需要跨越时间参与打造外部潮流。在传统竞争思想中，企业战略的制定是用来应对当下面临的竞争和挑战的。蓝海战略认为，企业应该从商业的角度熟悉和了解技术与政策上的潮流和趋势，洞悉客户因此会获取的价值变化，判断其如何影响商业模式。

2. 注重全局而非数字

企业要想成功，必须具备对市场的敏感性与对环境的洞察力。蓝海战略认为，企业将自身在已有市场中所处的战略地位通过图形的方式绘制出来（表8—2），把企业工作者的注意力引向蓝海，从而提升工作人员的创新精神与创造力。

表8-2 战略视觉化四步骤

步 骤	策 略
视觉唤醒	绘制现时战略图，将业务项目与对手比较；衡量战略所需进行的改变
视觉探索	进入基层，实地考察；观察他择产品和服务优势；需要剔除、创造和改变哪些元素
视觉战略展览会	绘制新的战略布局图；听取顾客和非顾客的反馈；根据反馈及时调整战略
视觉沟通	向员工展示战略改变前后的对比图；支持符合新战略的项目

3. 超越现有需求

该原则是实现价值创新的关键，即通过提供新的产品和服务来超越客户现有需求，降低开创蓝海所涉及的风险。传统企业为了提高市场占有率，在市场中维护好老顾客，拓展新顾客，通常只关注现有顾客，或者追求市场细分，满足顾客的差异化需求，对产品和服务的要求越来越高。行业内竞争越激烈，产品差异化就越显著，目标市场的细分程度就会越严重。因此，企业只有反其道而行才能扩大蓝海，即企业不应该只着眼于现有顾客的差异化需求，更要重视潜在顾客新的、未被满足的共同需求，这样才能让公司超越现有顾客需求，开辟新的、巨大的顾客群。

4. 遵循合理的战略顺序

所谓"战略"，不仅仅是提供模式与口号，还要遵循合理的战略顺序，使企业有章可循，逐步实践跨越，重建市场边界，实现企业盈利。合理的蓝海战略顺序分为四个步骤，即买方效用、价格、成本及接受。

具体来说，也是要解决四个主要问题：（1）能否使顾客有足够的理由购买产品或服务？（2）价格是否在客户能轻松承担的范围内？（3）成本结构能否满足目标成本？（4）产品和服务投放市场时是否能被买方接受？企业应对这四个主要问题根据其自身情况加以分析并寻求解决办法。针对第一个问题，企业要做的是将满足消费者需求的产品特性优先展示出来，吸引消费者进行购买；针对第二个问题，企业要明确产品定价是否合理，是否让消费者感到花费少，但得到的价值很大，有强烈的意愿去购买；针对第三个问题，目标成本是保证企业实现利润的较为合理的计算成本的方法，成本的结构若符合目标成本，则企业就会获得利润；针对第四个问题，产品是否能被买方接受，一是取决于买方的需求，二是取决于企业适当的引导。当买方对产品无顾虑时自然就促成了购买。一旦解决了这四个问题，企业就为战略的执行打好了基础。当新战略制定完毕时，企业就能够顺利地实施，并达到快速占领市场的目的。

5.克服关键组织障碍

蓝海战略的第五个原则是克服关键组织障碍。企业经历证明，执行蓝海战略的挑战是严峻的，他们面对四重障碍：一是认知障碍，沉迷于现状的组织；二是有限的资源，执行战略需要大量资源；三是动力障碍，缺乏有干劲的员工；四是组织政治障碍，来自强大既得利益者的反对，"在公司中还没有站起来就被人撂了"。蓝海战略根据威廉·布拉顿领导的纽约警察局20世纪90年代变革，提出了引爆点领导法（tipping point leadership），其理论是在任何组织中，当数量达到临界规模的人们以信心和能量感染了整个组织而行动起来去实现一个创意时，就会发生根本性变化。与组织变革理论转变大众为基点不同，引爆点领导法认为，转变大众就要把力量集中于极端，也就是对组织业绩有超凡影响力的人、行为和活动之上。

6.将战略执行建成战略的一部分

在蓝海战略的执行中，公平过程发挥着巨大的作用，它在一定程度上将决定蓝海战略成功或失败。邀请参与、解释原因和明确目的是公平过程的三个核心内容。邀请参与是鼓励员工参与战略决策过程，询问并重视他们的各类意见；解释原因是要让所有相关人员了解企业制定蓝海战略的目标，了解企业蓝海转变的程度；明确目的是企业在制定蓝海战略后，由管理者向员工详细介绍新的战略目的。

在蓝海战略制定中实施公平过程时，员工就会认为他们是处于同一起点，达成执行蓝海战略决策的合作意向，最终实现蓝海战略。正是因为公平过程使企业计划从一开始就得到员工的支持，可以使员工为企业的长期利益而牺牲短期的个人利益，从而将蓝海战略的执行建成战略的一部分。

二、长尾理论

长尾（The Long Tail）这一概念是由美国《连线》杂志主编克里斯·安德森（Chris Anderson）于2004年10月在《长尾》一文中最早提出，用来描述亚马逊和Netflix等网站的商业和经济模式。"长尾"实际上是统计学中幂律（Power Laws）和帕累托分布（Pareto Distributions）特征的一个口语化表达。一个简单的解释是只要存储和流通的渠道足够多，需求不旺或销量不佳的产品共同占据的市场份额就可以和那些数量不多的热卖品所占据的市场份额相匹敌甚至更大，即众多小市场汇聚成可与主流大市场相匹敌的市场能量。

（一）理论起源

克里斯·安德森喜欢从数字中发现趋势。有一次他同Ecast首席执行官范·阿迪布会面，后者提出了一个让安德森耳目一新的"98法则"，改变了他的研究方向。范·阿迪布从数字音乐点唱数字统计中发现一个秘密：听众对98%的非热门音乐有着无限的需求，非热门的音乐集合市场无比巨大。他把这称为"98法则"。安德森意识到阿迪布那个有悖常识的"98法则"隐含着一个真理。于是，安德森系统研究了亚马逊、狂想曲公司、Blog、Google、eBay、Netflix等互联网零售商的销售数据，并与沃尔玛等传统零售商的销售数据进行了对比。比如记录Rhapsody每月统计数据，并把它们画在一张图上，就可以发现该公司和其他任何唱片店一样，都有相同的符合"幂指数"形式的需求曲线——对排行榜前列的曲目都有巨大的需求，尾部快速下降的部分代表的是不太流行的曲目。最有趣的事情是深入挖掘排名在4万位以后的歌曲，这个数字正是普通唱片店的流动库存量（最终会被销售出去的唱片的数量）。沃尔玛在这些排名在4万位以后的唱片上的销量几乎为零，要么沃尔玛就没有销售此类唱片，要么就是此类边缘唱片的少数潜在本地客户没有找到它们，或者客户就从来没有走进过沃尔玛商店。但Rhapsody的需求一直源源不断。不仅位于排行榜前10万的每个曲目每个月都至少会点播一次，前20万、30万、40万的曲子也是这样。只要Rhapsody在歌曲库中增加曲子，就会有听众点播这些新歌曲，尽管每个月只有少数几个人点播它们，还分布在世界上不同的国家。经过系统研究，安德森发现一种符合统计规律（大数定律）的现象。这种现象恰如以数量、品种为二维坐标上的一条需求曲线，拖着长长的尾巴，向代表"品种"的横轴尽头延伸，"长尾"由此得名。《长尾》在2004年10月号《连线》发表后，迅速成了这家杂志历史上被引用最多的一篇文章。特别是经过吸纳无边界智慧的博客平台，不断丰富着新的素材和案例。安德森沉浸其中不能自已，终于打造出一本影响商业世界的畅销书——《长尾理论》。这就是长尾理论的起源。

（二）主要内容

1.长尾市场中利润的三分天下

在长尾经济中，产品可分为大热销产品、次热销产品、冷门产品，这三类产品分别占据市场销量的2%、8%、90%，分别占据市场销售收入的50%、25%、25%，分别占据利润份额的33%、33%、33%，这就是长尾市场中利润的三分天下，如表8—3所示。

表8-3　长尾市场三类产品数据对比表

产品分类	销量分布	收入分布	利润分布
大热销产品	2%	50%	33%
次热销产品	8%	25%	33%
冷门产品	99%	25%	33%

出现这种奇妙分布的最大原因在于经济模式的不同。在长尾理论中，短头（热销）产品的经济模式是规模经济，即通过对有限的产品品种的深度开发，形成规模化生产，降低单位产品成本，再利用社会潮流与口头传播效应作用于人类心理，催生出品类有限的热门产品，通过高销量、低利润谋求生存。

长尾（冷门）产品的经济模式是范围经济，即在生产力限制下，尽可能多地生产不同品类的产品，利用人们越来越旺盛的个性化需求，追逐产品的高额利润，通过低销量、高利润谋求生存。

2.催生长尾理论的三大力量

安德森认为，长尾理论的真正起源要追溯到19世纪末期，至于为什么长尾理论直到20世纪末才被发现，21世纪初才被总结、提炼、发扬光大，都归因于催生长尾理论的三大力量的发展。

（1）第一种力量：生产工具的普及。以电脑为例，随着电脑、影像设备等硬件及软件的普及，业余爱好者也能加入视频拍摄、音乐制作、广告设计、游戏编程等专业领域并进行生产。由于生产工具的普及催生出来的产品生产市场不再是厂家才能生产、专业者才能制作、消费者只管消费的固有模式，而是生产者和消费者之间的传统界限不断模糊，任何人可以在任何时候既参与生产，又进行消费的新参与机制。生产工具的普及导致了长尾的尾已无限延伸。

（2）第二种力量：传播工具的普及。生产工具的普及有利于利基产品的创造。随着长尾集合器——安德森认为最典型的传播工具的普及，消费者能以最低的成本接触到超越地域、国界、语言的产品，包括热销产品与长尾产品。传播工具的普及让长尾渐渐向上发生位移，这样，处于最尾端的产品也能获得销量。

（3）第三种力量：连接供给与需求。供给与需求的连接有多种表现形式，如搜索引擎、好歌推荐、顾客评价等，这大大降低了"搜索成本"。比如，过滤器的搜索、排序等功能大幅度降低消费者的搜索成本，让消费者远离长尾的头部，更准确地去探索长尾的尾部，从而刺激尾部的需求发生。过滤器的优化有利于供给与需求的连接，使集中于长尾的需求曲线慢慢向右进行位移，使需求逐步向长尾尾部移动。

3. 长尾时代的六个主题

随着三大力量的不断发展，长尾时代已经来临，要研究长尾理论对当代经济的影响，必须准确把握长尾时代的六个主题。

主题一：利基产品远多于热门产品。

主题二：获得利基产品的成本显著降低。

主题三：过滤器把需求推向长尾的后端。

主题四：需求曲线扁平化。受到三大力量的作用，消费者的需求整体向长尾尾端移动，长尾曲线头部降低，尾部抬升。

主题五：利基市场一旦聚合，将形成能与热门市场相抗衡的大市场。

主题六：需求曲线呈现天然形状。随着前五个主题的不断发展，需求将突破供给瓶颈、信息匮乏和有限货架空间的限制，呈现如人口分布一样的天然形状。

4. 长尾经济九大法则

安德森总结了成功长尾集合器的九大法则，经过研究，笔者认为这九大法则可以延伸为企业在长尾经济中生存与发展必须遵循的九大法则。

法则一：让存货集中或分散。沃尔玛等网络零售商选择集中化仓储降低成本，亚马逊等公司则实践了"虚拟存货"，目的都是让消费者接触更多的商品。

法则二：让顾客参与生产。让顾客参与生产也可定义为协同生产，目的在于提高产品的多样性，利用顾客的个性化思维，创造出更丰富的产品，以满足更多消费者的需求。

　　法则三：一种传播途径并不适合所有人。消费者对获得产品的渠道越来越挑剔，有些消费者倾向网上购物，有些倾向商场购物，有些倾向商场比选、网上购买。

　　法则四：一种产品并不适合所有人。这便是利基产品始终具有销售潜力的原因，消费者的需求是多样化的，即使同一功能的产品，还会有颜色上的需求。

　　法则五：一种价格并不适合所有人。不同的人接受不同的价格，原因多种多样，可能受其收入影响，可能受其时间影响，可能受其社会环境影响，等等。

　　法则六：分享信息。分享信息的秘诀在于赢得更多的消费者推荐，这也是一类强大的营销工具。

　　法则七：考虑"和"而不是"或"。在长尾市场中，商品容量是无限的，能够供应全部的产品几乎永远是正确的选择。

　　法则八：让市场替你做事。在长尾经济中，企业只需把产品丢向市场，长尾市场的过滤器将会帮助消费者找到企业的产品。

　　法则九：理解免费的力量。免费已经成为一种工具，通过扩大免费范围，企业将赢得更多的消费者。

（三）实现条件

　　Google AdWords、Amazon、iTunes 都是长尾理论的优秀案例。但也有很多失败者并没有真正理解长尾理论的实现条件。首先，长尾理论统计的是销量，并非利润。管理成本是其中最关键的因素。销售每件产品都需要一定的成本，增加品种所带来的成本也要分摊。所以，每个品种的利润与销量成正比，当销量低到一个限度时就会亏损，理智的零售商是不会销售引起亏损的商品的。这就是二八定律的基础。超市是通过降低单品销售成本，从而降低每个品种的止亏销量，扩大销售品种。为了吸引顾客和营造货品齐全的形象，超市甚至可以承受亏损销售一些商品。但迫于仓储、配送的成本，超市的承受能力是有限的。互联网企业可以进一步降低单品销售成本，甚至没有真正的库存，而网站流量和维护费用远比传统店面低，所以能够极大地扩大销售品种。比如，Amazon 就是如此。互联网经济还有赢者独占的特点，所以网站在前期可以不计成本地投入，这更加剧了品种的扩张。如果互联网企业销售的是虚拟产品，则支付和配送成本几乎为零，可以把长尾理论发挥到极致。Google AdWords、 iTune音乐下载都属于这种情况。可以说，虚拟产品销售天生就适合长尾理论。其次，要使长尾理论更有效，应该尽量增大"尾巴"，也就是降低门槛，制造小额消费者。不同于传统商业的拿大单、传统互联网企业的会员费，互联网营销应该把注意力放在把蛋糕做大。通过鼓励用户尝试，将众多忽略不计的零散流量汇集成巨大的商业价值。Google AdSense就是这样一个"蛋糕制造机"。之前，普通个人网站几乎没有盈利机会。Google AdSense通过在小网站上发布相关广告，带给站长一种全新的低门槛的盈利渠道。同时，把众多小网站的流量汇集成为统一的广告媒体。当然，在这里还有一个降低管理成本的问题。如果处理不好，客服成本会迅速上升，成为主要矛盾。Google是通过算法降低人工管理工作量，但也仅仅做到差强人意。使用长尾理论必须小心翼翼，保证任何一项成本都不随销量的增加而激增，最差也是同比增长，否则就会走入死胡同。最理想的长尾商业模式是，成本是定值，销量可以无限增长。这就需要可以低成本扩展的基础设施，Google的BigTable就是如此。

（四）成功案例

20世纪初，招商银行为其信用卡发卡量超过500万张而庆功，这一数字背后是招行用三年时间终于占据了国内信用卡市场的三分之一份额。更为出人意料的是，招商银行行长马蔚华对外宣称，招商银行信用卡业务已经开始盈利，且其盈利已超过国际平均水平，这也打破了做信用卡业务前五年赚不到钱的惯例。招商银行在这方面的成功在很大程度上是由于把握了长尾理论的精髓。招商银行在总结经验的同时，将信用卡的客户结构重新梳理，打破了原有的简单化的客户群体划分法，启用了新的划分方法，对持卡人的产品生命周期进行了更为细化的分层管理，发行了类似学生卡这样的特殊群体信用卡，从而极大地增加了盈利能力。招商银行成功地突破了二八法则的惯性思维，发掘出了客户过去被忽视的需求，聚集了一个巨大的长尾市场。另外，中国的电信行业也是在传统的语音业务增长遭遇瓶颈的时候，靠着彩铃这类长尾而支撑起其高速发展的。电信巨头纷纷放下架子改变营销模式，将过去的割裂状转变成为平台式，满足了用户的长尾需求。

三、SNS理论

SNS全称Social Networking Services，即社会性网络服务，专指旨在帮助人们建立社会性网络的互联网应用服务。在互联网领域，SNS有三层含义：social network service，social network software，social network site。人们习惯

上用社交网络代指 social network service，用社交软件代指 social network software，用社交网站代指 social network site。

（一）基本含义

SNS 网站就是依据六度关系理论建立的网站，可以帮助用户运营朋友圈的朋友。六度关系理论是美国著名的社会心理学家斯坦利·米尔格拉姆（Stanley Milgram）于 20 世纪 60 年代最先提出的，基本内容是在人际脉络中，要结识任何一位陌生的朋友，这中间最多只要通过六个朋友就能达到目的。也就是说，如果想认识一个人，托朋友找认识他的人，中间不会超过六个人。在现实社会中，人与人的交流是通过人与人之间的介绍、握手来形成一个朋友圈、联系圈的，每个人不需要直接认识所有人，只需要通过他的朋友、朋友的朋友，就能促成一次合作。普通的网络交际大多数则通过某些平台来实现，如将自己放到一个平台中，让很多人看到你，并且认识你、联系你。两者的优缺点明显：社会性交际优点是可靠，彼此关系建立在可靠的人际网络上，缺点是产生合作的时间长、代价较高；平台式的网络交际优点是成本低，但不可靠。还有一些优点就是，SNS 网络中，在朋友圈内关系往往真实度很高，非常可靠，互相之间不存在所谓网络的"假面具"，因此比较容易实现实名制。SNS 基于人传人联系网络，一传多、多传多，利用网络这一低廉而快速的平台，网络建立的速度会非常快，这又使建立人脉网络的成本进一步降低。

（二）理论基础

1.六度分隔理论

1967 年，美国哈佛大学的著名心理学教授斯坦利·米尔格拉姆提出了 SNS 网站的理论模型——"六度分隔理论"。该理论的核心思想如下：你和任何一个陌生人之间所间隔的人不会超过六个，也就是说，最多通过六个人你就能够认识任何一个陌生人。通过六度分隔理论，每一个人的社交圈子都不断扩大，这种扩大之间还能产生交叉扩散，最后形成一个大型的社交网络，这是对社会性网络的最初理解。后来，人们根据这个理论，创建了通过朋友的朋友来进行网络社交扩展的社会性网络，即现在的社交网络。

2.人际传播理论

人际传播是个人与个人之间的信息传播，也是由两个个体系统相互连接组成的新的信息传播系统，是社会生活中最直观、最常见、最丰富的传播现象。在社交网络中，人与人之间通过人际传播获得信息，建立与他人的关系和自己的圈子，满足自己的社会性精神和心理需求。人际传播具有双向性、互动性，信息内容及信息反馈更为丰富和复杂，传递和接收信息的渠道多，传播方式灵活，同时实现了人作为传递信息媒介的可能。在社交网络里，人际传播的"多媒介"特征也使社交网络人际交往变得多样和灵活。

3.群体传播理论

群体传播就是将共同目标和协作意愿加以连接和实现的过程。物以类聚，人以群分，人以群体的形式进行活动，是人的社会性体现，社交网络中的每一个用户也都生活在一定的群体之中，是群体传播的参与者，他们因共同的目标和共同的归属感聚集成为一个个群体。社交网络中群体之间也存在着差异性，有的群体具有鲜明的共同目标，有的群体以聚集为目的，有的则有很强的归属感，群体内部的互动程度也各式各样，构成了各自独特的传播结构。

（三）发展浪潮

最早的 SNS 网站——SixDegrees.com 创立于 1997 年，其巅峰时期有过近百万名用户，在 2000 年被迫出售，失败原因在于当时网民用户有限，而且思想过于超前。之后，2003 年出现的 Friendster.com 一炮而红，由此掀起了全世界范围内的第一波 SNS 浪潮。中国此时的 SNS 发展包括刘健和饶磊模仿Friendster 模式创立的 UUme.com、小马云离职无线互联网业务与刘勇一起创立的亿友网，还有王兴创立的多多友。2003—2004 年，中国出现了十几家类似 Friendster 的交友网站。然而，由于网络服务器负载过重，网站访问速度过慢，Friendster 流失了大量用户，中国第一批 SNS 模仿者也纷纷遭遇瓶颈，最后走向消亡。这是我国 SNS 发展的第一波浪潮。

我国 SNS 发展的第二波浪潮是伴随着 Myspace 的旋风。Myspace 选择以音乐爱好者为集结点，为这些音乐爱好者提供上传服务和个性展示空间。这种找到自身价值的服务迅速成为年轻人的追逐对象。在中国，无数效仿者要做中国的 Myspace，比较知名的有碰碰网、51.com、UU 地带、猫扑、网游天下、粉丝网等。其中，最出名的要数国内互联网巨头腾讯公司于 2005 年推出的 QQ空间，QQ 空间从个人主页到个性化空间，再到互动色彩浓厚的 SNS 娱乐应用，在丰富用户体验的同时，增加了用户黏性。第二波 SNS 站点传达给用户的不仅仅是"寻找朋友的朋友"这一单纯的概念价值，用户在其中的角色也已经越来越"主体化"，他们会选择自己喜欢的模块，建立属于自己的网络家园，在网站上写博客、分享心情、表达爱好等丰富自己的空间。QQ 空间海量的用户群体、强大的平台效应、清晰的商业模式成为这一轮 SNS 大战中取胜的法宝。

这第二波浪潮随着绝大多数 SNS 创业者退出，只剩下少数几家独大的场面。

我国 SNS 发展的第三波浪潮由 Facebook 带来。Facebook 是以真实朋友关系为主线的社交网络。国内 Facebook 的成功模仿者当数校内网。2005 年 12 月，校内网创始人王兴在多多友基本功能上，结合 Facebook 的界面和产品体验，把原来以结交陌生人为主的模式改成了以线下大学生真实人际关系为主的模式，校内网随之产生。2006 年，校内网和 5Q 校园网合并，在完成高校学生的用户抢占之后，改名为人人网，又以飞快的增长速度迅速占领了大量的白领、中学生资源，成为 SNS 第三波浪潮中最大的赢家，并于 2011 年 5 月在纳斯达克成功上市。此外，值得关注的还有开心网和 QQ 校友。2008 年，开心网凭借"争车位""咬人"等几个简单的游戏和病毒式的营销推广，在 Alexa 的排名上一度超过了校内网。2009 年 1 月上线的 QQ 校友预示着腾讯进军 SNS 领域，腾讯将依靠其庞大的客户群体，普及和发展 SNS。SNS 的发展越来越丰富多彩，越来越趋于复杂化。国内人人网、开心网、QQ 空间等几家大的 SNS 网站在优先占领大量资源的基础上，仍然面临很多危机，我国的 SNS 仍然没有出现一个成功的模式，尤其在平台化建设方面还不够成熟，这也意味着 SNS 领域仍有较大的发展空间，但是其前提在于结合中国网民的心理特征、交往方式等进行创新，以及长时间的平台化积累与用户习惯进行完善。就这一点而言，部分后来者在用户和资源上的优势更加显著。

（四）传播优势

1.用户资源丰富

无论综合的 SNS 还是垂直的 SNS，都没有特定的用户群体。SNS 网站一般没有特定的用户群体，人员分布广泛，全国各地的、各行各业的都有，所以这就给 SNS 网站以无限的资源——由广大用户在使用中慢慢地帮助 SNS 网站积累大量的用户资源。

2.互动性极强

社交网络的互动性体现在两个方面。一方面，用户与用户之间可以进行充分的互动。用户通过各种 SNS 网站的各种功能获得来自朋友分享的信息，转发或是回复这些信息，使广告信息能够更快、更深、更广地传播。用户之间的强互动性是影响广告信息传播的一个重要因素。传统广告或者其他网络广告用户之间不存在这种强互动性，所以直接影响到广告信息的传播范围和传播效果。另一方面，用户和企业之间可以进行充分的互动。传统广告形式只是将产品信息传达给受众，但无法有效地获得受众的使用体验和信息反馈。广告的传播内容不仅包括广告信息主体，还包括受众的主观感受和评价。传播的次数越多，受众的反馈信息就越多，信息的传播过程本身也是信息的反馈过程，所以，企业可以通过这些渠道来掌握用户的反馈和意见。这样，一方面，企业从 SNS 广告的传播过程中能够获得受众的体验反馈，同时可以与用户进行互动交流，对用户反馈进行回应，产生一个良好的信息获得反馈渠道，建立品牌的形象，产生正面的影响；另一方面，企业可以建立用户体验、及时反馈检测机制，从而对受众细分和市场需求变化进行分析和整理，及时调整广告的营销策略。

3. 用户依赖性高

由于 SNS 网站积累了较多的资源，所以 SNS 用户可以更容易地在网站上找到自己想要的。比如，有些人希望找老乡，有些人希望找些自己喜欢的东西，通过其他用户提供的资源可以解决这个问题。又如，有些人在 SNS 认识了一些志同道合的人，所以每天都想上去交流一番。这样，就逐渐地形成了一定的用户群体，并有较高的用户黏度。

（五）广告营销优势

1. 满足企业不同营销策略

如今，越来越多的企业尝试着在 SNS 网站上施展拳脚，无论是开展各种各样的线上活动、产品植入，还是市场调研、病毒营销等，所有的活动都可以在 SNS 网站上实现。SNS 最大的特点就是可以充分展示人与人之间的互动，而这恰恰是一切营销的基础所在。

2. 有效降低企业营销成本

SNS 社交网络的"多对多"信息传递模式具有更强的互动性，受到更多人的关注。随着网民网络行为的日益成熟，用户更乐意主动获取信息和分享信息，他们显示出高度的参与性、分享性与互动性。SNS 社交网络营销传播的主要媒介是用户，主要方式是"众口相传"，因此与传统广告形式相比，无须大量的广告投入。相反，因为用户的参与性、分享性与互动性的特点很利于加深对一个品牌和产品的认知，容易形成深刻的印象，从媒体价值来分析，可以产生良好的传播效果。

3. 实现目标用户的精准营销

SNS 社交网络中的用户通常都是认识的朋友，用户注册的数据相对来说都是较真实的，企业在开展网络营销的时候可以很容易地对目标受众按照地域、收入状况等进行用户筛选，从而有针对性地与这些用户进行宣传和互动。如果企业营销的经费不多，但又希望获得一个比较好的效果，可以只针对部分区域开展营销。例如，只针对北京、上海、广州的用户开展线上活动，从而实现目标用户的精准营销。

4.符合网络用户需求的营销方式

SNS社交网络营销模式的迅速发展恰恰符合网络用户的真实需求：参与、分享和互动。它代表网络用户的特点，也符合网络营销发展的新趋势，没有任何一个媒体能够把人与人之间的关系拉得如此紧密。无论是朋友的一篇日记、推荐的一个视频、参与的一个活动，还是朋友新结识的朋友，都会让人们在第一时间及时地了解和关注到身边朋友的动态，并与他们分享感受。只有符合网络用户需求的营销模式才能在网络营销中帮助企业发挥更大的作用。

（六）成功案例

2019年，肯德基在中国市场首次推出豆浆、油条产品。策划方借助"肯德基卖豆浆"之热点事件，清晰地分阶段炒作，辅以推广资源推送，并以全程的口碑营销配合。

活动预热期（约1周时间）：预热传统小吃概念，发布粮票有奖信息。

活动期（约7周时间）：先是活动官网启动，与官博对接，而后在传播上围绕"豆浆：回归传统向传统致敬""霜糖油条：创新传统向传统致敬""世博：中国传统精粹走向世界"三个概念进行推广。

此次活动的亮点在于种子粉丝的运用，在预热期和活动中，推广上除了站内推送以及常见的口碑传播外，还引入了相当数量的种子粉丝。口碑传播的初始端在于设置系列的话题引导，如对小时候粮票的回忆，种子粉丝的作用则在于通过大范围的主动介入，极大地增进二次传播，并根据种子粉丝所处的人群特征，引导传播方向，更快捷、有效地抵达目标传播人群。

四、创意传播管理理论

互联网构筑了新型的数字生活空间。在数字生活空间中，传统营销传播环境中的企业和消费者的关系转变为生活服务者和生活者的关系。这种变化引发了营销传播模式的革命，进入了创意传播管理时代。

（一）基本含义

创意传播管理（Creative Communication Management，CCM）是由北京大学教授陈刚提出的一个传播学术语，是在对数字生活空间的信息和内容管理的基础上，形成传播管理策略，依托沟通元，通过多种形式，利用有效的传播资源触发，使生活者参与分享、交流和再创造，并通过精准传播，促成生活者转化为消费者和进行延续的再传播，在这个过程中，共同、不断地创造和积累有关产品和品牌的有影响力的、积极的内容。

（二）核心思想

创意传播管理强调企业必须进行管理创新，设立专门的传播管理部门，对传播进行管理，在此基础上开展创意传播。创意传播的核心要素是沟通元。依托沟通元，并通过对其多种形式的运用，形成对数字生活空间生活者的全面触发，提高创意的协同性和传播性，共同、不断地创造有关企业产品和品牌的有影响力的、积极的内容。

（三）广告传播的媒介新环境

第一，在碎片化的时代、平台化的时代，营销也越来越细碎，无论内部还是外部，整合的难度都在不断加大。如今，企业的营销已紧紧地和消费者绑定在一起，企业不仅要了解消费者在说什么，更要知道怎么去和消费者说，以及和消费者怎么说。

第二，在新的环境中，技术的变化、企业在营销传播中的角色变化以及在数字生活空间中各种营销传播手段的混融给传统营销传播的服务模式带来了巨大的挑战。营销传播服务公司必须了解这些变化，不断创新，以适应新时代的需求。没有技术的支持，创意传播管理是无法落地的。而随着创意传播管理的发展，大量的新技术会被不断地研发和应用。在数字生活空间中，一些新技术将取代原有营销传播服务中的人力劳动。其中，受到最大冲击的应该是传统的消费者调查的执行、内容监测分析，媒体效果和广告效果监测等领域。

第三，在传统营销传播领域，成熟市场的国家和地区无疑有着丰富的经验，但是，面对互联网带来的变化，这些经验反而有可能成为阻碍它们创新的羁绊。因为互联网不是传统的延续，而是一场革命。在新的传播环境中，营销传播如何发展，不仅要以过去的积累为基础，更需要构建新的解释性的理论框架和模式。

（四）传播管理的必要性

面对互联网的挑战，企业必须把传播提升到战略和管理层面，改变现有的管理框架，单独设立传播管理部门。在企业目前的管理框架中，尚没有一个部门能够完成数字生活空间有关传播的各项工作。大多数企业的传播部门都从属于企业的市场部门，在这种传统的组织架构下，传播部门既无法与其他部门进行紧密的协作，又不能进入企业的决策中心，很难满足现代企业在数字生活空间中竞争和发展的需要。

传播管理不仅仅是一个新的概念，更是要落实到企业的组织机制上，通过对传播管理的重新定位，调整现有的组织架构，提高传播管理在组织中的地位，充分发挥其带来的价值。传播管理部门的核心是对数字生活空间的内容进行监测和管理，支持企业的整体发展。传播管理可以看作企业在互联网上设置的"雷达"，全面监测和管理与企业相关的信息。企业希望了解环境，可以通过传播管理监测行业的政策、趋势以及市场动态；企业希望了解自身，可以监测企业的新闻报道、搜索排名和关注情况，甚至可以做得更加细化。比如，通过电子商务系统监测产品销售情况，通过论坛监测产品和服务的口碑，监测企业作为雇主在员工和求职市场中的形象。企业还需要关注竞争，互联网是一个公开的、开放的平台，竞争对手的情况也能通过监测获得。

传播管理为企业捕捉到大量有价值的信息之后，通过数据挖掘和商业智能技术对数据进行分析，经专业人员的解读和研究，提炼出企业的品牌、产品、销售等策略。传播管理发挥着类似企业大脑的作用，为最高决策者和各个部门提供情报和策略，支持企业进行决策，支持各个部门的工作。企业在互联网上不可避免地会遇到危机，一旦监测到可能发生危机，传播管理就会向企业预警，挖掘危机产生的原因、可能的传播源和传播链条，并根据企业的情况，指导企业做出有针对性的反应。

除了决策支持外，传播管理为企业提供的支持还有资源方面的挖掘。虽然很多企业能够从信息的角度去利用互联网，但企业还应该意识到从互联网中可以获取更多的养分和资源。早期的互联网就是一个突破地理限制的资源交换和共享平台，而现在是一个众包、协同的时代，互联网上的信息数量上已远远超过百科全书。

同时，由于传播管理是企业的信息中枢，涉及各个部门，因此在组织架构上，该部门应该处于比其他部门略高的级别。无论如何，这个部门肯定是跨部门的机构，在设立的时候必须考虑同各部门协调和沟通的便利性。传播管理的部分职能与广告和公关有关，但又超过了传统的广告和公关活动范畴，更重要的是该部门的运作思路颠覆了原有的营销传播模式。另外，企业原有的负责信息化的部门也同传播管理相关，但原来偏重技术化和企业内部信息化建设的程度远远不能满足传播管理的需求。所以，一种可行的思路是，成立传播管理部门后，将企业原有的负责广告、公关的部门和负责信息化建设的部门并入传播管理部门。

（五）企业传播管理部门的构建

根据企业规模，传播管理部门需要不同数量的专职管理人员，但由于传播管理部门要处理不同部门的大量信息内容并迅速做出判断和反馈，所以如何协调同各部门的关系，是组织建设必须考虑的问题。目前，戴尔的做法是由其他部门选派自己部门的员工轮流参与到传播管理的工作中，这是一种可以借鉴的方式。另一种方式是各部门由专人负责直接与传播管理部门进行反馈和沟通。

由首席传播官负责传播管理，以及传播管理部门比其他部门高半级的组织结构设计，能够保证传播管理的工作得到其他各个职能部门的支持，在信息发布、沟通和反应方面形成协作和合力。另外，传播管理所监测到的信息和分析出的策略也能够及时提供给其他部门，使传播管理充分发挥信息管理和决策支持的作用，配合企业产品、服务、销售各个层面的工作。传播管理通过监测和分析生活者的生活形态、生活者对品牌以及产品和服务的感知和评价、品牌现阶段市场策略效果以及互联网本身特征，可以为企业制定市场策略提供建议，包括目标人群的选定、营销手段的选择、市场活动的内容等。

传播管理部门监测与企业相关的产品信息、销售信息、受众信息、行业信息、政府信息、重要利益相关者信息，通过对这些数据的长期监测和深度挖掘，再结合以上分析的市场、销售、产品情况，就能够在某种程度上判断出企业的优势和劣势、问题和机遇，为企业战略规划部门制定企业发展规划，调整战略布局提供决策上的参考。

传播管理部门与企业其他部门之间的关系是双向的，传播管理部门监测的信息可以提供给其他部门，传播管理部门的信息发布和反应同样需要其他部门的支持。企业在互联网上发布的信息要想符合生活者全方位的需求，就必须更加多样化、专业化。因此，这些信息的发布不能只是由传播管理部门参与，传播管理部门应该是信息的统一出口，信息的来源则应该是企业的产品服务、销售等各个部门。

传播管理部门需要与相关的职能部门合作，共同决定沟通内容，由传播管理部门选择合适的方式及时进行沟通。有些时候，生活者的需求不是仅从传播层面就能解决的，企业除了与生活者进行沟通之外，还需要采取有针对性的措施予以改善和处理，这些都需要各职能部门去落实。比如，针对产品层面的问题，需要改进产品研发和生产；针对服务层面的问题，需要提高服务质量，与客户进行线下联系；针对销售层面的问题，需要优化产品组合和销售渠道；等等。

企业传播管理部门应包括四个团队：综合管理团队、精准传播团队、创意传播团队和技术服务团队。在数字生活空间中，企业的传播管理同传统的营销传播不同。传播管理对数字生活空间各种内容的收集和研究并不只直接对应营销传播，还是对应企业的各个部门和整体发展，所以传播管理大于营销传播。

在传播管理部门中，有一个专门的团队是进行综合管理的，这个团队的主要工作是进行信息的监测、汇总和分析，并形成策略，服务于企业的战略和各个部门的发展。由于互联网的特点，精准类传播越来越重要。精准类传播效果突出，其特点是可以测量和控制的。与传统营销传播不同的是，精准类传播必须根据综合管理团队研究的策略而随时调整。所以，在传播管理部门内部应建立专门的管理团队，负责处理精准类传播的各项业务。创意传播是数字生活空间最具挑战性的方面。在传播管理部门，创意传播团队要负责创意传播，不断地提供高质量的内容。技术服务团队是传播管理部门的基础和支持，负责维持传播管理的技术系统的正常运行，承担企业网站和内网等自有传播资源的技术服务。另外，还要维护将来建立的内容数据库和生活者数据库。这些团队分工不同，但又相互协作，共同完成了企业传播管理的工作。

（六）创意传播的必要性

21世纪，传播环境发生了巨大变化，主要是互联网等新传播形态的快速发展对广告业提出了重大挑战。宝洁首席营销官吉姆·史丹格曾说："在1965年时，用三个插播在《新闻60分》中的广告片就可以接触到美国80%以上的成年观众。但是，到了2002年时，要用117个黄金时段的电视广告片才能达到同样的效果。在20世纪60年代早期，一天后，一个黄金时段的60秒广告能够被记住40%，而且其中一半内容都不用任何提醒。但现在，一个30秒的广告大约能被记住18%～20%，在没有任何提示下，没有人能记住广告传递的任何信息。"

在这样一个瞬息万变的数字生活空间中，信息繁杂而又容易被遗忘，制作一则能够让人注意并且记住的广告难上加难，而传统的媒体投放型广告服务已无法满足生活服务者在互联网这个数字生活空间中进行营销传播的要求。因为面对互联网海量的信息和多元化的内容，加之媒体传播形式的多样化和碎片化，生活服务者要想引起关注，仅仅依靠网络广告是不够的。进一步说，在以互动精神为核心的互联网上，企业的传播内容不能靠覆盖率、强制性到达生活者，对生活者产生影响。在这种情况下，如何与生活者沟通，成为互联网传播环境中面临的新难题。以前那种只要瞄准产品的目标用户，锁定其关注的主要媒体，配合以相应的品牌策略就可以产生传播效果的时代已经一去不复返了。

在数字生活空间中，企业已经不再是单纯的企业，更是为力求满足每一名生活者个性化需求的生活服务者。显然，角色的转变对营销传播提出了全新的挑战。当前，营销传播信息越来越分散化。在传统媒体阶段，企业利用大众媒体很容易取得显著的传播效果；在数字生活空间中，人人都是生活者，人人都是传播者，海量信息全球直播。如果作为生活服务者的企业仍然按照传统的传播操作模式，传达的信息就会被淹没在信息噪声中，很难产生预期的效果。随之而来的是舆论多元化。在传统媒体阶段，媒体把关人的存在使内容很容易被控制；在数字生活空间中，各种不同利益的代表可以自由地表达自己的声音，而且非常容易聚合起来扩大影响，形成舆论。可以说，生活服务者所面临的多元化传播冲击的危险已经达到了前所未有的程度。此外，各种多元化的传播信息聚集到一起，混同生活服务者所有的历史资料在同一时间呈现在生活者面前，使其基本没有秘密可言。也就是说，在数字生活空间里，生活服务者近乎透明化。在这种背景下，生活服务者要想对生活者和社会发挥导向作用，是难度极大的一项工程，创意传播因此成为其营销传播的第一要务。

在数字生活空间中，没有创意，传播就不会在海量的信息环境中产生任何影响。策略虽然重要，但是如果没有好的创意，就等于没有传播，因此创意重新成为营销传播的核心，并且渗透到营销传播的各个环节、各个层面。究竟什么是创意传播？创意传播是根据生活服务者的策略，依托沟通元进行创意构想，并将沟通元的各种表现形式利用相关传播资源进行展现，使生活者在分享、互动和协同创意中创造交流、创造话题、创造内容，进而创造传播效果的营销传播模式。其中，沟通元是创意传播的核心要素，是实现复制、延伸和不断传播的创意"元点"。

（七）创意传播的实现

在数字生活空间中，创意传播在创意表现上跟过去已经不一样了。

首先，创意深入整个传播活动的各个环节、各个层面并起着统领全局的作用。它不仅是创意人员一个新奇的想法，还是设计人员对这个想法的具体呈现和执行。在数字生活空间中，每一名生活者都可以成为传播者，创意传播更要适应互联网的互动精神，充分发动生活者的力量，为其提供分享和再创造的创意空间和素材——沟通元，从而建立起生活服务者与生活者的联系，实现数字生活空间中沟通元广泛快速的复制、转发、延伸，达到生活服务者品牌营销传播管理的目的。

其次，创意与技术的结合更加紧密，对技术提出了更高的要求。传统的创意策略虽然需要技术，但创意部门通常只有美术和文案人员，只要创意出来了，配合创意的执行技术往往不是问题。但在当前的数字传播环境中，创意部门无法绕开技术单独操作，必须吸纳掌握互联网应用技术的人员，技术不再是配角，而成了创意传播中的重要因素之一。比如，传播管理技术，可以通过专业的创意传播管理服务公司开发的传播管理办公系统解决；又如，创意表现技术，即怎样通过技术把信息传播出去，到达生活者，什么样的技术可以让传播取得更好的效果，激发生活者参与的热情。很多时候，网络传播的执行和制胜取决于技术的应用，很多成功的网络营销传播案例也是新技术运用的典范。这样的例子比比皆是，特别是在互联网和手机平台上应用得较多。比如，QR Code（二维码）、AR（实景增强）技术在技术应用和品牌营销传播层面找到了很好的结合点，因此很快被应用到互动网络营销传播中。创意传播作为创意传播管理的重要一环，与传播管理相互关联，承接呼应，它的提出为生活服务者的营销传播活动指出了明确的方向，保证了在数字生活空间中生活服务者营销传播的任务顺利完成。

（八）创意传播实现的核心要素——沟通元

创意传播的核心是沟通元。沟通元是创意传播的核心要素，它既是传播的载体，又是实现创意的元点，是创意传播的重要概念。优秀的沟通元在合适的时间、利用合适的传播资源发布会取得令人意想不到的爆炸性传播效果。在传播环境极端复杂的互联网环境下，广告、公关、活动等传统环境下的分类概念已经不适用，各种营销传播手段的边界开始模糊化。沟通元的作用在于为营销传播活动提供核心价值和指导思想。

沟通元有四个特性。第一，明确单一性。沟通元是易于识别、易于记忆的，一条信息应该包含清晰明确的沟通元。在商业信息泛滥的数字生活空间中，如果信息承载的意义过多，则会导致生活者理解上的混乱，反而不利于记忆。一个成功的传播过程可以在生活者的脑海里将某一个概念与某一个品牌形成清晰而深刻的联系。第二，可分享性。沟通元被发送到数字空间，能够立刻引起受众的关注与讨论，并被受众自发地进行复制与分享。第三，可延展性。沟通元并不是一成不变的，作为创意传播的核心与起点，沟通元的广度和深度都在传播过程中不断延伸与扩展。第四，可参与体验性。沟通元一定能够为受众提供可参与创造体验的空间，使其实现从参与者到意见领袖的转变，形成持续传播的效果。

沟通元有三种类型：热点关注型沟通元、生活者制造型沟通元和主题传播型沟通元。热点关注型沟通元是指生活服务者传播的内容与热点事件相结合，捆绑投放，依靠热点事件所具有的高关注度和高参与度吸引生活者关注和参与，从而实现生活服务者营销传播的目的。热点关注型沟通元的核心在于热点事件，如社会公共事件、重大灾难、体育赛事、节庆日、影片上映、明星绯闻等热点事件都可以成为捆绑结合的载体。生活者制造型沟通元是指由受众自己创造的能够吸引其他受众广泛参与的，甚至参与其中能够再次进行自觉传播的信息内容。主题传播型沟通元是指由受众在相关主题基础上延伸出来的各种附加活动与信息，最终借助构建某一主题或其相关活动来进行信息传播。

创意传播的实现需要三个步骤。第一，寻找沟通元。这是创意传播的起点，选择合适的沟通元是创意传播最关键的一环，关系到创意传播的成败。第二，选择合适的平台发送沟通元，触发创意传播。合适的平台是沟通元得以实现创意传播的主要情境，是创意传播进行延伸与扩展的重要土壤。第三，激活受众，实现协同创意。激活受众一方面可以使传播的受众增加，另一方面可以扩大沟通元的传播范围，激起更深、更广的传播。

第二节　新媒体广告未来发展趋势

一、我国新媒体广告的发展途径

新媒体广告的发展依托新媒体的发展，从广告发展的历史可以发现，每一个时代新媒体的出现总是会伴随着新的广告形式的创新。纸质媒体的出现促生了各种宣传海报、宣传单广告；广播媒体的出现催生了有声广告的出现；电视媒体的出现使生动的视频广告真正开始大范围地宣传；互联网和手机网络新媒体的出现催生了各种新兴的广告形式。每一次媒体技术的突破发展也都伴随着广告形式的创新，而媒体技术之所以有所发展，主要是因为科学技术的进步。目前，我国正处于快速发展的时期，正在经历着日新月异的变化。我们享受着越来越方便和快捷的生活，而这一切全都得益于我国科学技术的快速发展。科技是这一切发展的支撑，媒体作为社会的晴雨表，在新科技的接受上更要"快人一步"。

（一）政治环境

政治环境是指对组织经营活动具有实际与潜在影响的政治力量和有关的法律、法规等因素。法律环境主要包括政府制定的对企业经营具有约束力的法律、法规。政治、法律环境是和经济环境密不可分的因素。当政治制度与体制、政府对组织所经营业务的态度发生变化时，当政府发布了对企业经营具有约束力的法律、法规时，企业的经营战略必须随之做出调整。同时，国家的政策法规对新技术的发展具有重要的指导作用，国家的政策指导对新媒体的发展以及新媒体广告营销具有导向作用。

随着新媒体技术的不断发展和普及，新媒体技术的应用范围越来越广泛，互联网技术和移动通信技术已经融入人们日常生活的方方面面。比如，在家只要有一台无线路由器，家里所有的移动智能设备都可以轻松上网；在去饭店吃饭之前，可以用手机进行各种团购活动获得优惠的价格；等等。随着我国政府执政方式的人性化发展，政府的办公效率也不断提高，新媒体技术的发展为我国政府的政务公开和办公效率的提高提供了强有力的技术保障。目前，大多数的城市早已开通了政府官方网站，也相应地开通了政府官方微博和微信，可以方便地查询政府各职能部门的联系方式，广大群众对一些问题的求助也能得到及时的答复。同时，新媒体门户能够及时向社会传达政府部门最新的倡议，一些新的政策规定的出台以及相关问题也能在第一时间向社会公众发布。因此，这些政府的官方门户不仅在推行政务公开的过程中起到了及时向社会通报情况的作用，还在政府的办事进程和政府的宣传活动中发挥了有力的作用。

科学技术是第一生产力，是促进国家不断进步发展的第一要素。新媒体技术归根结底是科学技术发展的一个侧面，所以我国政府也非常重视对新媒体技术发展的支持。

2012 年是我国《推进三网融合总体方案》规划试点阶段的最后一年，按照国务院规划，2010—2012 年是以推进广电和电信业务双向阶段性进入为重点的试点阶段，2013—2015 年是总结试点经验、全面推进三网融合的推广阶段。

2013 年，面对新媒体的高速发展态势，国家广播电影电视总局（现为国家新闻出版广电总局）下发了《广电总局关于促进主流媒体发展网络广播电视台的意见》，要求将网络广播电视台提升到与电台、电视台同等重要的地位。

2014 年是我国媒体融合战略元年，同年 8 月，中央全面深化改革领导小组审议通过了《关于推动传统媒体和新兴媒体融合发展的指导意见》，我国媒体融合发展被提升至全面深化改革重要组成部分的战略层面。随着媒体融合转型步伐的加快，主流媒体基于其传统形态，积极发力"两微一端"，开始大举进入新媒体领域。以《人民日报》为例，其通过推出"中央厨房"，对新闻生产进行流程与机制再造，一场涉及媒体理念、传播方式、经营机制等全链条的媒体融合革命就此开启。

2015 年，借力国家战略部署，我国媒体融合开始从局部渠道拓展到整体产业融合转变，"互联网+"成为各大媒体集团转型的重要方向，媒体融合也逐渐从被动走向行业自觉。基于虚拟现实技术、场景与数据使用的可视化新闻成为媒体内容生产的集中爆发点，其也因符合新媒体传播规模和用户需求而备受欢迎。各类媒体走向融合的趋势，加上国家的战略布局，吸引资本流入媒体融合领域，上市挂牌、收购等资本运作方式成为传统媒体融合发展的重要路径。

2016 年，媒体融合步入提速升级阶段，"互联网+"成为媒体深化融合的重要引擎。在中央电视台《经济日报》《解放军报》《中国青年报》等中央级媒体的带队示范作用下，地方媒体积极加入，通过借鉴经验，结合各自特色找到了合适的融合发展途径，并不断加快改革转型步伐，成效突出。同年 2 月 19日，习近平总书记在党的新闻舆论工作座谈会上发表重要讲话，指出"融合发展关键在融为一体、合而为一"。此时的媒体融合不再局限于传统媒体与新媒体的项目合作，开始通过整体共建、合资成立公司来推动媒体融合发展升级。

2017 年，媒体融合开始步入系统性创新时期，涉及推行理念、传播内容、组织机构、产品形态、版权保护等多个方面，同时，相关行业联动是媒体融合及新闻传播业态革新的关键一环。在此过程中，传统媒体开始找到发挥优势的突破口，以重大主题报道为契机，通过策划报道牢牢把握舆论引导权，有效地提升了传播力与影响力。比如，《人民日报》客户端利用建军 90 周年这个重要时间点，推出了 H5 产品《快看呐！这是我的军装照》，引发大量网民参与，产生了良好的社会反响。

2018 年，中央广播电视总台、辽宁报刊传媒集团、辽宁广播电视集团、大连新闻传媒集团、天津海河传媒中心等相继组建成立，以集团化形式推动媒体深度融合愈发成为共识。集团化运营除了在运营规模、运营成本上具有突出优势外，还在开拓新兴市场方面具有重要价值。

2019 年，我国媒体融合发展进入攻坚阶段。习近平在主持中共中央政治局第十二次集体学习时强调，全媒体不断发展，出现了全程媒体、全息媒体、全员媒体、全效媒体，信息无处不在、无所不及、无人不用，导致舆论生态、媒体格局、传播方式发生深刻变化，新闻舆论工作面临新的挑战。所以，推动媒体融合发展、建设全媒体就成为我们面临的一项紧迫课题。

（二）经济环境

经济环境是指一个国家的经济制度、经济结构、产业布局、资源状况、经济发展水平以及未来的经济走势等。构成经济环境的关键要素包括 GDP 的变化发展趋势、利率水平、通货膨胀程度及趋势、失业率、居民可支配收入水平、汇率水平、能源供给成本、市场机制的完善程度、市场需求状况，等等。

从图 8—1 中所收集的数据来看，网络广告的市场规模从 2015 年到 2020 年呈现不断上涨的趋势。这些表明，新媒体广告经济环境发展良好，而正因为良好的经济环境才能保证新媒体广告市场规模稳定提升。

图 8-1　2015-2020 年网络广告行业市场规模及预测情况

（数据来源：CNNIC、中商产业研究院整理）

（三）技术环境

技术要素不仅包括那些引起革命性变化的发明，还包括与企业生产有关的新技术、新工艺、新材料。在过去的半个世纪里，最迅速的变化就发生在技术领域，微软、惠普、美国通用电气等高技术公司的崛起改变了世界的面貌和人类的生活方式。同样，技术领先的医院、大学等非营利性组织也比没有采用先进技术的同类组织具有更强的竞争力。技术的发展和进步是新媒体得以发展的根本原因，正是由于我国的科学技术水平不断创新发展，新媒体技术和新媒体广告不断更新。我国互联网宽带技术从 21 世纪初只有 100 多 KB/s 的网络带宽到现在家庭用户已经可以用上上百兆带宽的光纤宽带，上网的速度有了几何级的增速，且上网的费用相对减少了。这促使中国网民的数量快速上涨。中共中央网络安全和信息化委员会办公室所下发的第 45 次《中国互联网络发展状况统计报告》显示，中国互联网络的使用率已经达到 64.5% 左右，并且这一占比未来还会呈不断上升趋势。

目前，中国无线移动通信网络的发展成为中国网络用户增长的一大亮点。调查数据表明，目前中国有 99.3% 左右的用户是使用手机上网的，这就必须指出目前我国正在大力发展的第五代移动通信网络，这是目前最新一代的无线通信网络，能够让手机的下载速度达到 10 GB/s 的等级。手机通信网络的快速发展促使智能手机在中国迅速普及，也正因如此，才会出现调查数据中 99.3% 左右的互联网用户是使用手机上网的状况。手机新媒体的快速发展让中国越来越多的人群享受到了上网的乐趣，而正是网络新媒体和手机新媒体技术的创新和进步给网络新媒体广告和手机新媒体广告提供了"乘虚而入"的机会。广告投入最重要的参考指标是潜在消费者的数量，新媒体有如此大数量的用户，所以新媒体广告未来的发展必定可以达到一个新的高度。

二、基于 5G 的新媒体广告变革

（一）新媒体广告的应用变革

网络媒介的进步会变革已有的数据采集、信息传播、推广与交流形式，3G 技术促进了微博等应用的成长，4G 技术推动了微信和短视频应用的普及，而根据 5G 核心网关键技术上的创造力和敏锐洞察力将引领着日后媒介应用的发展趋向、思维变革和传播方式的改变。依托大范围的毫米波网络数据传输等技术应用，5G 实现了用户体验速率、可移动性、时延、连接密度、互联网效率、板块业务容量等性能的全面优化。5G 能实现以千兆位速率传输数据信息，而且不需要挖开地面并铺装网络光纤。5G"无线光纤"能让使用者在远距离直播过程中，借助缩减实地操控流程，减少专业技术人员，降低布线、光纤安装和拆卸、天线安装的成本投入。通过案例研究分析表明，与现阶段模式相比，5G 网络系统能够将成本预算降低至原先的 34%。未来，5G 的应用还可以针对人体、周围环境等因素，改进新媒体广告的细节。网络点播系统与人工智能、大数据分析、面部识别和声纹识别相融合，可以辨识出不同用户以及他们过去的图文影音接收习惯，打造出"轻页面、轻操作、个性订制"的广告传播应用。

5G 环境下，小视频、短视频和长视频等几种视频类型都将变成轻应用。爱奇艺视频创办人、首席执行官龚宇指出，技术革新自身也可以为应用革新带来动力。将来，用户如果想收看全景网络直播，只需要一台全景摄像机，借助 5G 网络传播技术，使数据信号经由网络服务器处理之后，六个角度的镜头拼接在一起，传送到终端，然后自己戴上 VR 眼镜，配合一个直播应用，就可以身临其境地观看一场球赛、演唱会，全景广告就更不在话下了。5G 时代的来临让新媒体广告视听体验开启了崭新的篇章，而应用将全部"瘦身"变得轻量化，5G 将为广告行业提供新一代的商机，以后将不断涌现出新型应用与新商业模式。

（二）新媒体广告的创意变革

1. 精准化的创意与引导

从某种程度上讲，5G 科技的问世代表着"用户至上"时代的悄然来临，目标受众群体被给予了极高的自主权。互联网新媒体的兴起使任何一个用户都拥有了参与信息讨论的权利，所有人都能够借助网络技术加入产品 / 品牌的广告活动中，与广告创意人共同完成广告项目的创意。另外，大众文化的流行更使群众的发言权获得认可，个人观点的表述行为被充分鼓励，为用户加入广告活动营造了有利的社会环境。所以，广告设计师一定要勇于尝试开放的广告创意，即将产品信息资源向用户开放，让用户合理运用这些资源，进而加入广告的共建中。如此一来，不仅可以有效开发目标受众的创意能力，还可以打造出优质的用户体验，提升消费者群体对新媒体广告的认同度。

5G 本质上是一场技术底层革命，影响的是品牌营销的工具革命升级。在今天，今日头条、微信朋友圈已经能够进行大致的用户画像和品牌内容的投放，在 5G 时代，这样的平台在数据管理和用户精准化方面势必将得到最大限度的提升。同时，市场营销效率的提升将成为现实，品牌与品牌需求用户之间的距离缩短、品牌内容与品牌用户之间的距离缩短是精准化创意的直接体现。伴随着这个技术的大规模应用，品牌主导下的新消费市场快速到来。信息的对等与透明度是移动互联网时代最大的特征，所以有人说："今天的生意越来越难做的本质其实是互联网技术导致的信息对等化带来的用户选择权增加的过程。"笔者很赞成这句话。互联网工具如此便捷，产品和服务平台那么多，用户分分钟就可以进行大量的数据抽象对比与需求匹配性分析。另外，伴随着互联网内容营销、知识营销的普及化，人们对常见的品牌创意以及市场化需求分析也将会更加具有深度和理性。

2.创意与营销深度融合

互联网为品牌整合营销的推进打造了一个优质的平台,品牌商不但可以在上面发布广告,还可以进行活动推广、品牌营销、成立网上商城等。这样,新媒体广告的多种推广元素可以一起在互联网平台上开展。新媒体广告也可以在网络平台中综合多种手段进行整合营销。

广告创意设计正从广告内容的层面向广告业运作流程的层面转换。这一转换影响着广告行业的发展。在过去的广告运作模式中,创意设计阶段总是处在整个过程的后半段。但在基于5G技术的新媒体广告时代,信息传播速度变快,广告的更新速度也变快,广告设计师要在最初阶段就加入广告创作中,依据一开始的市场调研分析,从目标受众的消费需求着手,为广告商的新产品规划出谋划策。在此基础上,面对市场反馈,才能更快速地应对,并加入整合营销策略的规划、广告创意及媒介的策划等。

在新媒体传播环境下,广告创意人需要从受众的消费行为考虑,创造出一种与品牌中心价值体系相一致的主导创意理念,用这个主导创意来推动广告推广与宣传营销等各种传播策略。涉及不同的广告类型,广告创意人要根据具体的新媒体特征和消费者特征进行主导创意的延伸。因此,5G时代的新媒体广告可以用统一的声音传达统一的产品信息和品牌文化,做到与目标受众的双向交流。

(三)新媒体广告的终端变革

移动电话产生于20世纪70年代,并且在20世纪末至21世纪初随着互联网的兴起快速推广,完全融入人们的生活日常。现在,基于5G技术的发展,手机不再是人们开启虚拟世界的唯一终端设备。归功于5G的应用,所有物品都有可能变成移动终端,而智能手机也许会变成移动终端中最平淡无奇的一个。可见,5G技术的诞生会渐渐让万物皆终端的想法变现。5G网络具有超低延时的特点,对使用者操作的响应速度快到几乎可以忽略,这将会对用户使用的终端设备种类造成极大的影响。只有拥有多维度的物联网、强大的计算水平,才能让未来的新媒体广告达到真实的千人千面、定向推广。在各种不同的环境里都会有更便捷的互联网接入口,这样,作为移动终端的智能手机的直接竞争产品也会增多,如注入运动情景下的智能手环、工作情境下的AI助手、服务于健康和身体数据的智能穿戴设备、室内情境下的智能家居、驾驶汽车情境下的智能车载设备等。

在所有智能设备相互间能够无缝对接并迅速融入用户生活的情形下，人们在各种情景中使用对应的智能终端，就会在很大程度上降低 4G 时代人们过多地集中在智能手机上的注意力。让我们来想象一下这样的情景：早晨起床，你的"魔镜"会与可穿戴终端以及 AI 助理互共享信息，在你洗漱时汇报你的睡眠状况、当日天气、当日计划，并推荐相应衣着穿搭，甚至可以利用 VR 技术呈现搭配的实际效果；当你走出洗漱间时，智能家电已经为你冲好一杯热咖啡，自动驾驶的无人汽车也已经在指定位置等待；等到这样的一天结束，你大概才会拿起手机看看社交动态，就此手机才又回到了它最终的意义——私隐。

由 5G 带来万物皆终端的变革能每时每刻地通过各种终端接入互联网投放广告，从生活点滴之中融入受众群体。因此，5G 时代也被叫作后智能手机时代。如果一个终端设备不再独占市场，那么会产生更多的机会，一大批新的智能终端和媒介将从此问世，共同营造一个模拟现实社会生态体系的智慧城市。在城市中布满的传感器也都拥有采集、存储和传送数据的作用，这将大大地突破人们之前对传播的界定。

三、中国新媒体广告的发展机遇和挑战

（一）机遇

第一，新媒体广告规模不断扩大，在广告收入份额中所占比例不断增大。艾瑞网的最新数据显示，2019 年，我国网络广告市场规模已经达到 6 464.3 亿元，同比增长 30.2%，互联网广告的营业收入已经超过了广播电视广告和报纸、杂志广告收入的总和。在网络广告市场整体进入成熟稳定阶段之后，市场仍然呈现出一些新的发展态势。各个网络媒体细分领域表现各异，一些传统领域呈现出成熟态势下的增速放缓，一些领域在新的广告技术与广告形式的共同驱动下迸发出强劲的增长势头。与此同时，品牌广告主预算进一步向数字媒体倾斜，促使网络广告市场规模达到新的高度。2020 年伊始，得益于疫情下的"宅文化"影响，用户对信息流内容尤其是短视频信息流内容产生更大的需求，使信息流广告成为 2020 年第一季度唯一有较大增长的广告形式，其市场份额从 2019 年第四季度的 28.0% 上升至 34.0%，超越电商广告成功逆袭。但随着疫情好转，未来网络广告不同形式的份额结构将重新回归常态，尤其是电商广告的市场份额会有较大提升。这在一定程度上反映出互联网企业依靠数据分析和技术驱动，达成了更加智能的广告匹配以及更加高效的广告资源配置，进一步提高了广告营收。该部分增长主要体现在其他形式广告中。除此之外，

视频贴片广告继续保持高速增长。2020 年，视频贴片广告增长得益于热门综艺（《乘风破浪的姐姐》《乐队的夏天 2》等）内容的丰富。此外，大品牌广告主对网络视频青睐有加，广告预算向网络视频倾斜也成为视频贴片广告持续增长的动力。由此可见，新媒体广告的发展不但趋于成熟和稳定，而且处于不断地更新变化中。随着社会热门事件的发生，在结构相对稳定的前提下，新媒体广告的内部结构也会时而发生变动，这也正是新媒体广告成熟、稳定发展的标志之一。

第二，新技术处于不断发展更新的态势。新媒体广告依托的是数字技术、宽带互联网技术和无线移动通信技术的发展，这些技术是第三次科技革命的核心技术，而且这些技术都处于发展阶段。可以说，这些技术的发展正处于日新月异的时期。比如，电脑更换速度非常快，大概两三年就需要彻底更新配置；手机的更新速度更快，甚至每年都会出现大量更快、更先进的手机；随着宽带的发展和移动通信技术的发展，上网的速度也有了大幅度的提高。新媒体技术的发展也催生了新媒体广告新的形式，从最初的网页弹窗、图片文字广告到现在的贴片视频广告、网络广告视频等，这些都是新媒体技术的发展带来的变化。随着新媒体技术未来的不断更新发展，新媒体广告也必定会产生各种新的形式来迎合广大受众不断变化的口味。

第三，受众的主体性增强。传统大众媒介"推"的传播方式使受众处于被动地位，这种具有强制性的传播方式在传播媒介资源比较匮乏、获取信息资源比较困难的情况下，是一种比较好的信息传播方式，大众也喜闻乐见。在今天，新媒介、新技术层出不穷，信息处于爆炸状态，社会环境和生活节奏发生了翻天覆地的变化。一方面，大众没有时间去专门关注大众媒体所传递的信息，更不愿意把大量的时间花在对自己可有可无的信息上；另一方面，互联网等新媒介通过技术的进步，提供了强有力的搜索功能和大量有针对性的信息，增强了受众的自主选择性，使信息与受众高度相关联和高度匹配，从而增强了媒介对受众的吸引力，充分调动了受众的积极性和主动性，满足了受众自主支配的需要。

人既是社会的一员，又是一个完全的个体，具有鲜明的个性。个性表现为人的主体性，包括自主性、能动性和创造性等，是社会性和自然性的统一。个体既独立，又不独立。独立是指每个人都越来越以个体的形式存在，有其特定的思维、行为方式和需要；不独立是指其生命的活动空间乃至生命活动本身都是在社会中发生和进行的。人是社会的人，个性之中蕴含着社会性。这样，人的个体性与社会性就统一起来了。从人类社会发展的历史形态来看，人类一步一步地从自然性过渡到主体性，主体性逐渐加强，促使人的个体性与社会性在更高的层次上寻求新的统一。

现代人本主义教育思想是现代西方一种重要的教育思潮。它承袭了文艺复兴时期以来的人文教育，重视人的价值，强调受教育者的主体地位与尊严，追求人的个性、人性、潜能的发展。这些在我国也得到大力推广，简言之，就是要提高人的素质，引导人们追求个人价值，从而满足社会发展的需要。

以网络视频为代表的新媒介及新媒介广告就满足了受众这种主体性增强的要求。比如，微博，它为人们提供了一个属于自己的空间，人们在这个空间里可以自由自在地发表自己的所思、所想、所感、所悟，也可以与他人分享自己的喜怒哀乐，能充分展现自己的个性。

（二）挑战

第一，传统媒体经过技术改造升级后，充分发挥新媒体技术的优势，同新媒体广告争夺广告主资源。如今，新媒体广告的收入已超过广播电视和报纸、杂志广告收入的总和，这表明新媒体广告具有巨大的广告投资潜力。而且新媒体技术正处于高速发展时期，技术的更新非常快，新媒体用户也会持续增加，这预示着新媒体广告的收入还将继续扩大。然而，新媒体技术并不是网络和手机的专用技术，任何传统媒体都可以加以利用。新媒体在广义上包括新兴媒体和新型媒体两种。众多的传统媒体经过新媒体技术的引用，就形成了形式繁多的各种新型媒体，如数字电视、数字报纸、数字广播、移动电视等。这些新型的媒体形式通过新媒体技术的改造，延伸了传统媒体的传播范围，使其具有了类似网络新媒体和手机新媒体一样的传播模式，即更加分众化的、互动性的精准传播模式。传统媒体经过长时间的发展，已经在实践中积累了大量发展经验和资源，虽然目前新媒体正在不断蚕食传统媒体的阵地，给传统媒体带来了巨大的挑战，但是众多传统媒体已认识到新媒体技术的巨大优势，经过新媒体技术的改造，凭借自身多年积累发展保存下来的客户资源和素材资源，通过新媒体的传播方式，仍然能够对新媒体广告的迅速发展形成挑战。比如，目前，很多电视频道纷纷开办网络频道，将传统电视资源转移到网络上进行传播，而传统电视媒体通常掌握着众多独有的视频素材，这是现代新媒体所不具备的。因此，此时期的广告投资就会直接倾向传统电视媒体的网络电视频道，这就形成了对新媒体广告巨大的挑战，因为错过首播的时机，广告费就会大幅下降。因此，从这一方面来说，传统媒体广告通过新媒体技术改造依然具有很大的提升空间。

第二，新媒体广告市场监管不完善。现阶段，我国虽然逐渐开始加大对互联网和移动通信网络的监管力度，但是同传统媒体相比，依然显得非常宽松。目前，我国互联网和移动网络的管理呈现出一定程度的混乱。比如，我国互联网上存在着一些低俗内容的广告，在传统媒体上这些广告是不会被审查通过的，但是在新媒体上，这些广告可以躲避审查，甚至没有审查就可以直接出现在各大视频网站，此种广告对我国互联网精神文明建设是不利的。又如，一些淘宝商家的商品广告是随意从别家店铺复制粘贴的。这种情况在新媒体广告中比比皆是，也是我国互联网监管体系不完善的体现之一。好的市场体系需要完善的监管系统来有序、稳定地运行，完善的监管体系也是保障广告主和消费者权益的有力后盾。只有不断完善我国新媒体广告市场的监管体系，才能为未来新媒体市场的不断发展提供足够的动力。

第三，人工智能不能取代人。5G 技术的应用将在多个方面对广告业产生巨大影响。大数据时代下，一键生成广告早已不算是新闻，但并没有常态化，其关键局限于重复性、专业性和创新性，所以仅仅利用高速的网络和海量的数据进行优质的广告创造还有很大的发展空间。我们要用更加积极的姿态面对新媒体广告变革，应该清楚 5G 将人工智能技术变成未来趋势，但人工智能技术并不是万能的。科技进步会使新媒体广告创作流程发生变化，但广告创意人的梦想和情怀无论如何都是广告行业成长的根本。针对广告行业中的关键要素——用户平台、生产体系、传播方式及数据终端等，我们需要相应地增加智能技术的使用，而非完全地依赖智能科技和信息数据。另外，还是需要广告创意人和用户一起共同为广告媒体内容创作与表现拓展想象空间。因此，要高度重视专业人才队伍建设，为 5G 时代的新媒体广告发展储备力量。

四、新媒体广告的发展方法

（一）时空组合

品牌商主要根据用户的广告接收喜好，在时间和空间上实现广告传播的扩展和完善，致力时间传播与空间传播的融合运用，以此增强新媒体广告的传播效率，扩大新媒体广告的覆盖范围，提升广告效应。借助 5G 网络技术完美地实现了时空组合的新媒体广告可以为品牌商在复杂的市场环境里准确抓取目标消费群体，在时间和空间的双重影响下，刺激受众产生消费行为。

从时间角度看，新媒体广告是用户全天都能够接触到的广告，不受任何时间的限制，只要在有互联网覆盖的地方，就能随时浏览。一般来说，在夜间更占有优势。特别是在5G网络高速度的特点下，新媒体广告能够得到更合理、高效、更多方面的传播与推广。

从空间角度看，在5G技术下，传统媒体广告（以电视媒体广告为主）和新媒体广告（以网络广告为主）等可以做到广告传播接收在空间上的连续性，可以涵盖目标用户的绝大部分生活轨迹。

"室内广告"与"户外广告"实现了空间上的全面配合，"白天广告"与"晚间广告"整合了时间上的无缝布局。如此组合之下，无论在室内抑或户外，无论白天抑或夜间，各种类型的传播媒介都可以形成联动机制，协同合作，高效优质地进行广告传播，推动消费变现。

（二）新旧结合

"新"代表着5G互联网技术下产生的新兴媒介和新型广告营销方法，"旧"代表着现阶段品牌商和受众群体已经适应了的广告模式及媒体接收习惯。无论视频网站还是门户网站，最基本的是要保证广告内容的质量，然后凭借高效的宣传积累知名度，引起更高的关注度，以此促使越来越多的品牌商进行广告投放。这部分与传统媒体广告基本一致，也是广告主所了解的媒介应用形式。根据前文研究可知，新媒体广告已经给传统媒体广告带来了巨大的冲击，所以广告行业要想跟上时代发展的步伐，"新旧协作"也就成了最符合市场发展规律的选择。现在的电子杂志广告、手机报广告等其实就是最简单、最基础的"新旧协作"，以最新的技术媒介承载同样的核心内容。事实上，受众群体看到的可能依然是之前广告里的内容，不过是把所传播的内容直接移植到了高楼大厦外，移植到了交通工具上，移植到了门户网站中。新媒体广告的来源还是传统广告，在此基础上实现了新媒体的科技创新。如今可以充分利用5G技术方法对用户习惯进行深入挖掘后，开展个性化广告营销。例如，两名用户同时点开相同应用，推送的却是满足两人不同需求的广告，这恰恰是传统媒体广告缺失的一面。在5G技术的引领下，过去人们非常熟悉的广告发展出了不同的广告模式与营销策略。这样的"新旧协作"使新媒体广告愈发有趣，愈发灵活多变，愈发具有交互性，愈发符合用户的需求。

（三）文化和谐

在信息数据高度发达的互联网环境下，新媒体广告内容与图像作为产品信息呈现的时候，也被叠加了很多之前没有的文化含义，不仅涵盖当前流行的大众文化，还包含品牌的文化理念。因此，5G时代下的新媒体广告要特别重视精美设计与创新表现，与公共环境、城市形象等相协调，与用户的消费习惯和审美需求相调和。制作精美的新媒体广告可以在一定程度上发挥美化城市的作用，充分展现城市特点，诠释出城市与众不同的文化底蕴，让受众接受新媒体艺术的陶冶。然而，在高速发展的网络技术下，也出现了许多制作粗劣、生搬硬套、不符合时代趋势的广告。新媒体广告也会因为创意跟不上科技发展的步伐而时常出现缺少新意、内容单一等不足。这类新媒体广告不但会占用很多新媒体平台资源，而且会使消费者产生抵触情绪，达不到预期的广告传播效果。所以，借5G科技之势全面推进的新媒体广告更需要重视画面、音效、广告词及广告表现手法的调和性与美观性，回归创意的本源。

五、新媒体广告的发展趋势

（一）新媒体广告市场潜力巨大

新媒体广告取得了飞速发展，全球移动互联网广告市场的扩张是新媒体广告未来发展的最强大的推动力量。新媒体广告的发展前景毋庸置疑，可以预见未来的新媒体广告与传统媒体广告相比将更胜一筹。但要想发展好新媒体广告这一新型产业，网络媒体、广告代理商以及数据服务商等产业链必须共同探索与努力。

（二）新媒体广告将更具创意性

依托多媒体计算机等先进技术发展形成的新媒体广告除了理性地渲染广告之外，更注重广告制作的创意性，更注重品牌效应的营造。比如，新媒体广告将更多地采用一些具有震撼力的标题与有动态效果的画面，内容上尽可能想方设法地设置悬念，以增强浏览者点击欲望；新媒体广告在五彩缤纷的信息世界中，将更多地采用各种出奇制胜的理念和方法去吸引客户，相较其他各类媒体的广告更能显出艺术魅力。因此，今后随着时间的推移，各网站、广告商对新媒体广告制作人的要求将更加苛刻，希望新媒体广告制作人具有艺术家的天分、编辑工作者的才能和魔术师般的创意才能。随着宽带网络的普及，越来越多的表现形式将被新媒体广告借用。带宽曾被许多广告制作人员当作创意的瓶颈，因新媒体广告设计无法使用多种表现方式来表现品牌，使下载时间延长，导致网民另找站点，进而影响了广告效果。带宽的加大将使更多的传统广告创意与制作人员加入新媒体广告的队伍。技术门槛的不断降低将最终使新媒体广告的制作与创意水平得到提高。网络媒体与电视、广播、报纸等传统媒体的融合也将使新媒体广告与传统广告相融合。

（三）新媒体广告将催生个性化定制广告

个性化定制是基于数据库的新媒体广告定制体系。简单地说，就是追踪网站用户的在线行为，根据用户的行为探索他们的兴趣和习惯，基于用户兴趣和习惯，为用户提供广告。按照不同的新媒体广告的定制系统，可以分为纵向定制和横向定制两种。纵向定制指的是不管这个网络用户访问哪个网站，都不间断地为其提供与其兴趣和习惯相关的广告。举个例子，有一位网络用户常常访问一些财经类网站，关注抵押率方面的信息。根据这些信息，可以确定他可能有买房子的打算，而这时抵押公司就根据他的这个兴趣为他提供一些关于抵押率的广告。在所有他访问的网页上，打出关于抵押率的广告。这样，无论是在看天气预报还是阅读体育新闻，这位用户都能看抵押公司的广告。横向定制就是根据网络的不同分类，在相同类型的网站打出相关的新媒体广告。还以上面提到的抵押公司为例，按照网络的分类，一般访问财经类相关网站的用户对抵押业务的兴趣会更大一些。因此，抵押公司应该更多地在与财经相关的网站做关于其抵押服务的广告。不管是纵向定制还是横向定制，都可以看出个性化定制新媒体广告的过人之处就在于它的"有的放矢"。针对受众的个性化特点，提供有针对性的广告，其广告效果必定会不同凡响。

（四）新媒体广告将更具服务性

为取得更显著的广告效果，今后的新媒体广告会更重视多种语言的应用，让全球更多的人分享广告信息，而且在每一页广告都会注明即时回复的E-mail地址或按钮，使客户能随时实现与广告中的公司或企业的互动与对话。充分利用IT网络技术的特点，新媒体广告将更具服务性，微博、微信、App客户端充满广告表现空间。为了方便客户，许多从事广告的网站除了做一般的在线主页广告之外，还将从事广告的内容分类、储存和发送。今后，广告商更有可能通过小型电子邮件、杂志的分类广告，以主动"推"的方式寄给客户。在短小的E-mail中附上分类广告，是一种更有成效的业务发展方法，这些广告更有可能被newsletters的订户浏览。这种"强行推销"的方式似乎比被动地在Web上列出分类广告清单更能获取良好的回应，比其他守株待兔式的广告更具主动性、服务性。

（五）新媒体广告监测与效果将更加科学有效

对广告主来讲，广告投入有多少收益影响整个行业的正常发展。理论上进行新媒体广告活动是以具备精确的定向、反馈和访问量统计技术为基础的。然而，事实上广告监测与效果评估体系一直是新媒体广告发展的瓶颈问题。网站为广告主提供相关的资料及广告监测报告，内容涵盖浏览人数、点击数、访问人次、访问时间、停留时间等数据，这对监测和评估新媒体广告在一定程度上具有参考作用，但往往具有一定的虚假性。国内一些调查公司对在线广告效果进行的抽样调查往往存在样本不全、调查范围小、针对性差、权威性不足等问题。因而，由第三方对新媒体广告进行科学的监测与评估是非常必要的。有了第三方对新媒体广告进行的科学监测与评估，才能有效解决新媒体广告监测与评估的公正性、权威性问题。

（六）新媒体广告将更有针对性

网民上网冲浪具有较强的目的性，个人用户一般是主动地搜索信息。因此，商家的新媒体广告只有投放在与自己产品或服务相关的潜在消费者身上才能产生效果，这就必须将新媒体广告定位在目标市场上。同时，实现新媒体广告、订购、支付、配送一体化是十分必要的。大量的实践表明，新媒体广告的最大优势就是能直接通过点击鼠标产生订单，进而实现销售。基于互联网的直接互动性，新媒体广告在营销中的功效并不仅仅限于促销，还可以贯穿于整个销售环节。新媒体广告的投放必须考虑到目标受众的数量和质量，不顾网民的质量，一味地追求"点击率"是不可取的。研究表明，网民的各种属性与网站性质之间存在某种明显的相关性。所谓物以类聚，人以群分，对围棋情有独钟的网民肯定会经常浏览游戏类网站，专注于传媒研究的学者浏览最多的网站是"中华传媒网"和"传媒观察"，因而新媒体广告投放者宜关注网站建设和运作动向，寻找与自己产品相匹配的网站投放广告。

（七）新媒体广告代理制度将更健全

随着网络媒体的复杂化与多样化，新媒体广告水平不断提高，网络营销要求也越来越高，广告主及网络服务商面临日趋激烈的竞争，没有时间和精力，也没有必要的专业水平来处理新媒体广告业务。新媒体广告的运作模式将走向成熟，新媒体广告代理制度将成为新媒体广告活动的主流制度。

（八）新媒体广告管理将走向规范化、法制化

为维护客户的共同利益，新媒体广告的管理将更加规范化。一方面，国家对新媒体广告管理十分重视，颁布了一系列的新媒体广告管理法规；另一方面，网站本身随着自己的成熟，对新媒体广告的管理日渐规范和完善。现在，

新媒体广告的混乱状态大部分是由网络人员素质低下、管理经验缺乏等造成的。另外，新媒体广告的价格也将逐渐透明。现在，有些网站做广告甚至不收费，因为网站数量增长得很快，还有些网站为创造知名度或增加市场份额，把价钱纷纷下降，而随着广告客户的成熟与对广告效果评估的认识，广告客户将主要依赖广告效果而不是广告价格来投放广告。随着网络通道条件的改善与宽频的广泛采用，网络运行的速度可以大幅度提高，这使新媒体广告的宣传空间更为广阔。但是，大浪之中往往鱼龙混杂，在新媒体广告发布中也存在一些不健康的内容，甚至侵犯了个人版权、名誉权、隐私权等。为了保证网上正常运行，社会各界、各行业企业和政府有关部门都对新媒体广告提出了规范化的要求，并要求建立必要的政策法律制度对此进行约束。可以预见，今后新媒体广告发展必将逐步步入规范化和法制化的轨道。

新媒体是一种崭新的媒介传播载体，新媒体广告既继承了传统广告的长处，又充分展现了自身的特点。随着新媒体广告的不断探索和发展，一定会在广告的发送与接收两方面都给社会带来巨大的利益，因此新媒体广告日益为社会各界重视，其发展势头锐不可当。随着新媒体的进一步发展，新媒体广告形式将更加多样化，其在策划、设计、制作、发布、效果测评等方面都将有较大的改善空间。同时，新媒体广告将在法律法规的规范下，发挥好社会信息传播中的媒介作用，促进经济与社会的发展。

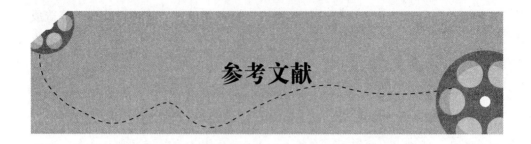

参考文献

[1] 康初莹.新媒体广告[M].武汉:华中科技大学出版社,2016.

[2] 陶化冶.广告创意与表现[M].大连:大连理工大学出版社,2014.

[3] 刘立伟.新媒体艺术设计——细节·理念·创新[M].北京:化学工业出版社,2014.

[4] 宫承波.创新思维训练(媒体创意专业核心课程系列教材)[M].北京:中国广播电视出版社,2014.

[5] 吴成槐.商业广告创意[M].沈阳:辽宁美术出版社,2002.

[6] 何学军.广告策划与创意[M].郑州:郑州大学出版社,2012.

[7] 邱绍雄.新媒体广告奇思妙想集萃[M].广州:广东人民出版社,1996.

[8] 汤劲.现代公益广告解析[M].上海:华东师范大学出版社,2012.

[9] 冯凯.影视广告视听语言[M].上海:上海交通大学出版社,2009.

[10] 许正林.新媒体新营销与广告新理念[M].上海:上海交通大学出版社,2010.

[11] 华坚.新媒体环境下的广告创意探索[J].艺术家,2020(8):168-169.

[12] 史蓉如.新媒体广告:"吆喝式"的变异与规制[J].西部皮革,2020(14):116.

[13] 沈玲.视觉传播场域中的新媒体广告特征[J].传媒,2020(16):78-79.

[14] 邱锦仪.从传播学视角分析新媒体环境下的软文广告——以"GQ实验室"为例[J].新闻研究导刊,2019,10(6):205-206.

[15] 任越.新媒体语境下的广告传播与社会流行[J].视听,2019(9):230-231.

[16] 胡雨诗.基于新媒体视角的消费者行为研究[J].现代商业,2018(5):244-245.

[17] 李体.新媒体语境下广告传播的审美文化研究[J].传播力研究,2018(18):176-180.

[18] 季丽莉，郭晓丽．新媒体背景下广告的社会文化意义 [J]．山东理工大学学报（社会科学版），2019, 35(5): 54-60.

[19] 包益曼．浅谈新媒体时代广告设计的人性化 [J]．明日风尚，2019(18): 10-12.

[20] 徐孟甜．新媒体环境下广告设计的特性探析 [J]．山西青年，2019(9): 289.

[21] 张莎．浅谈广告创意中的思维方法 [J]．现代装饰（理论），2016(10): 111-112.

[22] 陈浩．新媒体触发的广告行业本质嬗变 [J]．新闻爱好者，2011(3): 65-66.

[23] 刘洋．新媒体浪潮推动思维创新 [J]．广告人，2007(9): 152.

[24] 赵一鹤．新常态与新媒体下的思维之变 [J]．声屏世界·广告人，2015(2): 116.

[25] 徐锐．媒介融合：视听新媒体创意产业的跨界发展 [J]．河南社会科学，2013(1): 58-61.

[26] 陈勇．浅谈创意广告在新媒体平台的运用 [J]．新闻研究导刊，2018(6): 225-226.

[27] 曹笑凡．新媒体时代的受众心理与广告传播研究 [J]．数字化用户，2017, 23(27): 236-237.

[28] 万晓梅．新媒体时代平面广告设计中视觉审美元素的构建策略 [J]．艺术与设计（理论），2017, 2(6): 42-44.

[29] 孙瑞．论新媒体下广告设计的创意形式 [J]．艺术大观，2019, 1(18): 1-2.

[30] 曹天怡．影视广告拍摄前期中分镜头脚本的重要性 [J]．黑龙江教育（综合版），2015(3): 24-25.

[31] 鲁成帅，耿姝．数字技术在影视广告后期制作中的运用分析 [J]．中外企业家，2018(24): 122-123.

[32] 刘育源．新媒体环境下广告设计的特性与创作研究 [J]．建筑工程技术与设计，2018(10): 4078.

[33] 乔敏．科技助力新媒体公益广告创新探索——以全球首个"AR濒危动物园"公益广告为例 [J]．传媒，2019, 1(6): 71-73.

[34] 张阳．公益广告在新媒体时代下的设计新思维 [J]．设计，2019, 32(18): 118-119.

[35] 石远东．新媒体环境下企业在商业广告和公益传播方面的研究 [J]．传播力研究，2018, 1(15): 170.

[36] 曹华.“客”时代的新媒体广告商业化探索[J]. 吉林教育（教科研版），2007(12): 117-118.

[37] 胡悦. 浅谈新媒体技术影响下商业广告的创新与发展[J]. 艺术大观，2019, 1(9): 281.

[38] 张涛. 繁华光环下的隐患——我国新媒体广告发展的冷思考[J]. 中国广告，2010, 1(5): 125-127.

[39] 刘杨祎伊. 新媒体广告发展现状与创新策略[J]. 西部广播电视，2019(2): 29-30.

[40] 胡明宇，戴淑雯. 网络综艺《乐队的夏天》品牌植入与整合营销传播创新[J]. 中国广告，2020(7): 75-78.

[41] 刘颂华. 新媒体时代下的传统广告媒体转型研究[D]. 厦门：厦门大学，2018.

[42] 常艳丽. 新媒体公益广告的创意研究[D]. 北京：北方工业大学，2012.

[43] 赵俊韬. 影视广告创意浅析——新媒体艺术下的电视广告[D]. 苏州：苏州大学，2012.

[44] 林欣旖. 新媒体背景下影视后期制作新样态创作研究[D]. 重庆：四川美术学院，2019.

[45] 李娜. 数字技术介入下的蒙太奇语言[D]. 长春：吉林艺术学院，2019.

[46] 秦泽宇. 新媒体公益广告传播研究[D]. 开封：河南大学，2016.

[47] 吉强. 新媒体环境下我国公益广告跨文化传播的现状及策略研究[D]. 厦门：华侨大学，2018.

[48] 徐佳. 新媒体环境下我国公益广告的媒体利用策略研究[D]. 湘潭：湘潭大学，2014.

[49] 冯洪亮. 公益广告中的新媒体艺术表现[D]. 北京：北京印刷学院，2010.

[50] 张薇. 辽宁电台新闻广播的蓝海战略研究[D]. 沈阳：东北大学，2009.

[51] 刘畅. 长尾理论语境下传统媒体发展出路研究[D]. 哈尔滨：黑龙江大学，2014.

[52] 孙尚铉. 中国 SNS 广告价值及展望分析的研究[D]. 杭州：浙江大学，2014.

[53] 李婉晨. 基于 5G 的新媒体广告研究[D]. 武汉：湖北美术学院，2020.

[54] 刘子尧. 中国新媒体广告的发展研究[D]. 乌鲁木齐：新疆大学，2015.